Paul Carus, Ernest Gauss

Das Evangelium Buddhas

nach alten Quellen erzählt

Verlag
der
Wissenschaften

Paul Carus, Ernest Gauss

Das Evangelium Buddhas

nach alten Quellen erzählt

ISBN/EAN: 9783957004956

Auflage: 1

Erscheinungsjahr: 2015

Erscheinungsort: Norderstedt, Deutschland

Hergestellt in Europa, USA, Kanada, Australien, Japan
Verlag der Wissenschaften in Hansebooks GmbH, Norderstedt

Das Evangelium Buddhas

Das

Evangelium Buddhas

Nach alten Quellen erzählt

von

Paul Carus

Unter Mitwirkung des Verfassers aus dem Englischen
übersetzt

von

E. F. L. Gauß

Buddham saranam gatschami,
Dhammam saranam gatschami,
Sangham saranam gatschami.

Chicago
The Open Court Publishing Company
1895.

Vorwort zur deutschen Ausgabe.

Die englische Ausgabe dieses Buches, „The Gospel of Buddha“, hat sogleich bei ihrem Erscheinen in christlichen sowohl wie buddhistischen Kreisen eine ausnehmend gute Aufnahme gefunden. Und in der That füllt das Buch eine längst empfundene Lücke aus. Es handelt nicht über den Buddhismus, sondern giebt den In= halt des Buddhismus selbst. Dabei ist es nicht abstract und schwer verständlich, sondern erzählt in schlichter Form Buddhas Leben, wie es uns die Ueberlieferung bewahrt.

Die christlichen Recensionen sind mit wenigen Ausnahmen sehr günstig gewesen, zumal dieselben mit Recht betonen konnten, daß das „Das Evangelium Buddhas“ nicht verfaßt sei, um Feind= seligkeiten zwischen beiden Religionen hervorzurufen. In diesem Sinne citirte ein christlicher Recensent, Herr Prof. L. L. R i c e, in „T h e C u m b e r l a n d P r e s b y t e r i a n“ Max Müller's Ausspruch: „Wenn ich in gewissen buddhistischen Werken Lehren finde, welche dieselben sind wie im Christenthum, so bin ich, weit entfernt davon, mich zu entsetzen, erfreut; denn die Wahrheit ist sicherlich nicht weniger wahr, wenn sie von einer großen Majori= tät der Menschen geglaubt wird.“ ·

„The Gospel of Buddha“ ist auf Veranlassung von Schaku Soyen, einem hervorragenden buddhistischen Abt in Kamakura, durch T. Zuzucki ins Japanesische übersetzt worden, während

Herr Ohara in Otsu, der Redakteur einer buddhistischen Zeitschrift, mit einer chinesischen Uebersetzung beschäftigt ist. Herr L. de Milloué, der Director des Musée Guimet in Paris, welches der vergleichenden Religionswissenschaft gewidmet ist, beabsichtigt, eine französische Uebersetzung herstellen zu lassen.

Die wichtigsten buddhistischen Zeitschriften in Indien, Ceylon und Japan haben das Buch günstig besprochen, und der Verfasser ist im Besitz zahlreicher Briefe von repräsentativen Buddhisten verschiedener Länder und verschiedener Secten, welche ihm ihre Sympathie und Anerkennung aussprechen. In Ceylon ist die englische Ausgabe dieses Buches in buddhistischen Schulen als Lesebuch eingeführt.

Die deutsche Uebersetzung ist zum größten Theile von Herrn E. F. L. Gauß, dem zweiten Bibliothekar der öffentlichen Biblio= thek zu Chicago, angefertigt worden, doch hat der Verfasser die= selbe sorgfältig durchgearbeitet, und er ist letzthin für die gegen= wärtige Form verantwortlich.

La Salle, Illinois, im September 1895.

Der Verfasser.

Vorwort.

Einleitende Erklärungen zu dem gegenwärtigen Buch sind über-
flüssig für Jeden, der mit den heiligen Schriften des Buddhismus vertraut ist, so weit sie der westlichen Welt durch den un-
ermüdlichen Eifer von Gelehrten wie Burnouf, Hodgson, Bigandet,
Bühler, Foucaux, Senart, Weber, Fausböll, Alexander Csoma,
Wassiljew, Rhys Davids, F. Max Müller, Childers, Oldenberg,
Schiefner, Eitel, K. E. Neumann, Beal und Spence Hardy zugänglich gemacht sind. Für alle Anderen sei bemerkt, daß der
Inhalt des Buches der Hauptsache nach dem alten buddhistischen
Canon entnommen ist. Viele Abschnitte, und gerade die wichtigsten, sind wörtlich den Uebersetzungen der ursprünglichen Texte
entlehnt. Andere sind mit einiger Freiheit behandelt, um sie dem
heutigen Geschlechte verständlich zu machen. Wieder andere sind
neu geordnet und noch andere abgekürzt. Außer der Einleitung
und dem Schluß enthält das Buch nur wenige originale Zusätze.
Aber auch diese sind weder blos literarische Ausschmückungen,
noch Abweichungen von den buddhistischen Lehren. Sie enthalten
Ideen, für welche sich Vorbilder unter den Ueberlieferungen des
Buddhismus finden, und sind lediglich als Erläuterungen seiner
Hauptgrundsätze beigefügt worden.

Wer den Buddhismus dieses Buches bis zu den Quellen zu-
rückverfolgen will, findet im Anhang eine knappe, aber übersicht-
liche Quellenangabe nebst Parallelen mit den Anschauungen des

Abendlandes, namentlich derer, die sich in den christlichen Evan=
gelien befinden.

Der Buddhismus ist gleich dem Christenthum in unzählige
Sekten zersplittert, und die Sekten hängen häufig an ihren sekti=
rerischen Sätzen, als wären diese die hauptsächlichsten und un=
entbehrlichsten Bestandtheile ihrer Religion. Das vorliegende Buch
hält sich an keine der sektirerischen Lehren, sondern nimmt eine
ideale Stellung ein, auf welcher, als auf einem gemeinschaftlichen
Boden, alle wahren Buddhisten zu stehen vermögen.

Die Anordnung des Evangeliums Buddhas als ein Ganzes
in harmonischer und systematischer Form ist demnach die eigent=
liche Originalarbeit des Verfassers dieses Buches, welches in
seinen Einzeltheilen eine bloße Sammelarbeit ist. Der Verfasser
hat sich bestrebt, den Stoff nach dem Vorbilde des vierten Evan=
gelisten zu behandeln; das heißt: er unternahm es, die Einzel=
heiten aus dem Leben Buddhas im Lichte ihrer religionsphilo=
sophischen Bedeutung darzustellen. Er ließ den apocryphischen
Aufputz, namentlich den, der sich so reichlich in den nördlichen
Ueberlieferungen vorfindet, fort, hielt es aber nicht für richtig,
die Wunder, welche in den alten Schriften berichtet werden, zu
unterdrücken, wenn die darin enthaltene Moral die Aufnahme zu
rechtfertigen schien. Er beschnitt nur die Uebertreibungen, die
sich in Unglaublichkeiten gefallen und in der Absicht erzählt wer=
den, um zu imponiren, während sie in der That nur ermüdend
wirken. Wunder haben aufgehört, religiöse Beweise zu sein, und
doch zeugt heute noch der Glaube an die Wunderkraft des Mei=
sters von der heiligen Ehrfurcht der ersten Jünger und spiegelt
ihren religiösen Enthusiasmus wieder.

Um einer falschen Auffassung der Grundidee der Lehren Bud=
dhas von vornherein vorzubeugen, sei der Leser vor einer Miß=
deutung des Ausdruckes „Selbst" (im Sanskrit „Atman") gewarnt.
Das Wort „Selbst" kann in einem Sinne aufgefaßt werden — und
ist in der That manchmal so gebraucht worden — gegen den Buddha
niemals Einwand erhoben haben würde. Buddha leugnet die

Vorwort.

Existenz des „Selbst", wie das Wort zu seinen Zeiten verstanden
wurde; er leugnet damit aber keineswegs des Menschen intellek=
tuelles Sein, seine geistige Natur, die Wichtigkeit seiner Persön=
lichkeit — mit einem Wort seine Seele. Buddha leugnet das Vor=
handensein des Atmans, d. h. eines mystischen Ich=Wesens, dem
einige Schulen eine selbstständige Existenz zuschrieben. Man
glaubte, daß der Atman hinter oder innerhalb des Menschen kör=
perlicher und psychischer Lebensthätigkeit wohne als eine Art
Ding an sich, eine Seelen=Monade und ein metaphysisches agens,
und dieses hypothetische Ding an sich unseres Seelenlebens wurde
als die eigentliche Seele betrachtet. Die Uebersetzung von Atman,
d. h. Selbst, durch „Seele", die wohl je nach dem Zusammenhang
und den Umständen berechtigt sein mag, ist daher in der Dar=
legung der buddhistischen Lehre irreführend und verwerflich.

Die philosophische Irrlehre von der Existenz einer metaphysi=
schen Ich=Wesenheit, ist nicht nur in Indien, sondern in der
ganzen Welt allgemein verbreitet. Sie entspricht im praktischen
Leben der gewohnheitsmäßigen Selbstsucht des Menschen. Beide
Täuschungen, der Dünkel des Selbst und die Selbstsucht, sind der=
selben Wurzel entsprossen, der Eitelkeit weltlichen Treibens, die
den Menschen veranlaßt, den Zweck seines Daseins in seinem
individuellen Selbst zu suchen. Buddha will jeden Gedanken an
das Selbst ausrotten, so daß es keine Frucht mehr tragen kann.
Das Nirwana Buddhas, das gänzliche Verlöschen des Selbst, ist
also ein idealer Zustand, in welchem die Seele, nachdem sie von
aller Selbstsucht und Sünde gereinigt ist, zur Wohnung der Wahr=
heit geworden; und die Wahrheit lehrt, den Lockungen des Ver=
gnügens zu mißtrauen und alle Kraft auf die Erfüllung der Pflich=
ten des Lebens zu concentriren.

Buddhas Lehre ist nicht Verneinung. Eine Untersuchung der
Natur der menschlichen Seele zeigt, daß es keinen Atman giebt
und daß das eigenste Sein des Menschen in seinem Karma besteht,
welches unberührt bleibt vom Tode. So öffnet also Buddha (wie
er sich selbst ausdrückt) der Menschheit das Thor der Unsterblich=

keit dadurch, daß er die Existenz deſſen leugnet, das unſere Seele
zu ſein ſcheint und vor deſſen Vernichtung im Tode wir zittern.
Und dies iſt die Baſis nicht nur ſeiner Ethik, ſondern auch des
Troſtes und der Begeiſterung, welche ſeine Religion giebt.

Wer die poſitive Seite des Buddhismus nicht erkennt, wird
nicht im Stande ſein zu verſtehen, wie dieſe Religion einen ſo
mächtigen Einfluß auf Millionen und aber Millionen von Men=
ſchen auszuüben vermochte.

Das vorliegende Buch iſt nicht beſtimmt, zur Löſung hiſtori=
ſcher Probleme beizutragen.   Der Verfaſſer hat den Gegenſtand ſo
gut erforſcht, wie es ihm unter den gegebenen Verhältniſſen mög=
lich war, er beabſichtigt hier aber durchaus nicht, ein wiſſenſchaft=
liches Werk zu liefern.   Auch iſt dieſes „Evangelium Buddhas“
kein Verſuch, die buddhiſtiſchen Schriften populär zu machen oder
dieſelben in poetiſcher Form darzuſtellen.   Wenn es dazu beiträgt,
den Buddhismus beſſer zu verſtehen, und wenn es in ſeiner
ſchlichten Darſtellungsweiſe bei dem Leſer einen poetiſchen Eindruck
von der Größe der Perſönlichkeit Buddhas hinterläßt, ſo müſſen
dieſe Wirkungen als nebenſächliche betrachtet werden.   Der eigent=
liche Zweck des Buches liegt tiefer.   Es wurde geſchrieben, um
die Leſer zu veranlaſſen, über die religiöſen Probleme unſerer
Zeit nachzudenken.   Das „Evangelium Buddhas“ zeichnet das
Bild eines religiöſen Führers der fernen Vergangenheit mit der
Abſicht, daß es auf die lebende Gegenwart einwirke und ein
Faktor werde in der Entwicklung der Zukunft.

Paul Carus.

Inhaltsverzeichniß.

Einführung.

Inhaltsverzeichniß. XI

Einführung.

1. Freuet euch.

Freuet euch der guten Botschaft! Buddha, unser Herr, hat die Wurzel alles Uebels gefunden. Er hat uns den Weg des Heils gewiesen. 1

Buddha vertreibt die Wahngebilde unseres Gemüthes und erlöst uns von den Schrecken des Todes. 2

Buddha, unser Herr, bringt Trost den Müden und Sorgenbeladenen. Er verleiht Frieden denen, die unter der Bürde des Lebens niedergebeugt sind. Er giebt Muth den Schwachen, die Selbstvertrauen und Hoffnung verlieren. 3

Ihr, die ihr leidet unter der Mühsal des Lebens; ihr, die ihr kämpfen und ertragen müßt; ihr, die ihr Verlangen habt nach Leben und Wahrheit: freuet euch der guten Botschaft. 4

Hier ist Balsam für die Verwundeten und Brod für die Hungrigen. Hier ist Wasser für die Durstigen und Hoffnung für die Verzweifelnden. Hier ist Licht für die, so in Finsterniß wohnen, und unerschöpflicher Segen für die Aufrichtigen. 5

[1. Kapitel]

Heilet eure Wunden, ihr Verwundeten, und esset euch satt, ihr Hungrigen! Ruhet, ihr Müden, und ihr, die ihr dürstet, löschet euren Durst! Blicket auf zum Licht, ihr, die ihr in Finsterniß wohnet! Seid fröhlich, ihr Niedergeschlagenen.   6

Vertrauet der Wahrheit, ihr, die ihr die Wahrheit liebt, denn das Reich der Rechtlichkeit ist begründet auf Erden. Die Finsterniß des Irrthums ist vertrieben durch das Licht der Wahrheit. Wir können unseren Weg sehen und feste und gewisse Schritte thun.   7

Buddha, unser Herr, hat die Wahrheit offenbart.   8

Die Wahrheit heilet unsere Gebrechen und erlöst uns vom Verderben; die Wahrheit stärkt uns im Leben und im Tode; die Wahrheit allein kann die Uebel des Irrthums überwinden.   9

Freuet euch der guten Botschaft!   10

2. Samsara und Nirwana.

Schauet euch um und betrachtet das Leben!   1

Alles ist vergänglich, und nichts beharrt. Ueberall ist Geburt und Tod, Wachsthum und Verfall, Verbindung und Trennung.   2

Die Herrlichkeit der Welt ist wie eine Blume: am Morgen stehet sie in voller Blüthe, und sie welket dahin in der Hitze des Tages.   3

Wohin ihr auch schaut, da ist ein Drängen und

[2. Kapitel]

Treiben, eine wilde Jagd nach Vergnügen, eine haftige
Flucht vor Schmerz und Tod; da ist Eitelkeit und die
Gluth verzehrender Begierden. Die Welt ist voller
Wechsel und Veränderung. Alles ist Samsara. 4

Giebt es nichts Beständiges in der Welt? Giebt
es in dem allgemeinen Getriebe keinen Ruheplatz, wo
unser geängstigtes Herz Frieden finden kann? Ist
nichts von ewiger Dauer? 5

Giebt es kein Ende der Qual? Können die bren=
nenden Begierden nicht gestillt werden? Wann soll
das Gemüth ruhig und zufrieden werden? 6

Buddha, unser Herr, war bekümmert über das
Elend des Lebens. Er sah die Eitelkeit weltlichen
Glückes und suchte Heil in dem Einen, das nicht ver=
welkt oder verdirbt, sondern bleibet, immer und ewig=
lich. 7

Ihr, die ihr euch sehnt nach Leben, wisset, daß Un=
sterblichkeit verborgen liegt in der Vergänglichkeit.
Ihr, die ihr ein Glück begehret, welches nicht die Keime
der Enttäuschung und der Reue enthält, folget dem
Rathe des Meisters und lebet ein Leben der Recht=
schaffenheit. Ihr, die ihr Verlangen traget nach echten
Reichthümern, kommt und empfanget Schätze, die ewig
sind. 8

Die Wahrheit ist ewig. Die Wahrheit kennt weder
Geburt noch Tod und hat weder Anfang noch Ende.
Jauchzet der Wahrheit entgegen, ihr Sterblichen, und
lasset die Wahrheit einziehen in eure Seelen. 9

Die Wahrheit ist der unsterbliche Theil eurer Seele.

[2. Kapitel]

Der Besitz der Wahrheit ist Reichthum, und ein Leben
in der Wahrheit ist Glückseligkeit.   10

Begründet die Wahrheit in euren Gemüthern, denn
die Wahrheit ist das Abbild dessen, das ewig ist; sie ist
eine Darlegung des Unveränderlichen, sie offenbart das
Dauernde. Die Wahrheit gewährt Sterblichen die
Gabe der Unsterblichkeit.   11

Buddha ist die Wahrheit. Lasset Buddha in euren
Herzen wohnen. Vernichtet in eurer Seele jede Be=
gierde, die mit Buddha unverträglich ist, und ihr wer=
det endlich im Geiste Buddha gleich werden.   12

Alles, was in eurer Seele nicht sich zu Buddha ent=
faltet, muß vergehen, denn es ist eitel Wahn und un=
wahr; es ist die Quelle eures Irrthums und der Grund
eures Elendes.   13

Ihr könnt eure Seele unsterblich machen dadurch,
daß ihr sie erfüllet mit Wahrheit. Werdet darum Ge=
fäße, geeignet, die Ambrosia der Worte des Meisters
aufzunehmen. Reiniget euch von Sünden und heiliget
euer Leben. Es giebt keinen anderen Weg, die Wahr=
heit zu erreichen.   14

Lernet den Unterschied zwischen Selbst und Wahr=
heit. Selbst ist der Grund aller Selbstsucht und die
Quelle der Sünde. Die Wahrheit bleibt nicht am Selbst
haften; sie ist allgemein und führt zu Gerechtigkeit und
Rechtschaffenheit.   15

Denen, die ihr Selbst lieben, erscheint das Selbst als
ihr eigenstes und wahres Wesen; doch ist das Selbst
nicht ewig; es ist nicht dauernd, nicht unvergänglich.

[2. Kapitel]

Suchet nicht euer Selbst, suchet vielmehr die Wahrheit. [16]

Wenn wir unsere Seelen von unserem kleinlichen
Selbst befreien, Niemandem übel wollen und rein werden wie ein Demantkrystall, der das Licht der Wahrheit klar zurückwirft, wie leuchtend wird das Bild in
uns sein, das die Dinge spiegelt, wie sie sind, ohne Bei-
mischung brennender Begierden, ohne Verzerrung irri-
gen Wahnes, ohne die Erregung sündiger Ruhelosigkeit. [17]

Wer sein Selbst sucht, sollte unterscheiden zwischen
dem falschen und dem wahren Selbst. Das Ich und
alle Ichsucht sind das falsche Selbst; sie sind unwahre
Wahngebilde und Verbindungen vergänglicher Art.
Wer sein Selbst in der Wahrheit sucht, wird Nirwana
erreichen, und wer in Nirwana eingegangen ist, hat
das Buddhathum erreicht. Er hat den höchsten Segen
erworben und ist zu dem geworden, was ewig und
unsterblich ist. [18]

Alle zusammengesetzten Dinge müssen wieder auf-
gelöst werden, Welten werden zerbrechen, und unsere
Persönlichkeiten werden verstreut werden, die Worte
Buddhas aber bleiben ewiglich. [19]

Die Tilgung des Selbst ist Erlösung; die Vernich-
tung des Selbst ist Bedingung aller Erleuchtung; das
Auslöschen des Selbst ist Nirwana. Glücklich ist, wer
aufgehört hat, dem Vergnügen zu leben und in der
Wahrheit ruhet. Wahrlich, seine Ergebenheit und die
Stille seines Gemüthes sind höchste Seligkeit. [20]

[2. Kapitel]

Lasset uns Zuflucht nehmen bei Buddha, denn er
hat das Dauernde im Vergänglichen gefunden.   Lasset
uns Zuflucht nehmen in der Wahrheit, die durch
Buddhas Erleuchtung gewonnen ist.   21

3. Wahrheit der Heiland.

Die Dinge der Welt und ihre Bewohner sind dem
Wechsel unterworfen; sie sind das Erzeugniß der
Dinge, die vorher da waren, und alle lebenden Wesen
sind das, wozu ihre früheren Thaten sie gemacht haben;
denn das Gesetz von Ursache und Wirkung herrscht
allüberall und ist ohne Ausnahme.   1

Aber in dem Wechsel der Dinge liegt die Wahrheit
verborgen.   Wahrheit macht die Dinge wirklich.   Wahrheit ist die Dauer im Wechsel.   2

Und die Wahrheit verlangt darnach, zu erscheinen;
die Wahrheit sehnet sich darnach, sich selbst zu kennen. 3

Wahrheit wohnt im Stein, denn der Stein ist hier.
Keine Macht in der Welt, kein Gott, kein Mensch, kein
Dämon, kann sein Dasein zerstören.   Aber der Stein
hat kein Bewußtsein.   4

Wahrheit wohnt in der Pflanze, und ihr Leben
kann sich entfalten.   Die Pflanze wächst und blüht und
bringt Frucht.   Ihre Schönheit ist wunderbar, aber sie
hat kein Bewußtsein.   5

Wahrheit wohnt im Thier; es bewegt sich und
nimmt seine Umgebung wahr; es unterscheidet und
[3. Kapitel]

lernt wählen. Bewußtsein entsteht, aber es ist noch
nicht das Bewußtsein der Wahrheit. Es ist nur ein
Bewußtsein des Selbst.   6

Das Bewußtsein des Selbst verdunkelt die Augen
des Geistes und verbirgt die Wahrheit. Es ist der Ur=
sprung des Irrthums, die Quelle des Wahnes und das
Saatkorn der Sünde.   7

Selbst gebiert Selbstsucht. Es giebt kein Uebel, das
nicht dem Selbst entfließt, und es giebt kein Unrecht,
das nicht durch Uebergriffe des Selbst geschieht.   8

Selbst ist der Anfang von allem Haß, von Uebel=
that und Verläumbung, von Schamlosigkeit und Un=
zucht, von Diebstahl und Raub, von Unterdrückung
und Blutvergießen. Selbst ist Mara, der Versucher,
der Uebelthäter, der Urheber des Aergernisses.   9

Das Selbst verführt durch Vergnügungen. Es ver=
spricht ein Feen=Paradies. Selbst ist der Schleier der
Maya, der Zauberin. Aber die Vergnügungen des
Selbst sind unwahr, sein paradiesisches Labyrinth ist
der Weg zur Hölle, und seine welkende Schönheit ent=
facht der Begierde Flammen, die nie befriedigt werden
können.   10

Wer soll uns lösen von der Macht des Selbst? Wer
soll uns erretten aus dem Elend? Wer soll uns ein
Leben voller Segen gewähren?   11

Voll von Elend ist die Welt der Samsara, voll von
mancherlei Elend und voll Schmerz. Aber größer als
alles Elend ist der Segen der Wahrheit. Die Wahrheit
giebt dem sehnenden Gemüthe Frieden; die Wahrheit

[3. Kapitel]

überwindet den Irrthum; sie löscht der Begierde Flam=
men und führt zum Nirwana.   12

Selig, wer den Frieden des Nirwana gefunden hat.
Er hat Ruhe gefunden in den Widerwärtigkeiten des
Lebens. Er steht über allem Wechsel; er steht über
Geburt und Tod; er bleibt unberührt von den Uebeln
des Lebens.   13

Selig ist, wer zu einer Verkörperung der Wahrheit
geworden; er hat seinen Zweck erreicht und ist eins mit
sich selbst und der Wahrheit. Er überwindet, auch wenn
er unterliegt; er ist ruhmreich und glücklich, auch wenn
er leidet; er ist stark, auch wenn er unter der Bürde
seiner Arbeit zusammenbricht; er ist unsterblich, ob
er gleich stürbe. Unsterblichkeit ist das Wesen seiner
Seele.   14

Selig ist, wer das heilige Ziel des Buddhathums
erreicht hat; denn er ist tüchtig, für die Erlösung
seiner Genossen zu wirken. Die Wahrheit hat Woh=
nung in ihm genommen. Vollkommene Weisheit er=
leuchtet seinen Verstand, und Rechtschaffenheit beseelt
den Zweck aller seiner Handlungen.   15

Die Wahrheit ist eine lebendige Macht zum Guten,
unzerstörbar und unbesieglich. Arbeitet die Wahrheit
in eurem Gemüth aus und verbreitet sie unter den
Menschen, denn die Wahrheit allein ist der Erlöser
von Sünde und Elend. Die Wahrheit ist Buddha, und
Buddha ist die Wahrheit. Gesegnet sei Buddha!   16

[3. Kapitel]

Prinz Siddhartha wird Buddha.

1. Buddhas Geburt.

Es lebte in Kapilawastu ein König der Schakya, that=
kräftig und allgemein verehrt, ein Sprößling der
Jkschwaku, die sich Gautama nennen, und sein Name
war Schuddhodana oder Rein=Reis. 1

Sein Weib Mayadevi war schön wie die Wasserlilie
und reines Herzens wie die Lotosblume. Wie die
Himmelskönigin lebte sie auf Erden, unberührt von
Begierde und unbefleckt. 2

Der König, ihr Gemahl, ehrte sie in ihrer Heilig=
keit, und der Geist der Wahrheit überschattete sie. 3

Als sie merkte, daß sie bald Mutter werden sollte,
ersuchte sie den König, sie heim zu ihren Eltern zu sen=
den; und Schuddhodana, besorgt um das Wohlergehen
seines Weibes und des Kindes, das sie ihm gebären
würde, willfahrte ihrer Bitte. 4

Als sie den Garten von Lumbini erreichte, kam die
Stunde ihrer Niederkunft. Man stellte ihr Lager unter
einen hohen Satinbaum, und das Kind kam zur Welt,
wie die aufgehende Sonne, herrlich und ohne Fehl. 5

[4. Kapitel]

Da wurden alle Welten überfluthet mit Licht; die
Blinden wurden sehend aus bloßem Verlangen, die
Herrlichkeit zu sehen von dem Kommen des Herrn.
Die Taubstummen besprachen miteinander die gün-
stigen Zeichen, welche die Geburt Buddhas verkünde-
ten. Die Verwachsenen wurden gerade, die Lahmen
gingen aufrecht. Alle Gefangenen wurden befreit von
ihren Banden, und die Feuer der Hölle erloschen.   6

Am Himmel waren keine Wolken zu sehen, und
alle trüben Ströme wurden klar, während himmlische
Klänge die Luft durchtönten und die Engel vor Wonne
frohlockten. Nicht aus selbstsüchtiger oder parteiischer
Freude frohlockten sie, sondern des Gesetzes wegen,
denn der im Meere des Schmerzes versenkten Creatur
sollte Erlösung werden.   7

Das Geschrei der wilden Thiere verstummte, bös-
artige Wesen erhielten ein liebevolles Herz, und Friede
herrschte auf Erden. Mara, der Böse, allein war betrübt und freute sich nicht.   8

Die Naga-Könige, ernstlich beflissen, ihre Ehrfurcht
vor dem erhabenen Gesetz zu bekunden, so wie sie
früheren Buddhas Ehre bezeugt hatten, begaben sich
nun zu Bodhisattwa. Sie streuten vor ihm Mandara-
Blumen und freuten sich mit herzinniger Freude, ihre
religiöse Huldigung darzubringen.   9

Der königliche Vater erwog die Bedeutung dieser
Zeichen und war bald voller Freude und bald bangen
Herzens.   10

Als die königliche Mutter ihr Kind und die Be-
[4. Kapitel]

wegung, die seine Geburt erregte, bedachte, empfand sie
in ihrem bangen Frauenherzen die Beklemmungen des
Zweifels.   11

An ihrem Lager stand eine bejahrte Frau, die des
Himmels Segen für das Kind erflehte.   12

Zu der Zeit befand sich im Hain zu Lumbini Asita,
ein Rischi, der ein Einsiedlerleben führte. Er war ein
ehrwürdiger Brahmane, berühmt nicht nur seiner
Weisheit und Gelehrsamkeit wegen, sondern auch, weil
er kundig war in der Deutung von Zeichen. Und der
König forderte ihn auf, das Fürstenkind zu sehen.   13

Als der Seher den Königssohn sah, weinte er und
seufzte tief. Und als der König Asita's Thränen sah,
wurde er bestürzt und fragte: „Warum verursacht dir
der Anblick meines Sohnes Kummer?"   14

Asita's Herz aber frohlockte, und da er des Königs
Gemüth beunruhigt sah, sagte er: 15

„Wie der Mond, wenn er voll ist, so sollte des
Königs Herz große Freude empfinden; denn ihm ist
ein wunderbar edler Sohn geboren.   16

„Ich beuge mich nicht vor Brahma, aber ich beuge
mich vor diesem Kinde, und die Götter in den Tempeln
werden von ihren Ehrenplätzen herabsteigen, um es
anzubeten.   17

„Verbanne Sorge und Zweifel. Die geistigen Vor=
zeichen, die erscheinen, deuten an, daß dieses neuge=
borene Kind der ganzen Welt Erlösung bringen wird.[18]

„Weil ich aber bedenke, daß ich selbst alt bin, darum
konnte ich mich der Thränen nicht enthalten; denn ich

empfinde es, daß mein Ende naht. Dieser, dein Sohn, aber wird die Welt beherrschen. Um aller derer willen, die da leben, ist er geboren.   19

„Seine reine Lehre wird dem Ufer gleich sein, das die Schiffbrüchigen aufnimmt. Die Macht seines Nach= sinnens wird wie ein kühler See sein; und alle Ge= schöpfe, die da verschmachtet sind in der Dürre der Luft, mögen ungehindert daraus trinken.   20

„Ueber das Feuer der Begierde wird er die Wolke seiner Gnade heraufziehen lassen, und der Regen des Gesetzes wird es auslöschen.   21

„Die schweren Thore der Niedergeschlagenheit wird er aufthun und alle Geschöpfe, bestrickt in den selbstge= flochtenen Netzen der Thorheit und Unwissenheit, in Freiheit setzen.   22

„Der König des Gesetzes ist gekommen, aus der Knechtschaft zu retten alle, die arm, elend und hilflos sind.“   23

Als die königlichen Eltern Asitas Worte hörten, wurden ihre Herzen froh, und sie nannten das neuge= borene Kind Siddhartha, das heißt „Er der sein Vor= haben vollendet.“   24

Und die Königin sagte zu ihrer Schwester Praja= pati: „Eine Mutter, die einen zukünftigen Buddha geboren hat, wird kein anderes Kind gebären. Ich werde bald diese Welt verlassen, meinen Gemahl, den König, und Siddhartha, mein Kind. Wenn ich von hinnen geschieden bin, vertritt du an ihm Mutter= stelle.“   25

[4. Kapitel]

Prajapati weinte und verfprach es ihr.   26

Und als die Königin aus dem Leben gefchieden war, nahm Prajapati den Knaben Siddhartha zu fich und zog ihn auf. Und wie das Licht des Mondes all= mälig zunimmt, fo wuchs das Königskind von Tag zu Tage an Seele und Leib, und Wahrhaftigkeit herrfchte in feinem Herzen.   27

5. Die Bande des Lebens.

Als Siddhartha herangewachfen war, wünfchte fein Vater, ihn verheirathet zu fehen, und er fandte Bot= fchaft an alle feine Verwandten, die Prinzeffinnen zu verfammeln, daß der Prinz ein Weib aus ihnen wäh= len möge.   1

Aber die Verwandten antworteten und fagten: „Der Prinz ift jung und zart; auch hat er noch keine der Wiffenfchaften gelernt. Er würde nicht im Stande fein, unfere Tochter zu erhalten; und follte Krieg aus= brechen, würde er dem Feinde nicht widerftehen kön= nen."   2

Der Prinz war nicht laut, fondern finnend in feinem Wefen. Er hielt fich gerne unter dem großen Jambu= baume im Garten feines Vaters auf, und, in Betrach= tung der Weife der Welt verfunken, gab er fich feinen Gedanken hin.   3

Und der Prinz fagte feinem Vater: „Lade unfere

Verwandten ein, daß sie mich sehen und meine Kraft
erproben." Der Vater that, wie sein Sohn ihn ge=
beten.   4

Als die Verwandten kamen und die Bewohner der
Stadt Kapilawaßtu versammelt waren, um des Prinzen
Muth und Wissen zu prüfen, zeigte er sich männlich in
allen Uebungen, und Niemand unter den Jünglingen
und Männern Indiens kam ihm gleich in irgend einer
Probe des Leibes oder des Geistes.   5

Er beantwortete alle Fragen der Weisen; aber als
er sie befragte, verstummten selbst die weisesten unter
ihnen.   6

Dann kürte sich Siddhartha ein Weib. Er erwählte
Yaschodhara, die sanftmüthige Tochter der Schwester
seines Vaters und Suprabuddhas, des Königs von
Koli. Und Yaschodhara wurde dem Prinzen ange=
traut.   7

In ihrer Ehe wurde ein Sohn geboren, den sie Ra=
hula nannten; und König Schuddhodana, erfreut dar=
über, daß seinem Sohne ein Erbe geboren war, sagte: 8

„Der Prinz hat einen Sohn erzeugt, den er lieben
wird, wie ich ihn liebe. Dies wird ein starkes Band
sein, das ihn an die Welt fesselt, und das Königreich
der Schakya wird bei dem Scepter meiner Nachkommen
bleiben."   9

Ohne jeden selbstischen Zweck, sondern nur in An=
betracht seines Kindes und aller Menschen, unterzog
sich Siddhartha, der Prinz, seinen religiösen Pflichten;
er badete seinen Leib im heiligen Ganges und reinigte
[5. Kapitel]

sein Herz in den Waffern des Gesetzes. Wie Menschen ihren Kindern Frieden wünschen, so verlangte es ihn, Ruhe der Welt zu geben. ¹⁰

6. Die drei Leiden.

Der Palast, den der König dem Prinzen gegeben hatte, erglänzte in allem Reichthum Indiens, denn der König wünschte seinen Sohn glücklich zu sehen. ¹

Jeder traurige Anblick, alles Elend und alle Kenntniß des Elends wurden Siddhartha fern gehalten, und er wußte nicht, daß es Uebel in der Welt gab. ²

Aber wie der angekettete Elephant sich nach dem Dickicht der Wildniß sehnt, so hegte der Prinz das Verlangen, die Welt zu sehen, und er bat seinen Vater, den König, um Erlaubniß dazu. ³

Und Schuddhodana ließ ein edelsteinverziertes Gefährt mit vier stattlichen Pferden bereit machen und befahl, die Wege, auf denen sein Sohn vorbeifahren würde, zu schmücken. ⁴

Die Häuser der Stadt waren mit Gehängen und Bannern verziert, und Zuschauer standen auf beiden Seiten, um den Thronerben zu sehen. So fuhr Siddhartha mit seinem Rosselenker durch die Straßen der Stadt hinaus auf das von Bächen bewässerte und von anmuthigen Bäumen bedeckte Land. ⁵

Da trafen sie am Wege einen alten Mann. Als der Prinz die gebeugte Gestalt, das runzelige Gesicht

und den sorgenvollen Ausdruck sah, fragte er seinen
Rosselenker: „Wer ist das? Sein Haupt ist weiß, sein
Auge blöde, und sein Leib verfallen. Er kann sich nur
mit Mühe an seinem Stabe aufrecht halten."   6

Der Rosselenker wagte in seiner Verwirrung kaum
die Wahrheit zu sagen. Er sagte: „Das sind die An=
zeichen des Alters. Dieser selbe Mann war einst ein
Säugling, und als Jüngling war er voller Lebens=
muth. Aber nun, da die Jahre vorübergegangen sind,
ist seine Schönheit dahin und seine Lebenskraft ist
versiecht."   7

Siddharta war tief betroffen durch die Worte des
Rosselenkers, und er seufzte über den Schmerz des
Alters. „Wie doch können sich Menschen erfreuen
oder belustigen," dachte er bei sich, „wenn sie bedenken,
daß sie bald verwelken und versiechen müssen!"   8

Und siehe da, als der Wagen weiter fuhr, trafen
sie einen Kranken am Wege, der, von Athemnoth be=
fallen, vor Schmerzen sich wand und stöhnte.   9

Der Prinz fragte den Rosselenker: „Was für ein
Mensch ist das?" Und der Rosselenker antwortete:
„Dieser Mann ist krank. Die vier Elemente seines
Leibes sind in Unordnung gerathen. Wir sind alle
denselben Gesetzen unterworfen, arm oder reich, thö=
richt oder weise; alle Creaturen, die Leiber haben, sind
solchen Unfällen ausgesetzt."   10

Und Siddhartha war noch tiefer ergriffen. Alle
Vergnügungen erschienen ihm schal, und er war der
Freuden des Lebens überdrüssig.   11
    [6. Kapitel]

Der Rosselenker trieb die Pferde an, um dem schreck=
lichen [Anblick zu entgehen, als sie plötzlich in ihrem
raschen Laufe aufgehalten wurden.   12

Vier Männer trugen eine Leiche, und der Prinz
schauderte beim Anblick des leblosen Körpers. Er
fragte den Rosselenker: „Was tragen sie da? Ich sehe
schöne Bänder und Blumengewinde, aber die Leute, die
hinterdrein gehen, sind von Kummer überwältigt." 13

Der Rosselenker antwortete: „Das ist ein Todter.
Sein Leib ist starr, sein Leben ist beendet und seine Ge=
danken sind zur Ruhe gekommen. Seine Familie und
die Freunde, die ihn lieb gehabt haben, tragen nun
den Leichnam zu Grabe."   14

Und der Prinz war überwältigt von Schauder und
Schrecken. „Ist dies der einzige Todte?" fragte er,
„Oder giebt es in der Welt noch mehr derartige
Fälle?"   15

Mit schwerem Herzen antwortete der Rosselenker:
„Allüberall ist es ebenso. Wer das Leben beginnt,
muß es enden. Vor dem Tode giebt es kein Ent=
rinnen."   16

Mit verhaltenem Athem und in stammelnden
Worten rief der Prinz: „O ihr weltlich gesinnten
Menschen! Wie verhängnißvoll ist eure Verblendung!
Unrettbar verfällt euer Leib dem Staube, und doch lebt
ihr unbesorgt und gedankenlos dahin!"   17

Als der Wagenlenker den tiefen Eindruck bemerkte,
den diese traurigen Scenen auf den Prinzen gemacht
hatten, wandte er die Rosse und fuhr zur Stadt zurück. 18

[6. Kapitel]

Als fie bei den Paläften der Vornehmen vorbei=
fuhren, erblickte eine junge Prinzeffin und Nichte des
Königs namens Krifcha Gautami den Prinzen Sid=
dhartha in feiner Männlichkeit und Schönheit, und da
fie den nachdenklichen Ausdruck feines Antlitzes ge=
wahr wurde, fprach fie: „Selig ift der Vater, der dich
erzeugt hat, felig die Mutter, die dich gefäugt hat, felig
das Weib, das als Gemahl einen fo herrlichen Mann
begrüßt!"   19

Als der Prinz diefen Gruß hörte, fagte er: „Ja,
felig find die, welche Erlöfung gefunden haben! Ich
fchmachte nach Seelenfrieden und will die Seligkeit des
Nirwana fuchen." Und er überreichte ihr feine koft=
bare Perlen=Halskette als Belohnung für die Unter=
weifung, die fie ihm gegeben. Dann kehrte er nach
Haufe zurück.   20

Siddhartha blickte mit Verachtung auf die Schätze
feines Palaftes. Sein Weib hieß ihn willkommen
und bat ihn, ihr die Urfache feines Kummers mitzu=
theilen; und er fagte: „Ich fehe überall die Spuren
des Wechfels. Darum ift mein Herz bekümmert. Die
Menfchen werden alt, fie find Krankheiten unterworfen
und fterben. Das ift genug, alle Freude am Leben zu
vergällen."   21

Als der König, fein Vater, hörte, daß des Prinzen
Sinn den Freuden entfremdet fei, war er fehr betrübt,
und wie ein Schwert fchnitt es ihm in's Herz.   22

[6. Kapitel]

7. Buddha's Entsagung.

Es war Nacht. Der Prinz fand keine Ruhe auf seinem sanften Kissen; er erhob sich und ging in den Garten. „Wehe!" rief er, „die ganze Welt ist voller Finsterniß und Unwissenheit! Es giebt Niemanden, der uns von den Leiden des Daseins befreit!" Und er stöhnte vor Schmerz. [1]

Siddhartha setzte sich unter einem großen Jambu=baume nieder und überließ sich seinen Gedanken über Leben und Tod und über die Uebel der Vergänglich=keit. Indem er seinen Geist sammelte, befreite er sich von seiner Verwirrung. Alle niedrigen Begierden ver=schwanden aus seinem Herzen und eine tiefe Ruhe kam über ihn. [2]

In diesem Zustande der Erhebung sah er mit dem Auge des Geistes alles Elend und allen Kummer in der Welt: er sah die Schmerzen der Lust und die Un=vermeidlichkeit des Todes, der alle Wesen bedroht, ohne daß doch die Menschen zur Wahrheit erweckt werden. Und tiefes Mitleid erfaßte sein Herz. [3]

Während der Prinz also über das Problem des Uebels nachsann, sah er mit dem Auge des Geistes unter dem Jambubaume eine hehre Gestalt, in maje=stätischer Hoheit, voller Ruhe und Würde. „Woher kommst du, und wer bist du?" fragte der Prinz. [4]

Die Erscheinung antwortete: „Ich bin ein Schra=

[7. Kapitel]

mana. Beunruhigt durch den Gedanken an Alter,
Krankheit und Tod, habe ich meine Heimath verlassen,
um den Pfad der Erlösung zu suchen. Alle Dinge
eilen dem Verfall entgegen; die Wahrheit nur beharrt
auf immer. Alles ist dem Wechsel unterworfen, und
es giebt nichts von Dauer. Doch die Worte der Bud=
dhas sind unveränderlich. Ich sehne mich nach der
Glückseligkeit, die nicht verwest, nach dem Schatze, der
nie verloren geht, nach dem Leben, das weder Anfang
noch Ende kennt. Darum habe ich alles weltliche
Trachten aufgegeben und mich in ein abgelegenes
Thal zurückgezogen, um in der Einsamkeit zu leben.
Indem ich mich von Almosen nähre, weihe ich mich
dem Einen, das noth thut." ⁵

Siddhartha fragte: „Ist Frieden zu finden in dieser
Welt der Ruhelosigkeit? Ich bin überzeugt von der
Leere des Vergnügens und bin der Lust überdrüssig.
Alles erdrückt mich, und das Dasein erscheint mir un=
erträglich!" ⁶

Der Schramana antwortete: „Wo Wärme ist, da
ist die Möglichkeit der Kälte. Wesen, die dem Schmerz
unterworfen sind, besitzen die Fähigkeit der Freude.
Der Ursprung des Uebels deutet an, daß das Gute sich
entwickeln kann. Alle diese Gegensätze bedingen ein=
ander. Wo viel Leiden, da ist viel Segen, wenn du
nur deine Augen aufthust, ihn zu finden. Ebenso wie
ein Mensch, der in einen Haufen von Unrath gesunken
ist, den großen lotosbedeckten Teich aufsuchen soll, der
nahe dabei liegt, so suche du den großen Teich des Nir=

[7. Kapitel]

wana, wo es keinen Tod giebt, um dich von dem
Schmutz der Sünde rein zu waschen. Wenn der See
nicht aufgesucht wird, so ist das nicht die Schuld des
Sees. Gleicherweise, solange es einen segensreichen
Pfad giebt, der den von Sünden befangenen Menschen
zur Erlösung des Nirwana führt, und der Pfad wird
nicht eingeschlagen, so ist es nicht die Schuld des Pfades, sondern des Menschen. Und wenn ein Kranker
sich nicht der Hülfe des Arztes, der ihn zu heilen vermag, bedient; so ist das nicht die Schuld des Arztes.
Ebenso, wenn der Mensch, der mit der Krankheit des
Uebelthuns belastet ist, nicht den geistlichen Führer zur
Erleuchtung aufsucht, so ist das nicht die Schuld des
sündenzerstörenden Führers." [7]

Der Prinz lauschte den erhabenen Worten der Gestalt vor ihm und sagte: „Du bringst mir gute Nachricht, denn jetzt weiß ich, daß mein Vorhaben vollendet
werden wird. Mein Vater räth mir, das Leben zu
genießen und mich solchen weltlichen Pflichten zu
unterziehen, die mir und meinem Hause Ehre bringen
sollen. Er sagt mir, ich sei noch zu jung und meine
Pulse schlügen noch zu voll, um ein religiöses Leben zu
führen." [8]

Die ehrwürdige Gestalt schüttelte das Haupt und
sagte: „Du solltest wissen, daß, um die wahre Religion
zu suchen, es keine Zeit giebt, die ungelegen sein kann."[9]

Siddharthas Herz erbebte vor Freude: „Jetzt ist es
Zeit, Religion zu suchen," sagte er. „Jetzt ist es Zeit,
alle Bande zu lösen, die mich verhindern können, voll-

[7. Kapitel]

kommene Erleuchtung zu erreichen. Jetzt ist es Zeit,
in die Wildniß zu wandern und, indem ich von Al=
mosen lebe, den Pfad der Erlösung zu finden."   10

Der himmlische Bote hörte Siddharthas Entschluß
mit Billigung.   11

„Jetzt ist in der That die Zeit," fügte er hinzu,
„um Religion zu suchen. So gehe denn hin, Sid=
dhartha, und vollende dein Vorhaben, denn du bist
Bhodhisattwa, der auserkorene Buddha.   12

„Du bist Tathagata, der Vollendete, denn du wirst
alle Gerechtigkeit erfüllen und wirst sein Dharma=
Raja, der König der Wahrheit. Du bist Bhagavant,
der Gebenedeite, denn du bist der berufene Heiland
und Erlöser der Welt.   13

„Erfülle du der Wahrheit Vollendung. Sollte der
Donnerschlag auf dein Haupt fallen, gieb du nie den
Verlockungen nach, welche die Menschen vom Pfade
der Wahrheit locken. Wie die Sonne zu allen Jahres=
zeiten ihren Weg zieht und nie von ihrer Bahn ab=
weicht, so verlasse auch du niemals den geraden Pfad
der Rechtschaffenheit, und du wirst ein Buddha wer=
den.   14

„Beharre in deinem Streben, und du wirst finden,
was du suchest. Verfolge dein Ziel ohne Wanken, und
du wirst den ausgesetzten Lohn erwerben. Kämpfe
ernstlich, und du wirst siegen. Der Segen aller Gott=
heiten, aller Heiligen, aller derer, die da Erleuchtung
suchen, ruht auf dir, und himmlische Weisheit leitet
deine Schritte. Du wirst Buddha werden, unser Mei=

[7. Kapitel]

ſter und unſer Herr; du wirſt die Welt erleuchten und
die Menſchheit vom Verderben erlöſen."   15

Nachdem er alſo geſprochen, verſchwand der Schra=
mana; und Siddharthas Seele ward erfüllt mit Frie=
den. Er ſagte zu ſich ſelbſt: 16

„Ich bin erweckt zur Wahrheit und habe mich ent=
ſchloſſen, mein Vorhaben zu vollenden. Ich will alle
Bande löſen, die mich an die Welt feſſeln, und will die
Heimath verlaſſen, um den Weg des Heils zu ſuchen. 17

„Die Buddhas ſind Weſen, deren Worte nicht irren.
In ihrer Rede iſt kein Abweichen von der Wahrheit. 18

„Denn ſicher wie der Niederfall des Steines, der
in die Höhe geworfen iſt, ſicher wie der Tod eines
Sterblichen, ſicher wie der Aufgang der Sonne, wenn
es dämmert, ſicher wie das Gebrüll des Löwen, der
ſein Lager verläßt, ſicher wie die Entbindung einer
Schwangeren, ſicher und unfehlbar wie alle dieſe
Dinge, iſt das Wort der Buddhas.   19

„Wahrlich, ich werde ein Buddha werden!"   20

Der Prinz kehrte nach dem Schlafgemach ſeines
Weibes zurück, um einen letzten Abſchiedsblick denen
zu widmen, die er über alle Schätze ſeines Palaſtes von
Herzen liebte. Es verlangte ihn, ſeinen Sohn noch
einmal in ſeine Arme zu nehmen, um ihm einen Ab=
ſchiedskuß zu geben. Aber das Kind lag in dem Arm
der Mutter, und er konnte es nicht aufheben, ohne beide
zu wecken.   21

So ſtand Siddhartha verſunken im Anblick ſeines
ſchönen Weibes und ſeines geliebten Sohnes; und ſein

[7. Kapitel]

Herz war bekümmert. Der Schmerz der Trennung kam mächtig über ihn. Wiewohl sein Geist entschlossen war, so daß nichts, sei es gut oder böse, seinen Entschluß erschüttern konnte, kamen doch Thränen in seine Augen, und er hatte nicht die Kraft, sie zurückzuhalten und ihren Strom zu unterdrücken.   22

Der Prinz riß sich los mit männlichem Herzen, indem er seine Gefühle bemeisterte, ohne ihr Gedächtniß aus der Seele zu löschen. Er bestieg seine Stute Kanthaka, und da er die Thore des Schlosses weitgeöffnet fand, ritt er hinaus in die stille Nacht, in Begleitung seines getreuen Rosselenkers Channa.   23

So entsagte Siddhartha, der Königssohn, weltlichen Freuden, gab sein Königreich auf, löste alle Bande und begab sich in die Heimathlosigkeit.   24

Finsterniß lag auf der Erde, aber die Sterne leuchteten klar am Himmel.   25

8. König Bimbisara.

Siddhartha schnitt sein wallendes Haar ab und vertauschte sein Prachtgewand gegen ein schlichtes Kleid von der Farbe des Erdbodens. Seinen Wagenlenker Channa sandte er sammt der edlen Stute Kanthaka heim zu König Schuddhodana, ihm die Nachricht zu bringen, daß der Prinz die Welt aufgegeben habe. Bodhisattwa aber wandelte auf der Hochstraße mit dem Napfe eines Bettlers in der Hand.   1

[8. Kapitel]

Die Herrlichkeit seines Geistes jedoch war nur wenig
verhüllt unter der Aermlichkeit seiner Erscheinung. Sein
aufrechter Gang verrieth die königliche Geburt, und
seine Augen leuchteten mit glühender Wahrheitsliebe.
Die Schönheit seiner Jugend war verklärt durch Heilig=
keit, die sein Haupt wie ein lichter Schein umgab.   2

Alle Leute, die ihn sahen, schauten mit Verwun=
derung auf den ungewöhnlichen Anblick. Vorüber=
gehende, die in Eile waren, blieben stehen und blickten
zurück, und es gab Niemand, der ihm seine Huldigung
versagte.   3

Sobald er die Stadt Rajagriha betrat, ging der
Prinz von Haus zu Haus und wartete schweigend, bis
ihm Speise angeboten wurde. Wohin der Gebenedeite
kam, gaben ihm die Leute, was sie hatten, und sie neig=
ten sich vor ihm demüthiglich und waren dankbar, daß
er in seiner Herablassung sich ihrer Wohnung näherte.[4]

Alt und Jung waren erfreut und sagten: „Dies ist
ein edler Muni; seine Nähe ist segenbringend. Welch'
große Freude für uns!"   5

Als der König Bimbisara von der Erregung in der
Stadt hörte, forschte er nach der Ursache, und als er die
Kunde vernahm, sandte er Einen aus seiner Beglei=
tung, um den Fremden zu beobachten.   6

Da er hörte, daß der Muni ein Schakya aus vor=
nehmer Familie sei und daß er sich zum Flußufer im
Walde zurückgezogen habe, um die Nahrung aus seinem
Napfe zu genießen, war der König bewegt in seinem
Herzen. Er kleidete sich in sein königliches Gewand,

[8. Kapitel]

setzte sich seine goldene Krone auf's Haupt und ging in
Begleitung bejahrter und weiser Räthe, seinen wunder=
baren Gast zu sehen.   7

Der König fand den Muni aus dem Schakya=
stamme unter einem Baume sitzen. Nachdem er die
Ruhe seines Antlitzes und die Sanftmuth seines We=
sens beobachtet hatte, grüßte ihn Bimbisara ehrfurchts=
voll und sagte: 8

„O Schramana, deine Hände sind im Stande, die
Zügel eines Reiches zu führen und sollten nicht einen
Bettlernapf halten. Ich bemitleide deine Jugend.
Dächte ich nicht, daß du von königlicher Geburt wärest,
würde ich dich ersuchen, meine Regierung und könig=
liche Gewalt mit mir zu theilen. Verlangen nach
Macht geziemt dem Edelgesinnten, und Reichthum
muß nicht verachtet werden. Reich zu werden und da=
bei Frömmigkeit aufzugeben, ist wahrlich kein Gewinn.
Aber den, der alle drei besitzt, Macht, Reichthum und
Frömmigkeit, und sie mit Vorsicht und Weisheit ge=
nießt, nenne ich einen großen Meister."   9

Der große Schakyamuni hob seine Augen auf und
entgegnete: 10

„Du bist bekannt, o König, als freigebig und fromm,
und deine Worte sind weise. Ein wohlwollender Mann,
der guten Gebrauch von seinem Reichthum macht, wird
mit Recht gerühmt, einen großen Schatz zu besitzen;
während der Geizige, der seine Güter aufhäuft, keinen
Gewinn hat.   11

„Wohlthätigkeit ist reich an Lohn, Wohlthätigkeit
[8. Kapitel]

ist der größte Reichthum, denn wiewohl sie zerstreut,
bringt sie doch keine Reue.　12

„Ich habe alle Bande gelöst, weil ich Erlösung
suche. Wie ist es mir da möglich, zur Welt zurückzu=
kehren? Wer religiöse Wahrheit sucht, die unter allen
Schätzen der höchste ist, muß alles hinter sich lassen, das
ihm Sorge machen oder seine Aufmerksamkeit ablenken
kann und muß sich einzig dem einen Ziele zuwenden.
Er muß seine Seele von Begehrlichkeit und Lust und
auch von dem Verlangen nach Macht befreien.　13

„Gieb dich der Lust nur ein wenig hin, und, einem
Kinde gleich, wächst die Lust; handhabe weltliche Macht,
und du bist mit Sorgen überbürdet.　14

„Besser als königliche Gewalt über die Erde, besser
selbst als himmlisches Leben, und besser als Brahmas
Herrschaft über alle Welten, ist die Frucht der Heilig=
keit.　15

„Bodhisattwa hat das trügliche Wesen des Reich=
thums erkannt und wird nicht Gift als Nahrung zu
sich nehmen.　16

„Soll der Fisch an der Angel nach dem Hamen be=
gehren und der gefangene Vogel Liebe zum Netz em=
pfinden?　17

„Würde ein Hase, der dem Rachen der Schlange ent=
kommen ist, zurückgehen, um sich verschlingen zu lassen?
Würde ein Mann, der seine Hand an einer Fackel ver=
brannt hat, dieselbe wieder aufnehmen, nachdem er sie
auf die Erde geworfen? Möchte ein Blinder, der sein

[8. Kapitel]

Gesicht wiedererlangt hat, seine Augen auf's Neue verderben?   18

„Der Kranke, der vom Fieber leidet, begehrt nach
Kühlung. Sollen wir ihm einen fiebererregenden Trank
anrathen? Sollen wir Feuer mit Brennstoff löschen?"19

„Ich bitte dich, bemitleide mich nicht. Bemitleide
vielmehr die, welche mit den Sorgen der Herrschaft und
des Reichthums beladen sind. Beständig bedroht, die
Vorzüge zu verlieren, an denen ihr Herz hängt, genießen sie dieselben mit Zittern; und wenn sie sterben,
können sie nichts mitnehmen, weder ihr Gold, noch ihre
königliche Krone. Was für einen Vortheil hat der
todte König vor einem todten Bettler?   20

„Mein Herz verlanget nach keinem gewöhnlichen
Gut; darum habe ich mein königliches Diadem von
mir gethan und ziehe vor, frei zu sein von den Bürden
des Lebens.   21

„Versuche daher nicht, mich in neue Beziehungen
und Pflichten zu verwickeln und hindere mich nicht, das
Werk, das ich begonnen, zu vollenden.   22

„Es betrübt mich, von dir zu scheiden; doch will ich
die Weisen aufsuchen, die mir Religion lehren können,
und so den Weg finden, auf dem wir dem Uebel entrinnen.   23

„Möge dein Land mit Frieden und Wohlstand gesegnet sein, und möge Weisheit deine Regierung erleuchten, wie der helle Schein der Mittagssonne. Möge
deine königliche Gewalt stark sein, und Rechtlichkeit das
Scepter in deiner Hand."   24

[8. Kapitel]

Der König faltete seine Hände in Ehrfurcht und beugte sich nieder vor Schakyamuni, indem er sagte: „Mögest du das erlangen, was du suchst, und wenn du es erlangt hast, komm wieder und nimm mich an als deinen Jünger." [25]

Bodhisattwa schied von dem Könige in Freundschaft und Wohlwollen, und beschloß in seinem Herzen, das Verlangen des Königs zu gewähren. [26]

9. Buddha sucht die Wahrheit.

Arada und Udraka hatten unter den Brahmanen einen großen Ruf als Lehrer, und es gab in jenen Tagen Wenige, welche sie an Gelehrsamkeit und Weis= heit übertrafen. [1]

Bodhisattwa kam zu ihnen und saß zu ihren Füßen. Er hörte ihre Lehren an über den Atman, das Selbst, welches das Ich der Gedanken ist und das Handelnde in allen Handlungen. Ihre Ansichten über die Seelenwan= derung und das Gesetz des Karma wurden ihm kund; wie die Seelen schlechter Menschen leiden müssen, indem sie in Menschen niederer Kaste, in Thieren, oder in der Hölle wiedergeboren werden, während diejenigen, welche sich durch Waschungen, Opfer und Abtödtung des Ichs reinigten, Könige werden, oder Brahmanen, oder Devas, so daß sie höher und höher steigen auf den Stufen des Daseins. Er lernte ihre Formeln und ihre Opfer und die Art und Weise, wie sie im Zustande der Verzückung

[9. Kapitel]

die Freiheit des eigenen Ich vom körperlichen Sein
erlangten.   [2]

Arada sagte: „Was ist das Selbst, welches Wahr-
nehmungen macht durch die Thätigkeit der fünf Wurzeln des Geistes: Gefühl, Geruch, Geschmack, Gesicht
und Gehör? Was ist dasjenige, welches sich in den
zwei verschiedenen Arten der Bewegung bethätigt, in
den Händen und den Füßen? Das Räthsel der Seele
zeigt sich in den Ausdrücken: „Ich sage", „ich weiß und
erkenne", „ich komme" und „ich gehe", oder „ich bleibe
hier". Deine Seele ist nicht der Körper; sie ist nicht
das Auge, nicht das Ohr, nicht die Nase, nicht die
Zunge; noch ist sie der Geist. Das Selbst ist dasjenige,
welches das Gefühl in deinem Körper empfindet. Das
Selbst ist der Riecher in der Nase, der Schmecker in der
Zunge, der Seher in dem Auge, der Hörer im Ohr und
der Denker im Gehirn. Das Selbst bewegt dir die
Hände und die Füße. Das Selbst ist deine Seele. Zweifel an dem Vorhandensein der Seele ist irreligiös, und
ohne Erkenntniß dieser Wahrheit giebt es keine Erlösung. Tiefes Grübeln wirkt verwirrend auf den
Geist; es führt zu Unklarheit und Unglauben; aber
Reinigung der Seele ist der Weg der Erlösung. Wahre
Erlösung wird dadurch erlangt, daß man sich von den
Menschen zurückzieht, um ein Einsiedlerleben zu führen
und nur von Almosen sich zu nähren. Wenn wir
uns aller Begierden begeben und das Nichtsein des
Stoffes klar erkennen, erreichen wir einen Zustand vollkommener Leerheit. Hier ist die Bedingung zu einem

[9. Kapitel]

Dasein, das nicht an den Stoff gebunden ist. Wie das Munja-Gras, befreit von seiner hornigen Schale, oder wie der wilde Vogel, seinem Gefängniß entflohen, so findet das Selbst, indem es sich von allen Einschränkungen losmacht, vollkommene Freiheit. Dies ist wahre Erlösung, aber nur diejenigen, welche tiefen Glauben haben, werden lernen." [3]

Bodhisattwa fand keine Befriedigung in diesen Lehren. Er erwiderte: „Die Menschen befinden sich in Knechtschaft, weil sie den Begriff des Atman, eines unabhängigen Selbst, noch nicht beseitigt haben. [4]

„Ein Ding und seine Eigenschaft sind verschieden in unserer Vorstellung, aber nicht in der Wirklichkeit. Die Hitze ist verschieden von dem Feuer in unserer Vorstellung, aber in der Wirklichkeit vermagst du die Hitze vom Feuer nicht zu trennen. Du sagst, du vermagst die Eigenschaft wegzunehmen und das Ding zu lassen, aber wenn du deine Theorie bis zu Ende denkst, so wirst du erkennen, daß dem nicht so ist. [5]

„Ist ein Mensch nicht ein Lebewesen, das aus vielen Bestandtheilen sich aufbaut? Sind wir nicht eine Zusammensetzung aus verschiedenen Skandhas, wie unsere Weisen sagen? Des Menschen Eigenschaften sind: körperliche Form, Empfindung, Geist, Neigungen und schließlich Erkenntniß. Dasjenige, was man das Selbst nennt, wenn man sagt „ich bin", ist nicht ein Wesen neben den Skandhas, es entsteht durch das Zusammenwirken der Skandhas. Da ist der Geist, da ist die Empfindung und das Denken, da ist Wahrheit; und die

[9. Kapitel]

Wahrheit ist der Geist, wenn er auf dem rechten Pfade
wandelt. Eine eigene Ich=Seele aber, die gesondert
und unabhängig von dem Denken des Menschen wäre,
giebt es nicht. Derjenige, welcher das Selbst für ein
eigenes Wesen hält, hat keine richtige Vorstellung von
der Sache. Das Suchen nach dem Atman selbst ist un=
recht; es ist ein unrichtiger Anfang und führt dich in
eine falsche Richtung.   6

„Wie viele Begriffsverwirrungen entstehen durch
das Interesse an unserem Selbst und durch unsere Eitel=
keit, wenn wir denken „ich bin so groß", oder „ich habe
diese wundervolle That vollbracht"? Die Vorstellung
deines Ich steht zwischen deiner vernünftigen Natur
und der Wahrheit; verbanne sie, und du wirst die Dinge
sehen, wie sie sind. Derjenige, welcher richtig denkt,
wird sich von der Unwissenheit losmachen und Wahr=
heit erlangen. Die Vorstellungen „ich bin" und „ich
werde sein" oder „ich werde nicht sein", kommen einem
klaren Denker nicht in den Sinn.   7

„Außerdem, wie willst du wahre Erlösung erlan=
gen, wenn dein Ich bleibt? Wenn das Ich in irgend
einer der drei Welten wiedergeboren wird, sei es in der
Hölle, auf der Erde, oder sei es selbst im Himmel, so
werden wir doch immer wieder dem unvermeidlichen
Schicksal des Daseins begegnen und in Selbstsucht und
Sünde verwickelt werden.   8

„Alle Verbindungen sind der Trennung unter=
worfen, und wir können der Geburt, der Krankheit,

[9. Kapitel]

dem Alter und dem Tode nicht entgehen. Ist dies ein
endgültiges Entkommen?" ⁹

Udraka sagte: „Siehst du nicht um dich her die
Wirkungen des Karma? Was macht die Menschen
verschieden an Charakter, an Stellung, an Besitz, an
Schicksal? Es ist ihr Karma, und das Karma schließt
Verdienst und Schuld in sich. Die Seelenwanderung ist
ihrem Karma unterworfen. Wir ererben von unseren
früheren Existenzen die bösen Folgen unserer bösen
Thaten und die guten Folgen unserer guten Thaten.
Wenn dem nicht so wäre, wie könnten wir verschieden
sein?" ¹⁰

Der Tathagata dachte tief nach über die Probleme
der Seelenwanderung und des Karma und erkannte die
Wahrheit, die in denselben liegt. ¹¹

„Die Lehre vom Karma," sagte er, „ist unläugbar,
denn jede Wirkung hat ihre Ursache. Was der Mensch
säet, das wird er ernten, und was wir ernten, das müs=
sen wir in unseren früheren Leben gesäet haben. ¹²

„Ich erkenne, daß die Uebertragung der Seele durch
das Gesetz von Ursache und Wirkung bedingt ist, denn
das Schicksal der Menschen ist ihre eigene That. Ich
sehe aber keine Wanderung des Ich. ¹³

„Ist diese meine Persönlichkeit nicht eine Zusammen=
setzung aus Stoff sowohl wie aus Geist? Besteht sie
nicht aus Eigenschaften, welche durch allmälige Ent=
wickelung ins Dasein traten? Die fünf Wurzeln der
Sinneswahrnehmung in meinen Organen überkam ich
von Vorfahren, welche diese Thätigkeit ausübten. Die

[9. Kapitel]

Gedanken, welche ich denke, sind theilweise von Anderen auf mich gekommen, welche dieselben vor mir gedacht haben, und theilweise entstehen sie in meinem
eigenen Geiste durch Verbindungen dieser Vorstellungen. Diejenigen, welche dieselben Sinnesorgane ge-
brauchten und dieselben Gedanken dachten, ehe ich zu
dieser Persönlichkeit verbunden wurde, sind meine
früheren Existenzen, sie sind meine Vorfahren in eben
dem Maße, wie mein Ich von gestern der Vater meines Ichs von heute ist, und das Karma meiner früheren Thaten bedingt das Schicksal meines gegenwärtigen
Seins.   [14]

„Wenn man annimmt, es gäbe einen Atman, der
die Thätigkeit der Sinne verrichtet, dann wäre dieser
Atman im Stande, durch Niederreißung der Sehpforte
und nach Zerstörung des Auges, durch die erweiterte
Oeffnung zu blicken und die Formen seiner Umgebung
besser und klarer zu erkennen als vorher. Er würde im
Stande sein, Laute besser zu vernehmen, wenn die Ohren
entfernt wären; er könnte besser riechen, würde die Nase
weggeschnitten; er vermöchte besser zu schmecken, würde
die Zunge herausgerissen; er vermöchte besser zu empfinden nach Vernichtung des Körpers.   [15]

„Ich erkenne die Erhaltung und Fortpflanzung der
Seele; ich erkenne die Wahrheit des Karma, sehe aber
keinen Atman, welchen eure Lehre zum Vollbringer
eurer Thaten macht. Es giebt eine Wiedergeburt ohne
die Wanderung des Selbst; denn dieser Atman, dieses
Selbst, das Ich, das in dem „ich sage" und „ich will"
[9. Kapitel]

sich äußert, ist eine Täuschung. Wäre dieses Selbst ein
wirkliches Wesen, wie könnte es ein Entfliehen von der
Selbstheit geben? Die Schrecken der Hölle wären end=
los, und eine Erlösung könnte nicht gefunden werden.
Die Uebel unseres Seins kämen nicht von unserer Un=
wissenheit und Sünde, sondern sie wären die selbsteigene
Natur unseres Wesens." 16

Und Bodhisattwa ging zu den Priestern, welche in
den Tempeln ihres Amtes walteten. Aber die milde
Seele des Schakyamuni ward empört über die un=
nöthige Grausamkeit, welche auf den Altären der Göt=
ter ausgeübt wurde. Er sagte: 17

„Unwissenheit allein kann diese Menschen veran=
lassen, Festlichkeiten und große Versammlungen zum
Zwecke des Opferns zu veranstalten. Weit besser ist
es, die Wahrheit zu verehren, als den Zorn der Götter
durch Blutvergießen versöhnen zu wollen. 18

„Welche Liebe kann ein Mensch haben, der glaubt,
daß das Zerstören von Leben eine Genugthuung sein
kann für böse Thaten? Kann ein frisches Unrecht ein
altes Unrecht wieder gut machen? Und kann das
Hinschlachten eines unschuldigen Opfers die Sünden
der Menschheit hinwegnehmen? Dies ist eine Aus=
übung von Religion durch Versäumniß moralischen
Wandels. 19

„Reiniget eure Herzen und hört auf zu tödten, das
ist wahre Religion. 20

„Ceremonien haben keinen Werth; Gebete sind
eitel Geschwätz; und Beschwörungen besitzen keine er=

löfende Kraft. Aber das Aufgeben der Habfucht und
der Luft, das Freiwerden von böfen Begierden und das
Abwerfen alles Haffes und Uebelwollens, das ift das
rechte Opfer und die wahre Gottesverehrung." ²¹

10. Uruwilwa, der Ort der Kafteiung.

Bodhifattwa ging aus, eine beffere Lehre zu fuchen
und kam zu der Niederlaffung von fünf Bhikfchus in
dem Waldesdickicht Uruwilwas. Und als der Gebenedeite die Lebensweife diefer Männer fah, wie fie tugend-
fam ihre Sinne zügelten, ihre Leidenfchaften unter-
drückten und ftrenge Selbftzucht übten, da bewunderte
er ihren Ernft und fchloß fich ihnen an.   ¹

Mit heiligem Eifer und feftem Herzen unterzog fich
Schakyamuni der Kafteiung und gedankenvoller Betrachtung. Waren die fünf Bhikfchus ftrenge, fo war
Schakaymuni noch ftrenger, und fie verehrten ihn als
ihren Meifter.   ²

So blieb Bodhifattwa fechs Jahre, fich geduldig ge-
nügend und die Bedürfniffe der Natur unterdrückend.
Er übte feinen Körper und erzog feinen Geift nach Art
des ftrengften Büßerlebens. Zuletzt fuchte er das Meer
der Geburt und des Todes zu kreuzen und den Hafen
der Erlöfung zu erreichen, indem er täglich nur noch
ein einziges Hanfkorn aß.   ³

Bodhifattwa war zufammengefallen und abge-
magert, und fein Körper glich einem verdorrten Aft;

[10. Kapitel]

aber der Ruf seiner Heiligkeit verbreitete sich in den
umliegenden Gegenden, und das Volk kam aus weiter
Ferne, um ihn zu sehen und seinen Segen zu em=
pfangen.   4

Aber der Heilige war nicht zufrieden. Er suchte
wahre Weisheit und fand sie nicht, und er kam zu dem
Schluß, daß Kasteiung die Begierden nicht tödten, und
Verzückung keine Erleuchtung geben könne.   5

Unter einem Jambubaume sitzend, erwog er den
Zustand seiner Seele und die Früchte seiner Kasteiung.
„Mein Körper ist schwächer und schwächer geworden,"
dachte er, „und mein Fasten hat mich doch nicht weiter
gebracht in meinem Suchen nach Erlösung. Dies ist
nicht der rechte Weg. Ich sollte vielmehr meinen Kör=
per mit Speise und Trank stärken und es so meinem
Geiste ermöglichen, Sammlung zu gewinnen."   6

Er ging hin, sich in dem Flusse zu baden, aber als
er versuchte, das Wasser zu verlassen, konnte er sich vor
Schwäche nicht mehr erheben. Da sah er den Zweig
eines Baumes über sich; er ergriff ihn, und indem er
sich an demselben emporhob, stieg er aus dem Fluß.   7

Auf dem Wege nach seiner Wohnung strauchelte
der Gebenedeite und fiel zu Boden, und die fünf Bhik=
schus glaubten, er sei todt.   8

Unweit des Waldes wohnte ein Hirte, dessen älteste
Tochter Nanda hieß; und Nanda kam zufällig des
Weges an die Stelle, wo der Gebenedeite ohnmächtig
geworden war. Sie beugte sich über ihn und reichte ihm
Reismilch; und der Gebenedeite nahm die Gabe an.   9

[10. Kapitel]

Nachdem er die Reismilch genossen hatte, waren
alle seine Glieder erfrischt, sein Geist wurde wieder
klar, und er war gestärkt, die höchste Erleuchtung zu
empfangen.   10

Von nun an nahm Bodhisattwa wieder Nahrung
zu sich. Seine Jünger, welche den Vorfall mit Nanda
beobachtet hatten und den Wechsel in seiner Lebens=
weise sahen, wurden von Argwohn erfüllt. Sie waren
überzeugt, daß der religiöse Eifer Siddharthas im Ab=
nehmen begriffen war, und daß der, welchen sie bis
dahin als ihren Meister verehrt hatten, seine hohe Auf=
gabe vergessen habe.   11

Als Bodhisattwa sah, wie sich die Bhikschus von
ihm wandten, betrübte ihn ihr Mangel an Vertrauen
und er empfand die Einsamkeit, in welcher er lebte. 12

Seinen Schmerz unterdrückend, wanderte er allein
von dannen, und seine Jünger sagten: „Siddhartha
verläßt uns, um sich nach einem angenehmeren Wohn=
ort umzusehen.“   13

11. Mara, der Böse.

Der Heilige richtete seine Schritte zu dem gesegneten
Bodhibaume, unter dessen Schatten er das finden sollte,
was er suchte.   1

Wie er dahin ging, bebte die Erde, und ein helles
Licht verklärte die Welt.   2

Als er sich niedersetzte, jauchzten die Himmel vor
[11. Kapitel]

Freude, und alle lebenden Wesen wurden mit Wonne
erfüllt.   3

Nur Mara, der Herr der fünffachen Lust, der Brin=
ger des Todes und der Feind der Wahrheit, war be=
trübt und freute sich nicht. Mit seinen drei Töchtern,
den Versucherinnen, und einer Schaar böser Geister
begab er sich an den Ort, wo der große Schramana
saß. Aber Schakyamuni achtete seiner nicht.   4

Mara stieß furchtbare Verwünschungen aus und
erregte einen Wirbelsturm, so daß die Himmel ver=
dunkelt wurden und das Meer erbrauste. Aber der
Gebenedeite blieb unter dem Bodhibaume ruhig und
fürchtete sich nicht. Der Erleuchtete wußte, daß kein
Leid ihn treffen konnte.   5

Die drei Töchter Maras versuchten Bodhisattwa,
aber er achtete ihrer nicht; und als Mara sah, daß er
in der Brust des unbesiegbaren Schramana keine Lust
entfachen konnte, befahl er allen bösen Geistern, die ihm
unterthänig waren, ihn anzugreifen und mit Schrecken
zu erfüllen.   6

Aber der Gebenedeite sah sie an, wie man dem
harmlosen Spiel von Kindern zuschaut; der ganze
grimmige Haß der bösen Geister war machtlos. Die
Flammen der Hölle verwandelten sich in das sanfte
Säuseln von Blüthenduft, und die grimmigen Donner=
schläge wurden zu Lotosblüthen.   7

Als Mara dies sah, floh er mit seinem Heer von
dem Bodhibaume. Während von oben ein Regen

[11. Kapitel]

himmlischer Blumen niederfiel, ertönten die Stimmen
guter Geister: 8

„Sehet den großen Muni, er ist über Gehässigkeit
erhaben! Das Heer des Bösen hat ihn nicht über=
wunden. Er ist rein und weise, liebend und voller
Barmherzigkeit.   9

·„Wie die Strahlen der Sonne die Finsterniß der
Welt überwältigen, so wird derjenige, welcher in seinem
Suchen ausharrt, die Wahrheit finden, und die Wahr=
heit wird ihn erleuchten."   10

12. Erleuchtung.

Nachdem Bodhisattwa den Mara vertrieben, gab
er sich der Betrachtung hin. Alles Elend der Welt, die
bösen Thaten und die Leiden, welche durch böse Thaten
hervorgerufen werden, zogen vor dem Auge seines
Geistes vorüber, und er dachte bei sich selbst: 1

„Wahrlich, wenn die lebenden Wesen die Folgen
ihrer bösen Thaten sehen könnten, so würden sie sich
mit Abscheu vom Uebel abwenden. Aber die Selbst=
sucht verblendet sie, und sie hängen fest an ihren Ge=
lüften.   2

„Sie jagen dem Vergnügen nach und erhaschen
Schmerz; wenn der Tod ihre Persönlichkeit vernichtet,
finden sie keinen Frieden; ihr Durst nach dem Sein
bleibt, und ihre Selbstheit tritt in neuen Geburten
wiederum zu Tage.   3

[12. Kapitel]

„So bewegen sie sich fort und fort im endlosen
Kreise und können der Hölle, die sie sich selbst bereiten,
nicht entrinnen. Und wie nichtig sind ihre Freuden, wie
eitel ist all ihr Mühen! hohl, wie der Pisangbaum und
ohne Inhalt, wie eine Wasserblase.　　　　　　　　　4

„Die Welt ist voll der Sünde und der Betrübniß,
weil sie voll des Irrthums ist. Die Menschen irren,
weil sie den Wahn für besser halten, als die Wahrheit.
Lieber als der Wahrheit, folgen sie dem Irrthum, der
anfangs angenehm zu schauen ist, aber Angst, Trübsal
und Elend bereitet."　　　　　　　　　　　　　　5

Und Bodhisattwa begann den Dharma auszulegen.
Der Dharma ist die Wahrheit. Der Dharma ist das
heilige Gesetz. Der Dharma ist Religion. Der Dharma
allein kann uns von Irrthum, Sünde und Kummer
befreien.　　　　　　　　　　　　　　　　　　6

Indem er dem Ursprung der Geburt und des Todes
nachforschte, erkannte der Erleuchtete, daß Unwissenheit
die Wurzel alles Uebels ist, und dies sind die zwölf
Glieder in der Verkettung des Lebens, genannt die
zwölf Nidanas:　　　　　　　　　　　　　　　7

„Im Anfang ist das Sein, blind und ohne Erkennt=
niß; und in dem Meer der Unwissenheit entwickeln
und verbinden sich die Strebungen. Aus den Strebun=
gen, die Gestalt gewinnen und sich unter einander ver=
binden, steigt die Empfindung der Gefühle. Gefühle
erzeugen Organismen, die als Einzelwesen leben. Diese
Organismen entwickeln die sechs Gebiete: die fünf
Sinne und den Geist. Die sechs Gebiete kommen in

[12. Kapitel]

Berührung mit den Dingen. Diese Berührung erzeugt Bewußtsein. Bewußtsein erregt den Durst der Selbst-sucht. Der Durst der Selbstsucht erzeugt ein Kleben an den Dingen. Dies Kleben verursacht das Wachsthum und Fortbestehen der Selbstsucht. Selbstsucht erneuert sich in Wiedergeburten. Die Neugeburten der Selbst-sucht sind die Ursache des Leidens, des Alters, der Krank-heit und des Todes. Sie erzeugen Klage und Angst und Verzweiflung.   8

„Die Ursache alles Leidens findet sich gleich am Anfang, sie liegt verborgen in der Unwissenheit, aus welcher das Leben entspringt. Beseitigt die Unwissen-heit, und ihr beseitigt die falschen Strebungen, welche aus derselben hervorgehen. Zerstört falsche Strebungen, so findet alle verkehrte Empfindung ein Ende. Zerstört die Irrthümer der verkehrten Empfindung, so schwindet die Täuschung auf den sechs Gebieten der fünf Sinne und des Geistes. Zerstört Täuschung, so wird die Be-rührung der sechs Gebiete mit den Dingen aufhören Wahnvorstellungen hervorzubringen. Zerstört Wahn-vorstellungen, und ihr vernichtet den Durst. Zerstört den Durst, und ihr seid frei von aller krankhaften Be-gier. Beseitigt die Begier, und ihr zerstört die Selbst-sucht. Wenn die Selbstsucht zerstört ist, so stehet ihr über der Geburt, dem Alter und dem Tod, und ihr ent-rinnt allem Leiden."   9

Der Erleuchtete erkannte die vier erhabenen Wahr-heiten, welche zum Nirwana führen :   10

„Die erste der erhabenen Wahrheiten ist das Vorhandenfein des Leidens. Geburt ift Leiden, Wachsthum ift Leiden, Krankheit ift Leiden, und der Tod ift Leiden. Traurig ift es, mit dem verbunden zu fein, das uns widerwärtig ift. Noch trauriger ift die Trennung von dem, das wir lieben, und fchmerzlich ift die Sehnfucht nach dem, das wir nicht erlangen können. [11]

„Die zweite der erhabenen Wahrheiten ift die Ur= fache des Leidens. Die Urfache des Leidens ift die Luft. Die Welt rings umher bewirkt Empfindung und er= zeugt einen brennenden Durft, welcher fofortige Be= friedigung heifcht. Die Täufchung des Selbft bringt ein Haften an den Dingen hervor. Vergnügungsfucht verwickelt uns in das Netz der Trübfal. Freuden find der Köder und Schmerzen die Folge. [12]

„Die dritte der erhabenen Wahrheiten ift das Ende der Trübfal. Derjenige, welcher fein Selbft befiegt, wird frei von Luft. Er hört auf zu begehren, und die Flamme der Begierde findet keine Nahrung mehr. Sie erlifcht. [13]

„Die vierte der erhabenen Wahrheiten ift der acht= fache Pfad, welcher zur Vernichtung aller Trübfal führt. Derjenige findet Erlöfung, deffen Selbft vor der Wahrheit fchwindet, deffen Wille auf das gerichtet ift, was er thun foll, deffen ganzes Verlangen die Erfüllung feiner Pflicht ift. Wer weife ift, betritt diefen Pfad und macht der Trübfal ein Ende. [14]

„Der achtfache Pfad ift: 1. rechtes Verftändniß, 2. rechter Entfchluß, 3. recht reden, 4. recht handeln, 5. rechte Art, fich den Lebensunterhalt zu erwerben, 6. recht ftreben, 7. recht denken und 8. rechtes Verfenken. [15]

Dies ist der Dharma. Dies ist die Wahrheit. Dies
ist Religion. Und der Erleuchtete sprach diese Strophe:

> „Lange bin ich gewandert, lange!
> Gefesselt von der Begierde Ketten
> Durch viele Geburten,
> Vergeblich suchend.
> Woher kommt die Unruhe des Menschen?
> Woher seine Selbstsucht? Woher seine Angst?
> Und schwer zu ertragen ist der Samsara,
> Wenn Schmerz und Tod uns umgeben.
> Gefunden, gefunden
> Bist du, Ursache der Selbstsucht!
> Nicht länger sollst du mir ein Haus erbauen.
> Zerbrochen sind die Balken der Sünde;
> Der Strebepfeiler der Sorge ist zerschmettert,
> In das Nirwana ist meine Seele eingegangen,
> Das Ende alles Sehnens ist endlich erreicht."   16

Wahrheit und Selbst sind unvereinbar. Wo das
Selbst ist, da fehlt die Wahrheit. Das Selbst ist der
flüchtige Irrthum des Samsara; es ist das persönliche
Abgetrenntsein und die Eigenliebe, aus der Neid und
Haß geboren werden. Das Selbst besteht im Verlangen
nach Vergnügen und in den Gelüsten der Eitelkeit.
Die Wahrheit ist das rechte Verständniß der Dinge;
sie ist das Begreifen dessen, das wirklich und ewig ist,
dessen, das bleibend ist im Wechsel; sie ist die Wonne
der Gerechtigkeit.   17

Das Selbst ist nichts Wirkliches; sein Dasein ist eine
Täuschung, und es giebt in der Welt kein Unrecht, kein

[12. Kapitel]

Verbrechen, keine Sünde, welche nicht eine Aeußerung
des Selbst ist.   18

Die Erlangung der Wahrheit ist nur dann möglich,
wenn das Selbst als eine Täuschung erkannt wird.
Gerechtigkeit kann nur dann geübt werden, wenn wir
unsere Seele von den Leidenschaften der Selbstsucht be=
freit haben. Vollkommener Friede kann nur da woh=
nen, wo alle Eitelkeit geschwunden ist.   19

Selig ist derjenige, welcher den Dharma erkannt hat.
Selig ist derjenige, welcher seinen Mitgeschöpfen kein
Leid zufügt. Selig ist derjenige, welcher den Sieg da=
vonträgt über die Sünde und frei ist von Leidenschaft.
Die höchste Seligkeit hat der erlangt, welcher alle Selbst=
sucht und Eitelkeit besiegt hat. Er ist Buddha gewor=
den, der Vollkommene, der Selige, der Heilige   20

13. Die ersten Bekehrten.

Der Gebenedeite verharrte siebenmal sieben Tage
in der Einsamkeit, sich der Wonne der erlangten Frei=
heit erfreuend.   .   1

Um diese Zeit kamen Tapussa und Bhallika, zwei
Kaufleute, auf der nahen Straße vorüber, und als sie
des erhabenen Schramana ansichtig wurden, voller
Majestät und Frieden, nahten sie sich ihm in Ehr=
erbietung und boten ihm Reiskuchen und Honig an. 2

Dies war die erste Nahrung, welche der Erleuchtete
zu sich nahm, seit er das Buddhathum erreicht hatte. 3

[13. Kapitel]

Und Buddha redete sie an und zeigte ihnen den Weg
der Erlöfung.   4

Die zwei Kaufleute empfanden in ihrer Seele die
Heiligkeit des Mara-Befiegers, beugten fich vor ihm in
Ehrfurcht und fprachen: „Wir nehmen, o Herr, unfere
Zuflucht zu dem Gebenedeiten und zu dem Dharma." 5

Tapuffa und Bhallika waren die Erften, welche
weltliche Jünger Buddhas wurden.   6

14. Brahmas Bitte.

Nachdem der Gebenedeite das Buddhathum erreicht
hatte, fprach er mit Weihe: 1

„Selig ift, wer frei ift von Bitterkeit. Selig ift, wer
Luft nicht kennt und den Dünkel aufgiebt, welcher dem
Wahne „Jch bin" entfpringt.   2

„Jch habe die tieffte Wahrheit erkannt. Sie ift erhaben und gibt Frieden, aber fie ift fchwer zu verftehen,
denn die Mehrzahl der Menfchen bewegt fich im Kreife
weltlicher Intereffen und hat ihre Luft an weltlichen
Begierden.   3

„Wer weltlich gefinnt ift, wird diefe Lehre nicht verftehen, denn für ihn gibt es Glück nur in der Selbftfucht, und die Seligkeit, welche in dem vollkommenen
Aufgehen in der Wahrheit liegt, ift für ihn unverftänd-
lich.   4

„Er wird Verläugnung nennen, was dem Erleuchteten die reinfte Freude ift. Er wird da Vernichtung

[14. Kapitel]

sehen, wo der Vollkommene Unsterblichkeit findet. Jhm
wird das Tod sein, was der Besieger des Selbst als
ewiges Leben erkennt.   5

„Die Wahrheit bleibt dem verborgen, welcher sich
in der Knechtschaft des Hasses und der Begierde be=
findet. Das Nirwana bleibt gewöhnlichen Seelen, die
von weltlichen Jnteressen wie von Wolken umgeben
sind, unbegreiflich und geheimnißvoll.   6

„Sollte ich die Lehre verkünden und die Menschen
sie nicht begreifen, es würde mir nur Ermüdung und
Beschwerden bringen.“   7

Da kam Brahma Sahampati nieder vom Himmel,
und nachdem er dem Gebenedeiten seine Verehrung be=
zeugt, sprach er: 8

„Wehe! die Welt muß verderben, wenn der Heilige,
der Tathagata, sich entschließen sollte, nicht den Dharma
zu verkünden.   9

„Erbarme dich derer, die mühselig ringen; habe
Mitleid mit den Leidenden; hilf den Geschöpfen, welche
hoffnungslos gefangen liegen in den Fallstricken der
Trübsal!   10

„Es giebt Geschöpfe, welche fast frei sind von dem
Staub der Weltlichkeit. Wenn ihnen die Lehre nicht
verkündet wird, gehen sie verloren; wenn sie dieselbe
aber vernehmen, werden sie glauben und Erlösung er=
langen.“   11

Der Gebenedeite sah mit dem Auge eines Buddha
in Barmherzigkeit nieder auf alle empfindenden Wesen;
und er sah unter ihnen Geschöpfe, deren Seelen nur

wenig bedeckt waren vom Staube der Weltlichkeit, welche
empfänglich waren und leicht zu unterrichten, welche die
Gefahren der Lust und Sünde wohl kannten.   12

Und der Gebenedeite sprach: „Weit sei die Thüre der
Unsterblichkeit Allen geöffnet, welche Ohren haben, zu
hören. Mögen sie den Dharma gläubig empfangen."13

Da erkannte Brahma Sahampati, daß der Gebenedeite seine Bitte erhört hatte und die Lehre verkünden
wollte.   14

Die Gründung des Reiches der Gerechtigkeit.

15. Upaka.

Nun dachte der Gebenedeite bei sich selbst: „Wem soll ich die Lehre zuerst verkünden? Meine alten Lehrer sind todt. Sie würden die frohe Botschaft mit Freuden empfangen haben. Aber meine fünf Jünger sind noch am Leben. Zu ihnen werde ich gehen und ihnen will ich das Evangelium der Erlösung zuerst verkünden." [1]

Damals wohnten die fünf Bhikschus in dem Wildgarten zu Benares. Uneingedenk der Lieblosigkeit, mit welcher sie den Gebenedeiten zu einer Zeit verlassen hatten, da er ihres Mitgefühls und ihrer Hilfe am meisten bedurfte, sondern nur eingedenk der Dienste, die sie ihm erzeigt hatten, machte er sich zu ihnen auf den Weg, voll von Mitleid wegen der Strenge, die sie vergebens gegen sich selbst übten. [2]

Auf der Wanderschaft nach Benares begegnete dem Gebenedeiten Upaka, ein Jain, der Brahmanenkaste angehörig, welcher Siddhartha von früher her kannte.

[15. Kapitel]

Erstaunt über die Majestät und erhabene Freudigkeit,
die sich in der Haltung des Tathagata kund gab, sprach
er zu ihm: „Dein Antlitz, freund, ist voller friede;
deine Augen glänzen und deuten Reinheit und Selig=
keit an." ³

Der heilige Buddha antwortete: „Ich habe Be=
freiung erlangt durch das Auslöschen des Selbst.
Mein Körper ist keusch, meine Seele frei von Begierde,
und die tiefste Wahrheit wohnt in meinem Herzen.
Ich habe das Nirwana erlangt, und das ist die Ursache
des friedens in meinem Antlitz und des Glanzes
meiner Augen. Ich trage Verlangen, das Reich der
Wahrheit auf Erden zu gründen, denen Licht zu brin=
gen, welche von finsterniß umfangen sind, und der
Menschheit die Thore der Unsterblichkeit zu öffnen." ⁴

Upaka erwiderte: „Du bekennst also, freund, daß
du Jaina bist, der Besieger der Welt, der Allgewaltige
und der Heilige." ⁵

Der Gebenedeite sprach: „Jainas sind alle diejeni=
gen, welche das Selbst und die Leidenschaften des Selbst
besiegt haben, nur diejenigen sind Sieger, welche ihren
Geist zügeln und sich der Sünde enthalten. Darum,
Upaka, bin ich der Jaina." ⁶

Upaka schüttelte das Haupt. „Ehrwürdiger Gau=
tama," sagte er, „dein Weg geht dorthin." Damit
schlug er eine andere Richtung ein und ging von
dannen. ⁷

[15. Kapitel]

16. Die Predigt zu Benares.

Als die fünf Bhikschus ihren früheren Lehrer von ferne erblickten, kamen sie unter sich überein, ihn nicht zu grüßen, noch ihn als Meister anzureden, sondern nur bei seinem Namen zu nennen. „Denn," sagten sie, „er hat sein Gelübde gebrochen und den Pfad der Heiligkeit verlassen. Er ist kein Bhikschu, sondern Gautama, und Gautama ist zu einem Menschen geworden, welcher im Ueberfluß lebt und den Freuden der Weltlichkeit huldigt." ¹

Als ihnen aber der Gebenedeite in würdiger Weise nahte, da erhoben sie sich unwillkürlich von ihren Sitzen und grüßten ihn gegen ihre Verabredung. Sie nannten ihn jedoch bei seinem Namen und redeten ihn „Freund" an. ²

Als sie den Gebenedeiten also empfangen hatten, sprach er: „Nennt den Tathagata nicht bei seinem Namen, noch redet ihn „Freund" an, denn er ist Buddha, der Heilige. Buddha sieht auf alle lebenden Wesen mit gleich gütigem Herzen, und sie nennen ihn deshalb „Vater". Einem Vater die Achtung versagen, ist unrecht, ihn verachten, ist Sünde. ³

„Der Tathagata," fuhr Buddha fort, „sucht die Erlösung nicht in Strenge. Aber deshalb müßt ihr nicht meinen, daß er weltlichen Vergnügungen nach-hängt oder im Ueberfluß lebt. Der Tathagata hat den Mittelweg gefunden. ⁴

[16. Kapitel]

„Weder Enthaltsamkeit von fisch oder fleisch, noch
Nackendgehen, noch das Kahlscheeren des Hauptes,
noch das Tragen geflochtenen Haares, noch das Kleiden
in rauhe Gewänder, noch das Bedecken des Leibes mit
Schmutz, noch dem Agni gebrachte Opfer vermögen
den Menschen rein zu machen, der nicht frei ist von
der Täuschung der Selbstheit.   5

„Das Lesen der Wedas, Abgaben an die Priester,
Opfer für die Götter, Selbstpeinigung durch Hitze oder
Kälte und allerlei Buße der Unsterblichkeit zu liebe,
können nicht das vom Wahn bestrickte Menschenherz
reinigen.   6

„Zorn, Trunkenheit, Eigensinn, frömmelei, Betrug, Neid, Eigenlob, Verläumdung, Hochmuth und
böse Absichten sind die Bestandtheile der Unreinheit,
nicht aber das Essen von fleisch.   7

„Lasset mich euch den Mittelweg weisen, o Bhikschus, welcher sich nach beiden Seiten von Uebertreibungen fernhält. Durch Selbstpeinigung verursacht
der geschwächte frömmling Verwirrung und krank-
hafte Gedanken in seinem Geist. Kasteiung fördert
nicht einmal weltliches Wissen, wie viel weniger den
Sieg über die Sinne!   8

„Wer seine Lampe mit Wasser füllt, wird die finsterniß nicht vertreiben, und es ist nicht möglich, feuer
mit faulem Holz anzuzünden   8

„Kasteiungen sind schmerzhaft, eitel und ohne Gewinn. Und wie kann ein Mensch durch ein elendes
Leben frei werden von seinem Selbst, wenn es ihm
[16. Kapitel]

nicht zugleich gelingt, die Flammen der Lust zu er-
sticken. [10]

„Alle Kasteiung ist vergebens, so lange das Selbst
bleibt, so lange das Selbst in den Begierden nach weltlichen oder sinnlichen Freuden verharrt. Aber derjenige, in dem das Selbst erloschen ist, ist frei von
Lüsten; er wird weder nach weltlichen noch himmlischen
Freuden verlangen, und die Befriedigung seiner natürlichen Bedürfnisse wird ihn nicht verunreinigen. Laßt
ihn essen und trinken nach des Leibes Bedürfnissen. [11]

„Wasser umgiebt die Lotospflanze, netzt aber ihre
Blätter nicht. [12]

„Andererseits ist Sinnlichkeit aller Art entnervend.
Der sinnliche Mensch ist ein Sklave seiner Leidenschaften, und Vergnügungssucht ist erniedrigend und gemein. [13]

„Aber die nothwendigen Bedürfnisse des Lebens
zu befriedigen, ist nicht vom Argen. Den Leib bei
guter Gesundheit zu erhalten, ist Pflicht, denn sonst
vermögen wir die Lampe der Weisheit nicht in Ord-
nung zu erhalten, noch kann unser Geist stark und
ungetrübt bleiben. [14]

„Dies ist der Mittelweg, o Bhikschus, welcher sich
von Uebertreibungen nach beiden Seiten fernhält." [15]

Und der Gebenedeite redete gütig mit seinen Jüngern, sie ihrer Irrthümer wegen bemitleidend und
ihnen die Nutzlosigkeit ihrer Anstrengungen zeigend.
Da schmolz das Eis ihrer Feindseligkeit unter der mil-
den Wärme des beredten Meisters. [16]

[16. Kapitel]

Nun setzte der Gebenedeite das Rad des allvortreff=
lichen Gesetzes in Bewegung. Indem er den fünf Bhik=
schus predigte, öffnete er ihnen das Thor der Unsterb=
lichkeit und offenbarte ihnen die Seligkeit des Nir=
wana. [17]

Und als der Gebenedeite seine Predigt begann,
ging ein Schauer der Entzückung durch alle Welten. [18]

Die Dewas verließen ihre himmlischen Woh=
nungen, um der holden Wahrheit zu lauschen; die
Heiligen, welche aus dem Leben geschieden waren,
schaarten sich um den großen Meister, um die frohe
Botschaft zu empfangen; ja selbst die Thiere der Erde
empfanden den Segen, welcher in den Worten des
Tathagata lag; und die Heerschaaren aller lebenden
Wesen: Götter, Menschen und Thiere, hörten die Bot=
schaft der Erlösung und vernahmen sie, ein jedes in
seiner eigenen Sprache. [19]

Buddha sprach: [20]

„Die Speichen des Rades sind die Regeln reinen
Lebens; Gerechtigkeit ist das Ebenmaß ihrer Länge;
Weisheit sind die Felgen; Bescheidenheit und Nach=
denken ist die Nabe, in welcher die unbewegliche Axe
der Wahrheit liegt. [21]

„Wer das Vorhandensein des Leidens erkennt, wer
die Ursache, die Abhilfe und das Ende des Leidens be=
greift, hat die vier erhabenen Wahrheiten ergründet.
Er wird auf dem rechten Pfade wandeln. [22]

„Rechte Einsicht ist die Fackel, welche ihm den Weg
erhellt, das rechte Ziel sein Führer. Rechte Worte ge=

[16. Kapitel]

währen ihm unterwegs Obdach. Sein gerader Gang
ist rechtes Betragen. Seine Erquickung ist die rechte
Art, sich seinen Lebensunterhalt zu erwerben. Rechtes
Streben sind seine Schritte; rechte Gedanken sein
Athem, und Friede folgt in seinen Fußstapfen." 23

Und der Gebenedeite erläuterte die Unbeständigkeit
des Ich. 24

„Was irgend entstanden ist, wird wieder aufgelöst
werden. Alles Sorgen um das Selbst ist eitel; das
Ich ist einer Luftspiegelung gleich, und alle Unruhe,
welche es berührt, ist vergänglich. Sie wird verschwin-
den wie das Alpdrücken, wenn der Schläfer erwacht. 25

„Der, welcher erwacht ist, ist von der Angst befreit;
er ist Buddha geworden; er kennt die Vergänglichkeit
aller seiner Sorgen, seines Ehrgeizes und auch seiner
Schmerzen. 26

„Wenn ein Mann, nachdem er ein Bad genommen,
auf ein nasses Seil tritt und glaubt, es sei eine Schlange,
so übermannt ihn Schreck. Er bebt vor Furcht, indem
er in seiner Seele alle die Qualen voraus erduldet,
welche ihr giftiger Biß verursachen könnte. Welch eine
Erleichterung wird diesem Manne zu theil, wenn er
sieht, daß der Strick keine Schlange ist. Die Ursache
seines Schreckens liegt in seinem Irrthum, seiner Unwissenheit, seiner Einbildung. Sobald er die wahre
Natur des Strickes erkannt hat, kehrt die Ruhe seines
Gemüthes zurück; er fühlt sich erleichtert und ist voller
Freude und Glück. 27

„Dies ist der Seelenzustand desjenigen, welcher er-
[16. Kapitel]

kannt hat, daß es kein Selbst giebt, daß die Ursache
aller seiner Leiden, seiner Sorgen und eiteln Bemühun=
gen ein Spiegelbild ist, ein Schatten, ein Traum.   28

„Glücklich ist der, welcher alle Selbstsucht über=
wunden hat; glücklich ist der, welcher den Frieden er=
langt hat; glücklich ist der, welcher die Wahrheit ge=
funden.   29

„Die Wahrheit ist herrlich und lieblich. Die Wahr=
heit kann euch von allem Uebel erlösen. Es giebt
keinen Heiland in der Welt, als die Wahrheit.   30

„Habt Vertrauen zur Wahrheit, auch wenn ihr sie
nicht begreifen könnt, auch wenn euch ihre Süßigkeit
bitter dünkt, auch wenn sie euch anfangs vielleicht ab=
schreckt. Vertrauet der Wahrheit.   31

„Die Wahrheit ist am besten, so wie sie ist. Nie=
mand vermag sie zu ändern, noch kann sie jemand ver
bessern. Glaubet an die Wahrheit und lebet in ihr.   32

„Irrthümer führen irre; Täuschungen erzeugen
Elend. Sie berauschen wie starke Getränke; aber bald
vergeht der Rausch und läßt euch krank und voll Ekel
zurück.   33

„Das Selbst ist ein Fieber; das Selbst ist eine flüch=
tige Erscheinung, ein Traum; aber die Wahrheit ist
heilsam, die Wahrheit ist erhaben, die Wahrheit ist
ewig. Es giebt keine Unsterblichkeit außerhalb der
Wahrheit, denn die Wahrheit allein bleibt bestehen.“   34

Als die Lehre verkündet war, erkannte der ehr=
würdige Kaundinya, der älteste unter den fünf Bhik=
schus, mit dem Auge seines Geistes die Wahrheit und

[16. Kapitel]

sprach: „Wahrlich, o Buddha, unser Herr, du haft
die Wahrheit gefunden!"   35

Und die Dewas und Heiligen und alle guten Geister
hingegangener Geschlechter, welche der Predigt des
Tathagata gelauscht, empfingen die Lehre mit Freuden
und riefen: 36

„Wahrlich, der Gebenedeite hat das Reich der Ge=
rechtigkeit gegründet!   37

„Der Gebenedeite hat die Erde bewegt!   38

„Der Gebenedeite hat das Rad der Wahrheit in
Bewegung gesetzt, welches von keinem Wesen im Welt=
all, sei es ein Gott oder Mensch oder Dämon, zurück=
gewendet werden kann.   39

„Das Reich der Wahrheit wird auf Erden verkündet
werden; es wird sich ausbreiten; und Gerechtigkeit,
Wohlgefallen und Friede werden unter den Menschen
herrschen."   40

17. Der Sangha.

Nachdem Buddha den fünf Bhikschus die Wahrheit
dargelegt hatte, sprach er: 1

„Ein Mensch, welcher allein steht, mag, nachdem er
sich fest entschlossen hat, der Wahrheit zu gehorchen,
schwach werden und in seine alten Wege zurückfallen.
Stehet deshalb zusammen, helfet Einer dem Anderen
und stärket euch gegenseitig in euern Bemühungen.   2

„Seid Brüdern gleich, einig in Liebe, einig in Hei=
ligkeit und einig in eurem Eifer für die Wahrheit.   3

[17. Kapitel]

„Verbreitet die Wahrheit und predigt die Lehre aller Welt, so daß schließlich alle Creaturen Bürger des Reiches der Gerechtigkeit werden.   4

„Dies ist die heilige Brüderschaft; dies ist die Kirche Buddhas; dies ist der Sangha, der eine Vereinigung aller derer begründet, welche ihre Zuflucht zu Buddha genommen."   5

Kaundinya war der erste Jünger Buddhas, welcher die Lehre des Heiligen völlig begriff. Der Tathagata sah in sein Herz und sprach: „Wahrlich, Kaundinya hat die Wahrheit erkannt!" Daher erhielt der ehrwürdige Kaundinya den Namen „Ajnyata-Kaundinya", das heißt, „Kaundinya, welcher die Lehre verstanden."   6

Dann sprach der ehrwürdige Kaundinya zu Buddha also: „Herr, laß uns der Weihe des Gebenedeiten theilhaftig werden."   7

Und Buddha sprach: „Kommt her, o Bhikschus! Die Lehre ist wohlverkündet. Führet ein heiliges Leben zur Tilgung des Leidens."   8

Dann wiederholten Kaundinya und die anderen Bhikschus dreimal diese feierlichen Gelübde: 9

„Zu Buddha will ich aufblicken im Glauben. Er, der Vollkommene, ist heilig und über Alle erhaben. Buddha gewährt uns Erleuchtung, Weisheit und Erlösung. Er ist der Gebenedeite, welcher die Gesetze des Seins erkannt hat. Er ist der Herr der Welt, welcher die Menschen wie Stiere bändigt. Er ist der Lehrer der

Götter wie der Menschen, der erhabene Buddha. Zu
Buddha will ich aufblicken im Glauben." [10]

„Der Lehre will ich folgen im Glauben. Die Lehre
des Erhabenen ist wohlverkündet. Die Lehre ist ge=
offenbaret; sie ist sichtbar geworden; die Lehre ist
erhaben über Zeit und Raum. Die Lehre gründet sich
nicht auf Hörensagen, sie bedeutet: „Komm und siehe";
die Lehre führt zum Heile; die Lehre wird von den
Weisen in ihrem Herzen erkannt. Der Lehre will ich
folgen im Glauben. [11]

„Zur Gemeinde will ich halten im Glauben; die
Gemeinde der Jünger Buddhas wandelt auf dem Wege
der Gerechtigkeit; die Gemeinde der Jünger Buddhas
lehrt uns Wahrhaftigkeit üben; die Gemeinde der
Jünger Buddhas zeigt uns, wie man in Heiligkeit
lebt. Die Jünger Buddhas bilden eine Brüderschaft
der Güte und der Menschenliebe. Ihre Heiligen sind
der Ehrerbietung würdig. Die Gemeinde der Jünger
Buddhas ist gegründet als ein heiliges Bündniß, in
welchem Menschen sich vereinigen, die Mahnungen
der Aufrichtigkeit zu lehren und Gutes zu thun. Zur
Gemeinde will ich halten im Glauben." [12]

18. Yaschas, der Jüngling von Benares.

Zu der Zeit lebte zu Benares ein edler Jüngling,
mit Namen Yaschas, der Sohn eines reichen Kauf=
manns. Dieser war beunruhigt in seiner Seele über

die Leiden der Welt und erhob sich heimlich in der
Nacht und ging zu dem Gebenedeiten.   1

Der Gebenedeite sah Yaschas, den edlen Jüngling,
von ferne. Und Yaschas nahte sich ihm und rief aus:
„O, welche Noth! Welche Trübsal!"   2

Der Gebenedeite sprach zu Yaschas: „Hier ist keine
Noth, und hier ist keine Trübsal. Komm zu mir und
ich will dich in der Wahrheit unterweisen, und die
Wahrheit wird deinen Gram verscheuchen."   3

Als Yaschas, der edle Jüngling, vernahm, daß hier
am Orte weder Noth, noch Trübsal, noch Leiden seien,
war sein Herz getröstet. Er nahte sich dem Gebenedei=
ten und setzte sich bei ihm nieder.   4

Dann predigte der Gebenedeite über Menschenliebe
und Sittlichkeit. Er erläuterte die Eitelkeit der Be=
gierden, deren Sündigkeit und Uebel, und zeigte ihm
den Pfad der Erlösung.   5

Statt Widerwillen gegen die Welt, empfand Yaschas
den kühlenden Strom heiliger Weisheit, und nachdem
ihm das reine und unbefleckte Auge der Wahrheit ge=
worden, sah er, wie seine Person reich geschmückt war
mit Perlen und Edelgestein, und er schämte sich.   6

Der Tathagata erkannte seine inneren Gedanken
und sprach: 7

„Ein Mensch mag mit Juwelen geschmückt sein,
während sein Herz die Sinne besiegt hat. Die äußere
Form macht nicht Religion, noch berührt sie das Herz.
So kann die Seele eines Schramana in Weltlichkeit

[18. Kapitel]

verſunken ſein, während ſein Leib ein Büßergewand
trägt.   8

„Ein Einſiedler, welcher im einſamen Walde wohnt
und doch die Eitelkeiten der Welt begehrt, iſt ein Welt=
kind, während der Menſch im weltlichen Gewande
ſein Herz hoch erheben kann zu himmliſchen Ge=
danken.   9

„Es giebt keinen Unterſchied zwiſchen dem Mann
der Welt und dem Einſiedler, wenn nur beide die Vor=
ſtellung des Selbſt verbannt haben."   10

Erkennend, daß Naſchas bereit war, den Pfad zu
betreten, ſprach der Gebenedeite: „Folge mir!" Und
Naſchas trat der Brüderſchaft bei. Nachdem er das
gelbe Gewand angelegt, erhielt er die Weihe.   11

Während der Gebenedeite und Naſchas über die
Lehre redeten, kam der Vater des Naſchas, ſeinen Sohn
ſuchend, vorüber; und im Vorbeigehen fragte er den
Gebenedeiten: „Herr, haſt du meinen Sohn Naſchas
geſehen?"   12

Buddha ſprach zu dem reichen Kaufmann: „Komm
herein, Herr, hier wirſt du deinen Sohn finden." Der
Vater des Naſchas, von Freude erfüllt, trat ein. Er
ſetzte ſich nieder in der Nähe ſeines Sohnes, aber ſeine
Augen waren gehalten und er erkannte ihn nicht. Und
der Herr fing an zu predigen. Und als der reiche
Kaufmann die Lehre des Gebenedeiten erfaßte, ſprach
er: 13

„Herrlich iſt die Wahrheit, o Herr! Der Buddha,
der Heilige, unſer Meiſter, ſtellt wieder her, was zerſtört

[18. Kapitel]

war; er offenbart, was verborgen war; er zeigt dem
irrenden Wanderer den Weg; er zündet ein Licht an
in der Dunkelheit, so daß Alle, welche Augen haben zu
sehen, die Gegenstände wahrnehmen können, welche sie
umgeben. Ich nehme meine Zuflucht zu Buddha,
unserem Herrn; ich nehme meine Zuflucht zu der
Lehre, welche er geoffenbaret; ich nehme meine Zuflucht zu der Brüderschaft, welche er gegründet. Möge
der Gebenedeite mich aufnehmen von diesem Tage an
bis zum Ende meines Lebens, als einen Jünger, welcher seine Zuflucht zu ihm genommen." 14

Der Vater des Yaschas war das erste weltliche Mitglied, welches dem Sangha beitrat. 15

Nachdem der reiche Kaufmann seine Zuflucht zu
Buddha genommen, wurden seine Augen geöffnet und
er sah seinen Sohn ihm zur Seite sitzen im gelben Gewande. „Mein Sohn Yaschas," sagte er, „deine Mutter vergeht in Klagen und Gram. Kehre nach Hause
zurück und gieb deine Mutter dem Leben wieder." 16

Da sah Yaschas den Gebenedeiten an, und der Gebenedeite sprach: „Sollte Yaschas zurückkehren in die
Welt und sich der Zerstreuungen eines weltlichen Lebens freuen wie zuvor?" 17

Der Vater erwiderte: „Wenn Yaschas, mein Sohn,
es als einen Gewinn erachtet, bei dir zu bleiben, so
mag er bleiben. Er ist von den Banden der Welt
befreit." 18

Nachdem der Gebenedeite die Seelen der Beiden
aufgerichtet mit Worten der Wahrheit und Gerechtig-

[18. Kapitel]

keit, sprach der Vater des Yaschas: „Möge der Gebenedeite, o Herr, einwilligen, seine Mahlzeit bei mir
einzunehmen, zusammen mit Yaschas als seinem Begleiter." [19]

Der Gebenedeite nahm seine Almosenschüssel, nachdem er seine Gewänder übergeworfen, und ging mit
Yaschas zu dem Hause des reichen Kaufmanns. Als
sie daselbst angekommen waren, begrüßten die Mutter
und die frühere Frau des Yaschas den Gebenedeiten
und setzten sich ihm zu Füßen. [20]

Da predigte ihnen der Gebenedeite; und die Frauen
verstanden seine Lehre und riefen aus: „Herrlich ist die
Wahrheit, o Herr! Der Buddha, der Heilige, unser
Meister, stellt wieder her, was zerstört war; er offenbart, was verborgen war; er zeigt dem irrenden Wanderer den Weg; er zündet ein Licht an in der Dunkelheit,
so daß Alle, die Augen haben zu sehen, die Dinge
erkennen können, welche sie umgeben. Wir nehmen
unsere Zuflucht zu Buddha, unserem Herrn. Wir
nehmen Zuflucht zu der Lehre, welche er geoffenbart.
Wir nehmen Zuflucht zu der Brüderschaft, welche er
gegründet. Möge der Gebenedeite uns aufnehmen
von diesem Tage an bis zum Ende unseres Lebens als
Jüngerinnen, die ihre Zuflucht zu ihm genommen." [21]

Die Mutter und die Gemahlin des Yaschas waren
die ersten Frauen, welche weltliche Jüngerinnen wurden und ihre Zuflucht zu Buddha nahmen. [22]

Yaschas hatte vier Freunde, welche den reichen Fa-

[18. Kapitel]

milien von Benares angehörten. Ihre Namen waren:
Vimala, Subahu, Punyajit und Gawampati.   23

Als die Freunde des Yaschas vernahmen, daß
Yaschas sein Haar abgeschnitten und gelbe Gewänder
angelegt habe, der Welt zu entsagen und heimathlos
zu werden, dachten sie bei sich: „Das kann gewißlich
keine gewöhnliche Lehre sein, und es muß eine edle
Verläugnung der Welt sein, wenn Yaschas, den wir
als gut und weise kennen, sein Haupt geschoren und
gelbe Gewänder angelegt hat, um der Welt zu entsagen
und heimathlos zu werden."   24

Und sie kamen zu Yaschas, und Yaschas wendete
sich an den Gebenedeiten und sprach: „Möge der Gebenedeite diesen meinen vier Freunden Ermahnung
und Unterweisung geben." Und der Gebenedeite predigte ihnen, und die Freunde des Yaschas empfingen
die Lehre und nahmen ihre Zuflucht zu Buddha, dem
Dharma und dem Sangha.   25

19. Die Aussendung der Jünger.

Das Evangelium des Gebenedeiten breitete sich
von Tag zu Tag mehr aus und Viele kamen, ihn zu
hören und die Weihe zu empfangen, um hinfort ein
heiliges Leben zu führen zur Tilgung des Leidens.   1

Und der Gebenedeite erkannte die Unmöglichkeit,
dem Verlangen aller nachzukommen, welche die Wahrheit hören und die Weihe empfangen wollten, und er

[19. Kapitel]

sandte von der Zahl seiner Jünger solche aus, welche
den Dharma predigen sollten, und sprach zu ihnen :   2

„Gehet hin, o Bhikschus, zum Segen der Menge,
zur Wohlfahrt des Menschengeschlechts, aus Barmherzigkeit für die Welt. Nicht zweie sollen auf demselben Wege ziehen. Predigt die Lehre, welche herrlich ist am Anfang, herrlich in der Mitte, herrlich am
Ende, im Geiste wie im Buchstaben. Es giebt Wesen,
deren Augen nur leicht vom Staub bedeckt sind, aber
wenn ihnen die Wahrheit nicht verkündet wird, können
sie die Erlösung nicht erlangen. Verkündet ihnen ein
Leben der Heiligkeit. Sie werden die Lehre erkennen
und sie annehmen.   3

„Der Dharma und der Vinaya des Tathagata scheinen in hellem Lichte, wenn sie verkündet werden, nicht
aber, wenn sie verborgen bleiben. Lasset aber diese
Lehre, so voll der Wahrheit und so vortrefflich, nicht
in die Hände derer fallen, welche ihrer nicht werth sind,
wo sie verachtet und verworfen, verspottet, lächerlich
gemacht und getadelt würde.   4

„Ich gebe euch hiermit, o Bhikschus, diese Voll-
macht. Ertheilt fortan die Weihe in den verschiedenen
Ländern denjenigen, welche begierig sind, sie zu empfangen, und welche ihr derselben werth findet."   5

Und es wurde zum stehenden Gebrauch, daß die
Bhikschus ausgingen zu predigen, wenn das Wetter
gut war, aber während der Regenzeit kamen sie wieder
zusammen nnd gesellten sich zu ihrem Meister, den
Ermahnungen des Tathagata zu lauschen.   6

[19. Kapitel]

20. Kaschyapa.

Zu der Zeit wohnten zu Uruwilwa die Jatilas, welche an Krischna glaubten und das Feuer anbeteten. Ihr Oberhaupt war Kaschyapa. [1]

Kaschyapa war berühmt in ganz Indien, und sein Name war verehrt als der eines der weisesten Männer auf Erden und einer Autorität in Sachen der Religion. [2]

Und der Gebenedeite ging zu Kaschyapa von Uruwilwa, dem Jatila, und sprach: „Laß mich eine Nacht in dem Raume verbringen, wo du dein heiliges Feuer unterhältst." [3]

Als Kaschyapa den Gebenedeiten in seiner Majestät und Schönheit erblickte, dachte er bei sich selbst: „Dies ist ein großer Muni und ein edler Lehrer. Sollte er nun eine Nacht in dem Raume verbringen, wo das heilige Feuer unterhalten wird, so wird ihn die Schlange beißen und er wird sterben." Und er sprach: „Ich erhebe keinen Einwand dagegen, daß du in dem Raume, wo das heilige Feuer brennt, eine Nacht zubringst, aber der Schlangendämon wird dich tödten und es würde mich schmerzen, dich umkommen zu sehen." [4]

Aber Buddha bestand darauf und Kaschyapa öffnete ihm den Raum, wo das heilige Feuer unterhalten ward. [5]

Und der Gebenedeite setzte sich in aufrechter Haltung nieder und umgab sich mit Wachsamkeit. [6]

[20. Kapitel]

In der Nacht kam der Drache zu Buddha, spie
wuthschnaubend sein feuriges Gift umher und erfüllte
die Luft mit flammen, aber er vermochte dem Heiligen
kein Leid zuzufügen. Das Feuer verzehrte sich selbst,
und der von aller Welt Geehrte blieb ruhig. Da
wurde der giftige, böse Feind so rasend, daß er in seiner
Wuth verendete.   7

Als Kaschyapa den hellen Schein sah, der aus dem
Raum hervorleuchtete, sprach er: „O, welches Elend!
fürwahr, das Antlitz Gautamas, des großen Schakyamuni, ist schön, aber die Schlange vernichtet ihn."   8

Am Morgen wies der Gebenedeite dem Kaschyapa
den todten Körper des Ungeheuers, indem er sprach:
„Sein Feuer wurde durch mein Feuer überwunden."   9

Und Kaschyapa dachte bei sich selbst: „Schakyamuni
ist ein großer Schramana und besitzt viele Kräfte, aber
er ist nicht heilig wie ich."   10

In jenen Tagen sollte ein Fest stattfinden, und
Kaschyapa dachte also: „Die Leute werden hierher
kommen von allen Theilen des Landes, und sie werden
den großen Schakyamuni sehen, und wenn er sie an-
redet, werden sie an ihn glauben und mich verlassen."
Und Neid erwachte in ihm.   11

Als der Tag des Festes herbeigekommen war, da
zog sich der Gebenedeite zurück und kam nicht zu
Kaschyapa. Da kam Kaschyapa zu Buddha und sprach:
„Warum kam der große Schakyamuni nicht?"   12

Der Tathagata erwiderte: „Dachtest du nicht in

[20. Kapitel]

deinem Sinn, daß es beffer wäre, wenn ich dem Feste
fern bliebe?"   13

Und Kaschyapa war erstaunt und dachte bei sich:
"Groß ist Schakyamuni, der meine Gedanken liest, aber
er ist nicht heilig wie ich."   14

Und der Gebenedeite wendete sich zu Kaschyapa
und sprach: "Du erkennst wohl die Wahrheit, aber du
nimmst sie nicht an wegen des Neides, der in deinem
Herzen ist. Ist Neid Heiligkeit? Neid ist das letzte
Ueberbleibsel des Selbst, das noch in deiner Seele zurückgeblieben ist. Du bist nicht heilig, Kaschyapa und
wandelst noch nicht auf dem Wege des Heils."   15

Da gab Kaschyapa seinen Widerstand auf. Sein
Neid schwand dahin, und mit gefalteten Händen sprach
er zu dem Gebenedeiten: "Herr, unser Meister, würdige mich der Weihe."   16

Und der Gebenedeite sprach: "Du, Kaschyapa, bist
das Haupt der Jatilas. Gehe darum zuvor hin und
theile ihnen mit, was du thun willst, und laß sie thun,
was dir gut dünkt."   17

Da ging Kaschyapa zu den Jatilas und sagte:
"Ich begehre, unter der Leitung des großen Schakyamuni, der da ist Buddha, unser Meister und Herr, ein
religiöses Leben zu führen. Ihr könnt thun, was euch
am besten dünkt."   18

Und die Jatilas antworteten: "Wir haben eine
große Zuneigung zu dem erhabenen Schakyamuni gefaßt, und wenn du seiner Brüderschaft beitrittst, so thun
wir desgleichen."   19

[20. Kapitel]

Die Jatilas von Uruwilwa warfen nun ihre Ge=
räthe der Feueranbetung in den Fluß und begaben sich
zu dem Gebenedeiten.   20

Nadi Kaschyapa und Gaya Kaschyapa, die Brüder
des großen Uruwilwa Kaschyapa, ebenfalls mächtige
Männer und Häuptlinge unter ihrem Volke, wohnten
weiter unten am Strom; und als sie die Geräthschaften,
die bei der Feueranbetung dienten, den Fluß hinunter
treiben sahen, sprachen sie: „Unserem Bruder ist ein
Unglück zugestoßen," und kamen mit ihrem Gefolge
nach Uruwilwa. Als sie vernahmen, was sich zugetra=
gen, gingen auch sie zu Buddha.   21

Als der Gebenedeite die Jatilas des Nadi und
Gaya, welche große Selbstpeinigung geübt und das
Feuer angebetet hatten, zu sich kommen sah, hielt er
eine Predigt über das Feuer und sprach: 22

„Alles, o ihr Jatilas, brennt. Das Auge brennt,
Gedanken brennen, alle Sinne brennen. Unsere Seele
brennt im Feuer der Lust. Da ist Zorn, da ist Unwis=
senheit, da ist Haß! So lange das Feuer entzündliche
Dinge findet, von denen es sich zu nähren vermag, so
lange wird es brennen, und so lange wird es Geburt
und Tod, Verwesung, Schmerz, Klage, Leiden, Ver=
zweiflung und Gram geben. Wenn ein Jünger der
Wahrheit dies bedenkt, wird er die vier Wahrheiten
erkennen und auf dem erhabenen achtfachen Pfad wan=
deln. Er wird wachsam werden über sein Auge, wach=
sam über seine Gedanken und wachsam über alle seine
Sinne. Er wird sich seiner Leidenschaften entledigen

[20. Kapitel]

und frei werden. Er wird erlöst werden von der
Selbstsucht und wird den gesegneten Zustand des Nir=
wana erlangen." 23

Und die Jatilas wurden voller Freude und nahmen
ihre Zuflucht zu dem Buddha, dem Dharma und dem
Sangha. 24

21. Die Predigt zu Rajagriha.

Nachdem der Gebenedeite einige Zeit zu Uruwilwa
gewohnt hatte, begab er sich nach Rajagriha, begleitet
von einer großen Anzahl Bhikschus, von denen viele
Jatilas gewesen waren, und der große Kaschyapa, das
frühere Oberhaupt der Jatilas, war auch bei ihm. 1

Als der Magadha=König, Sainya Bimbisara, hörte,
daß Gautama Schakyamuni angekommen sei, von dem
die Leute sagten: „Er ist der Heilige, der gesegnete
Buddha, der die Menschen lenkt, wie ein Ackersmann
den Stier vor den Pflug spannt, der Lehrer von Hoch
und Niedrig!" machte er sich auf und ging in Beglei=
tung seiner Räthe und Feldherren dem Gebenedeiten
entgegen. 2

Da sahen sie den Gebenedeiten in der Gesellschaft
von Kaschyapa, dem großen Religionslehrer der Jati=
las, und sie wunderten sich und sprachen bei sich selbst:
„Hat sich der große Schakyamuni unter die geistige
Führung des Kaschyapa gestellt, oder ist Kaschyapa ein
Jünger Gautamas geworden?" 3

[21. Kapitel]

Und der Tathagata, die Gedanken des Volkes er=
rathend, sprach zu Kaschyapa: „Welche Erleuchtung
ist dir geworden, o Kaschyapa, und was hat dich be=
wogen, dem heiligen Feuer zu entsagen und deine
strengen Bußübungen aufzugeben?"   4

Kaschyapa erwiderte: „Der Gewinn, der mir durch
die Anbetung des Feuers wurde, war nur eine fort=
bewegung in dem Rad der Selbstheit mit allen daran
haftenden Leiden und Eitelkeiten. Den Feuerdienst habe
ich aufgegeben, und anstatt der Bußübungen und der
Opfer bin ich ausgegangen, um das höchste Nirwana
zu suchen."   5

Buddha, welcher erkannte, daß die ganze Schaar der
Versammelten bereit war, wie ein Gefäß die Lehre in
sich aufzunehmen, sprach zu Bimbisara, dem König: 6

„Wer die Natur des Selbst kennt und wer versteht,
wie die Sinne sich bethätigen, findet keinen Raum für
das Ich, und so wird er ewigen Frieden gewinnen. Die
Welt hält an der Vorstellung des Ich fest, und davon
kommen falsche Begriffe.   7

„Einige sagen, daß das Ich den Tod überdauert,
andere sagen, daß es vergeht; und beide Theile irren.   8

„Denn wenn sie sagen, daß das Ich vergänglich ist,
so wird auch die Frucht, die sie erstreben, vergehen und
es würde kein Jenseits geben. Diese Erlösung von der
sündigen Selbstsucht ist ohne Verdienst.   9

„Wenn andererseits gesagt wird, das Ich vergehe
nicht, so giebt es mitten in allem Leben und dem Tode
nur Eines, das ungeboren und nicht sterblich ist. Wäre

[21. Kapitel]

das Ich also beschaffen, so würde es vollkommen sein
und könnte nicht durch Thaten vervollkommnet werden.
Das bleibende, unvergängliche Ich würde keinem
Wechsel unterworfen sein. Das Selbst wäre Herr und
und Meister, und es wäre unnütz, das Vollkommene zu
vervollkommnen; sittliche Ziele sowohl wie Erlösung
wären unnöthig. .   10

„Nun aber sehen wir die Merkmale von Freud und
Leid. Wo giebt es Beständigkeit? Wenn es nicht ein
Ich ist, das unsere Thaten vollbringt, dann giebt es
kein Ich; dann giebt es keinen Thäter hinter dem
Thun, keinen Beobachter hinter dem Wissen, keinen
Herrn hinter den Lebensäußerungen!   11

„Merket nun auf und höret: die Sinne begegnen
dem Gegenstand, und durch diese Berührung wird die
Empfindung geboren. Daraus entsteht die Erinnerung. Wie nun die Gluth der Sonne durch das Brenn-
glas Feuer erzeugt, so wird durch die Erkenntniß,
welche aus der Berührung der Sinne mit den Gegen-
ständen hervorgeht, der Herr der Lebensäußerungen
geboren, den ihr das Selbst nennt. Der Schößling entspringt dem Samen, der Same ist nicht der Schößling;
beide sind nicht ein und dasselbe und doch wiederum
auch nicht verschiedene Dinge! So ist es mit der Entstehung des beseelten Lebens.   12

„Ihr, die ihr Sklaven des Ich seid, die ihr im
Dienste des Selbst euch abmüht von früh bis spät, die
ihr in beständiger Furcht lebt vor der Geburt, dem
Alter, der Krankheit und dem Tod, empfangt die frohe

[21. Kapitel]

Botschaft, daß euer grausamer Meister gar nicht vorhanden ist.   13

„Das Selbst ist ein Irrthum, eine Täuschung, ein
Traum. Wachet auf und öffnet eure Augen. Sehet
die Dinge, wie sie sind, und ihr werdet getröstet sein. 14

„Derjenige, welcher wach ist, fürchtet sich nicht länger
vor dem Alpdrücken. Derjenige, welcher die Natur des
Strickes erkannt hat, der ihm eine Schlange dünkte,
hört auf zu zittern.   15

„Derjenige, welcher erkannt hat, daß es kein Ich
giebt, wird alle böse Lust und Begierden der Selbstsucht
fahren lassen.   16

„Das Haften an den Dingen, Habsucht und Sinnlichkeit, ererbt aus früheren Existenzen, sind die Ursachen des Elends und der Eitelkeit in der Welt.   17

„Gebt die habgierige Neigung eurer Selbstsucht auf,
so werdet ihr zu dem sündlosen, ruhigen Zustand der
Seele kommen, welcher vollkommenen Frieden, Güte
und Weisheit verleiht.   18

„So wie eine Mutter mit Gefahr des eigenen Lebens ihren Sohn, ihren einzigen Sohn, beschützt, so soll
der, welcher die Wahrheit erkannt hat, grenzenlose
Güte üben gegen alle Geschöpfe.   19

„Lasset ihn Gütigkeit üben ohne Maß, gegen alle
Welt, oben, unten, ringsum, unverkürzt und unver-
mischt mit irgend einem Gefühl, das Unterschiede
macht oder Einen dem Anderen vorzieht.   20

„Laßt den Menschen festbleiben in diesem Zustand

[21. Kapitel]

der Seele, bei wachen Sinnen, ob er steht, geht, sitzt
oder liegt.   21

„Dieser Zustand der Seele ist der beste in der Welt.
Er ist Nirwana!   22

„Alles Uebelthun lassen, ein tugendhaftes Leben
führen und das Herz reinigen. Das ist die Religion
aller Buddhas."   23

Als der Gebenedeite seine Predigt beendigt hatte,
sprach der Magadha-König zu dem Gebenedeiten: 24

„In früheren Tagen, als ich ein Prinz war, hatte
ich fünf Wünsche. Ich wünschte: O, würde ich doch
zum König gemacht! Dies war mein erster Wunsch,
und derselbe ist erfüllt. Weiter wünschte ich: Möchte
der heilige Buddha, der Vollkommene, während meiner
Regierung auf Erden erscheinen; und möchte er in mein
Königreich kommen! Dies war mein zweiter Wunsch,
und derselbe ist erfüllt. Weiter wünschte ich: Möchte
ich ihm meine Achtung erzeigen! Dies war mein
dritter Wunsch, und derselbe ist erfüllt. Der vierte
Wunsch war: Möchte der Gebenedeite mir die Lehre
verkünden! und derselbe ist erfüllt. Der größte Wunsch
aber, den ich hatte, war der fünfte: Möchte ich die
Lehre des Gebenedeiten verstehen! Und dieser Wunsch
ist ebenfalls erfüllt.   25

„Erhabener Herr! Herrlich ist die Wahrheit, welche
der Tathagata verkündet! Unser Herr, der Buddha,
stellt wieder her, was zerstört war; er offenbaret, was
verborgen war; er zeigt dem irrenden Wanderer den
Weg; er zündet eine Lampe an in der Finsterniß, so

[21. Kapitel]

daß alle diejenigen, welche Augen haben zu sehen, sehen können.   26

„Ich nehme meine Zuflucht zum Buddha! Ich nehme meine Zuflucht zum Dharma! Ich nehme meine Zuflucht zum Sangha!"   27

Der Tathagata übte durch Tugend und Weisheit eine unbeschränkte geistliche Macht aus. Er unterwarf alle Geister und brachte sie in Einklang. Er führte sie zur Erkenntniß und zur Annahme der Wahrheit, und der Same der Tugend wurde in dem ganzen Königreich ausgestreut.   28

22. Des Königs Geschenk.

Nachdem der König seine Zuflucht zum Buddha genommen, lud er den Tathagata in seinen Palast ein und sprach: „Möge der Gebenedeite einwilligen, mor= gen seine Mahlzeit bei mir einzunehmen, zusammen mit der Brüderschaft der Bhikschus."   1

Am nächsten Tage kündigte Sainya Bimbisara, der König, dem Gebenedeiten an, daß die Zeit zum Mit= tagsmahl gekommen sei: „Du bist mein höchst will= kommener Gast, o Herr der Welt, komm, die Mahlzeit ist bereitet."   2

Nachdem der Gebenedeite seine Gewänder angelegt, nahm er seine Almosenschüssel und ging hinein in die Stadt Rajagriha, begleitet von einer großen Anzahl Bhikschus.   3

Und Schakra, der König der Dewas, schritt in der

Gestalt eines jungen Brahmanen voraus und sang
diese Worte: 4

„Derjenige, welcher Selbstbeherrschung lehrt, in Be=
gleitung derer, welche Selbstbeherrschung gelernt; der
Erlöser mit denen, die er erlöst; der Gebenedeite mit
denen, welchen er Frieden gegeben, ist in Rajagriha
eingezogen! Heil Buddha, unserm Herrn! Ehre sei
seinem Namen und gesegnet seien alle, welche ihre Zu=
flucht zu ihm nehmen."   5

Als der Gebenedeite nach Beendigung der Mahlzeit
seine Schüssel und Hände gereinigt hatte, setzte sich der
König nahe zu ihm und dachte bei sich selbst: 6

„Wo kann ich wohl für den Gebenedeiten eine
Wohnung finden, nicht zu weit von der Stadt und nicht
zu nahe, leicht zu erreichen von allem Volk, das ihn
sehen möchte, einen Ort, der am Tage nicht belebt und
bei Nacht nicht geräuschvoll ist, gesund und wohl ge=
eignet für ein zurückgezogenes Leben?   7

„Da ist mein Lustgarten, der Bambuswald Wenu=
wana, der alle diese Bedingungen erfüllt. Ich werde
denselben der Brüderschaft der Bhikschus anbieten, mit
Buddha als ihrem Haupt."   8

Und der König schenkte seinen Lustgarten der Brü=
derschaft und sprach: „Möge der Gebenedeite das Ge=
schenk annehmen."   9

Darauf erhob sich der Gebenedeite von seinem Sitz,
nachdem er stillschweigend seine Zustimmung gegeben
und den Magadha=König durch religiöse Gespräche
erfreut und erbaut hatte, und ging seines Weges.   10

[22. Kapitel]

23. Schariputra und Maudgalyayana.

Zu der Zeit führten Schariputra und Maudgalyayana, zwei Brahmanen und Häupter der Nachfolger
von Sanjaya, ein religiöses Leben. Sie hatten sich
gegenseitig ihr Wort gegeben: „Derjenige, welcher zuerst das Nirwana erreicht, soll es dem anderen mit-
theilen." 1

Als Schariputra einst den ehrwürdigen Aschwajit
um Almosen betteln sah, mit demüthig zur Erde ge-
senkten Augen und würdig im Benehmen, rief aus:
„Wahrlich, dieser Schramana wandelt auf dem rechten
Pfade, ich will ihn anreden. Und er fragte: „In wessen
Namen, Freund, hast du dich von der Welt zurückgezogen? Wer ist dein Meister, und zu welcher Lehre
bekennst du dich?" 2

Und Aschwajit antwortete: „Ich bin ein Nachfolger des großen Schakyamuni. Er ist der Buddha,
der Gebenedeite, und in seinem Namen habe ich mich
von der Welt zurückgezogen. Der Gebenedeite ist mein
Meister und zu seiner Lehre bekenne ich mich." 3

Und Schariputra ging hin zu Maudgalyayana und
theilte es ihm mit, und sie sprachen: „Wir wollen zu
dem Gebenedeiten gehen, daß er, der Gebenedeite, unser
Meister sei." Und sie gingen hin zu dem Tathagata
mit ihrem ganzen Gefolge und nahmen ihre Zuflucht
zum Buddha. 4

Und der Heilige sprach: „Schariputra ist wie der

erstgeborene Sohn eines weltbeherrschenden Fürsten,
der als sein vornehmster Vasall dem Könige hilft das
Rad des Gesetzes bewegen."   5

24. Unzufriedenheit im Volke.

Und das Volk wurde verdrossen. Als die Leute
sahen, daß viele vornehme junge Männer des Königreichs Magadha unter der Leitung des Gebenedeiten ein
religiöses Leben führten, ergrimmten sie und murrten:
„Gautama Schakyamuni veranlaßt Väter, Weib und
Kind zu verlassen und verursacht das Aussterben von
Familien."   1

Wenn sie der Bhikschus ansichtig wurden, verspotte-
ten sie dieselben und sprachen: „Der große Schakyamuni ist nach Rajagriha gekommen, um die Geister
der Menschen zu unterjochen. Wer wird der nächste
sein, der sich von ihm am Gängelband führen läßt?" 2

Die Bhikschus sagten es dem Gebenedeiten wieder,
und der Gebenedeite sprach: „Dieses Murren, o Bhikschus, wird nicht lange anhalten. Es wird sieben Tage
währen. Wenn sie euch schmähen, o Bhikschus, so
antwortet mit diesen Worten: 3

„Durch die Predigt der Wahrheit leiten die Tathagatas die Menschen. Wer wird über die Weisen murren? Wer mag die Tugendhaften beschuldigen?
Selbstbeherrschung, Gerechtigkeit und ein reines Herz
sind die Vorschriften unseres Meisters."   4

[24. Kapitel]

25. Anathapindika.

Zu der Zeit befand sich Anathapindika, ein Mann von ungemessenem Reichthum, in der Stadt Rajagriha. Da er mildthätigen Charakters war, wurde er „die Stütze der Waisen und der Freund der Armen" genannt. ¹

Als er vernahm, daß Buddha in die Welt gekommen sei und sich in dem nahen Bambuswald aufhalte, machte er sich in der Nacht auf, um den Gebenedeiten zu sehen. ²

Und der Gebenedeite erkannte sofort die vorzüglichen Herzenseigenschaften Anathapindikas und begrüßte ihn mit Worten religiösen Trostes. Und sie setzten sich zusammen nieder und Anathapindika lauschte der seligen Wahrheit, welche der Gebenedeite predigte. Buddha sprach: ³

„Der ruhelose, geschäftige Geist der Welt, sage ich, ist die Wurzel allen Schmerzes. Strebe nach der Seelenverfassung, welche in dem Frieden der Unsterblichkeit ruht. Das Selbst ist nur eine Verbindung manigfacher Eigenschaften, und seine Welt ist leer wie ein Traumgebilde. ⁴

„Wer ist es, der unser Leben gestaltet? Ist es Ischwara, ein persönlicher Schöpfer? Wenn Ischwara der Schöpfer wäre, sollten alle Dinge sich stillschweigend seiner Macht unterordnen. Sie würden thönernen Gefäßen in der Hand des Töpfers gleichen; und wenn

[25. Kapitel]

dem so wäre, wie wäre es möglich, Tugend zu üben?
Wenn die Welt von Ischwara geschaffen wäre, sollte
es kein solches Ding wie Leid oder Unglück oder Sünde
geben, denn alle Thaten, gut oder böse, müßten von ihm
ausgehen. Wenn nicht, so gäbe es noch eine andere
Ursache außer ihm, und er wäre nicht der Alleinige.
So siehst du also, daß die Vorstellung von Ischwara
hinfällig ist.   5

„Wiederum wird gesagt, daß das Absolute uns
geschaffen; doch kann das Absolute keine Ursache sein.
Alle Dinge um uns her entspringen einer Ursache,
wie die Pflanze aus dem Samen hervorgeht. Aber
wie kann das Absolute in gleicher Weise wie der Samen
die Ursache aller Dinge sein? Wenn es dieselben
durchdringt, kann es dieselben doch nicht schaffen.   6

„Wieder wird gesagt, daß das Selbst der Schöpfer
ist. Ist aber das Selbst der Schöpfer, warum machte
es die Dinge nicht angenehm? Die Ursachen von
Freud und Leid sind wirklich und liegen außer uns.
Wie könnten dieselben von dem Selbst hervorgebracht
worden sein?   7

„Und wiederum, wenn du die Behauptung gelten
läßt, daß es keinen Schöpfer giebt, daß vielmehr unser
Geschick zufällig und nicht ursächlich bedingt ist, wie
wäre es dann möglich, unserem Leben Gestalt zu geben
oder unsere Mittel einem Ziele anzupassen?   8

„Deshalb folgern wir, daß alle bestehenden Dinge
nicht ohne Ursache sind. Jedoch ist weder Ischwara,
noch das Absolute, noch das Selbst der Schöpfer; noch

[25. Kapitel]

ift der unwirkſame Zufall verantwortlich zu machen,
ſondern unſere Handlungen bringen gute und ſchlechte
Wirkungen hervor.   9

„Die ganze Welt unterſteht dem Geſetz von Urſache
und Wirkung, und die Urſachen, welche ſich bethätigen,
ſind nicht ungeiſtig, denn das Gold, woraus der Becher
gemacht iſt, iſt durchweg Gold.   10

„Laßt uns darum den Irrthum der Anbetung Iſch=
waras aufgeben; laßt uns uns ſelbſt nicht verlieren in
eitlem Grübeln über unnütze Spitzfindigkeiten; laßt
uns das Selbſt und alle Selbſtſucht aufgeben, und da
alle Dinge durch Urſachen bewirkt werden, laßt uns
Gutes thun, ſo daß unſere Handlungen gute Folgen
haben.“   11

Und Anathapindika ſprach: „Ich erkenne, daß du
Buddha biſt, der Heilige, und ich möchte dir mein gan=
zes Herz erſchließen. Nachdem du mich angehört, gieb
mir deinen Rath, was ich thun ſoll.   12

„Mein Leben iſt voller Mühe und Arbeit, und da
ich große Reichthümer erworben, bin ich von Sorgen
umgeben. Aber ich freue mich meiner Arbeit und
widme mich ihr mit allem Fleiße. Viele ſtehen bei
mir in Arbeit und hängen von dem Erfolg meiner
Unternehmungen ab.   13

„Nun höre ich deine Jünger die Glückſeligkeit des
Einſiedlerlebens rühmen und die Unruhe der Welt
verdammen. ‚Der Heilige,‘ ſo ſagen ſie, ‚hat ſeinem
Königreich und ſeinem Erbe entſagt und hat den Pfad
der Gerechtigkeit gefunden. Auf dieſe Weiſe iſt er für

[25. Kapitel]

alle Welt ein Vorbild geworden, wie das Nirwana er=
langt wird.'   14

„Meine Seele sehnt sich danach, das Rechte zu thun
und meinen Mitgeschöpfen ein Segen zu sein. Sage
mir deshalb: muß ich meinen Reichthum, mein Haus
und meine geschäftlichen Unternehmungen aufgeben
und wie du heimathlos einhergehen, um die Seligkeit
eines religiösen Lebens zu erlangen?"   15

Und Buddha antwortete: „Die Seligkeit eines reli=
giösen Lebens kann jeder erlangen, welcher auf dem
erhabenen achtfachen Pfade wandelt. Der, welcher am
Reichthum hängt, thut besser daran, denselben von sich
zu werfen, als daß sein Herz dadurch vergiftet wird;
derjenige aber, welcher nicht am Reichthum hängt und
der das Vermögen, das er besitzt, recht anwendet, wird
seinen Mitgeschöpfen Segen bringen.   16

„So lange du in deiner Lebensstellung bleibst,
widme dich mit Fleiß deinen Unternehmungen. Es
ist nicht das Leben, nicht Reichthum und nicht Macht,
welche den Menschen zum Sklaven machen, sondern
das Haften am Leben und das Haften an Reichthum
und Macht.   17

„Der Bhikschu, welcher sich von der Welt zurück=
zieht, um ein bequemes Leben zu führen, hat davon
keinen Gewinn; denn ein Leben der Trägheit ist ver=
abscheuungswürdig, und Mangel an Energie muß
man verachten.   18

„Der Dharma des Tathagata verlangt von einem
Menschen nicht, daß er heimathlos sein oder der Welt

[25. Kapitel]

entsagen soll, es sei denn, daß er den Beruf dazu in
sich fühlt; der Dharma des Tathagata verlangt von
jedem Menschen, daß er sich frei macht von der Täuschung des Selbst, daß er sein Herz reinige, dem Verlangen nach Lust entsage, und daß er ein Leben der
Gerechtigkeit führe. [19]

"Was auch die Menschen thun mögen, sei es, daß
sie in der Welt bleiben als Handwerker, Kaufleute und
Beamte des Königs, oder daß sie sich aus der Welt
zurückziehen und sich einem Leben religiöser Beschau-
lichkeit widmen, stets sollen sie ihre Aufgabe mit ganzer
Seele erfüllen; sie sollen fleißig und energisch sein, und
wenn sie dann der Lotosblume gleich sind, welche, obschon sie im Wasser wächst, dennoch vom Wasser nicht
berührt wird, wenn sie in der Welt leben, ohne dem
Neid und Haß Raum zu geben, wenn sie in der Welt
nicht ein Leben des Selbst, sondern der Wahrheit führen, dann wahrlich wird Freude, Friede und Seligkeit
sicher in ihrem Herzen wohnen." [20]

26. Die Predigt über Nächstenliebe.

Anathapindika freute sich über die Worte des Gebenedeiten und sprach: "Ich wohne zu Schrawasti,
der Hauptstadt von Kosala, einem fruchtbaren und mit
Frieden gesegneten Lande. Prasenajit ist der König
des Landes und sein Name ist berühmt unter unserem
eigenen Volke und bei unseren Nachbarn. Ich wünsche

[26. Kapitel]

nun dort einen Wihara zu gründen, welcher ein Ort
religiöser Andachtsübungen für deine Brüderschaft sein
soll, und ich bitte dich, denselben anzunehmen."   1

Buddha sah in das Herz dieses Vaters der Waisen,
und da er erkannte, daß selbstlose Nächstenliebe der Be=
weggrund seines Anerbietens war, nahm der Gebene=
deite das Geschenk mit diesen Worten an: 2

„Der Mildthätige wird von jedermann geliebt;
seine Freundschaft wird hoch geschätzt; im Tode ist sein
Herz voller Friede und Freude, denn er kennt nicht
die Schmerzen der Reue; ihm entfaltet sich die Blume
seines Lohnes und die Frucht, welche daraus erwächst.   3

„Es ist schwer zu verstehen, daß unsere Kraft zu=
nimmt, wenn wir unsere Nahrung den Bedürftigen
geben; daß wir an Schönheit gewinnen, wenn wir
unsere Kleidung verschenken; daß wir große Schätze
sammeln durch die Gründung von Stätten, wo Rein=
heit und Wahrheit wohnen.   4

„Die Mildthätigkeit hat ihre richtige Zeit und ihre
richtige Art. Wer im Stande ist, zu geben, ist wie ein
Kriegsmann, bereit in die Schlacht zu ziehen. Er ist
einem Gewappneten gleich, er ist ein Held, stark und
weise im Kampf.   5

„Voller Liebe und Barmherzigkeit theilt er seine
Gaben mit Ehrfurcht aus und verbannt allen Haß,
Neid und Zorn.   6

„Der Wohlthäter .hat den Pfad der Erlösung ge=
funden. Er ist gleich einem Manne, der ein Bäumlein

[26. Kapitel]

gepflanzt hat und sich dadurch Schatten, Blüthen und
Früchte für künftige Jahre sichert.   7

„So sind die Folgen der thätigen Nächstenliebe, so
sind die Freuden dessen, der denen hilft, welche der Hilfe
bedürftig sind; so ist das große Nirwana.   8

„Wir erreichen den unvergänglichen Pfad nur
durch unaufhörliches Wohlthun, und wir vervollkommnen unsere Seelen durch Barmherzigkeit und
Nächstenliebe."   9

Anathapindika lud den Schariputra ein, ihn nach
Kosala zu begleiten und ihm behilflich zu sein in der
Auswahl eines freundlichen Platzes für die Wihara.   10

27. Der Vater Buddhas.

Zu der Zeit, als Buddha zu Rajagriha wohnte,
sandte sein Vater, Schuddhodana, zu ihm und ließ ihm
sagen: „Ich möchte meinen Sohn sehen, ehe ich sterbe.
Andere haben den Segen seiner Lehre genossen, nicht
aber sein Vater, noch seine Verwandten."   1

Und der Bote sprach: „O Tathagata, den die Welt
ehrt, dein Vater sehnt sich nach deinem Kommen, wie
die Lilie nach dem Aufgang der Sonne lechzt."   2

Der Gebenedeite entsprach dem Wunsche seines Vaters und machte sich auf den Weg nach Kapilawastu.
Da breitete sich in dem Heimathlande Buddhas die
Kunde aus: „Prinz Siddhartha, welcher seiner Heimath den Rücken wandte und ihr entsagte, auf daß er

Erleuchtung fände, kehrt zurück, nachdem er seinen
Zweck erreicht hat." [3]

Schuddhodana ging aus mit seinen Verwandten
und den Ministern, dem Prinzen entgegen. Und als
der König seines Sohnes Siddhartha von fern ansichtig
wurde, ward er bewegt von dessen Schönheit und
Würde, und er freute sich in seinem Herzen, aber sein
Mund fand keine Worte. [4]

Wahrlich, dies war sein Sohn; dies waren die Züge
Siddharthas. Wie war der große Schramana seinem
Herzen so nahe, und doch, welche Kluft lag zwischen
ihnen! Dieser edle Muni war nicht mehr Siddhartha,
sein Sohn; er war Buddha, der Gebenedeite, der Hei=
lige, der Herr der Wahrheit, der Lehrer der Mensch=
heit. [5]

In Rücksicht auf die religiöse Würde seines Sohnes
stieg Schuddhodana, der König, von seinem Wagen
und sprach, nachdem er seinen Sohn zuerst begrüßt
hatte: „Es sind nun sieben Jahre, seit ich dich gesehen.
O, wie habe ich mich nach diesem Augenblick ge=
sehnt!" [6]

Buddha setzte sich seinem Vater gegenüber und der
König betrachtete seinen Sohn mit Inbrunst. Er
sehnte sich, ihn bei Namen zu nennen, aber er wagte es
nicht. „Siddhartha," rief er im Innern seiner Seele
aus, „Siddhartha, komme zurück zu deinem alten Vater
und sei wieder sein Sohn!" Aber den festen Entschluß
seines Sohnes erkennend, unterdrückte er seine Gefühle,
und Trostlosigkeit überfiel ihn. [7]

[27. Kapitel]

So saß der König Antlitz zu Antlitz mit seinem
Sohne, sich freuend in seiner Traurigkeit und traurig
in seiner Freude. Wohl mochte er stolz sein auf seinen
Sohn, aber sein Stolz brach zusammen unter dem Ge=
danken, daß sein Sohn niemals sein Erbe sein würde. [8]

„Ich würde dir mein Königreich anbieten," sagte
der König, „aber wenn ich es thäte, so würdest du es
als eitel Asche achten." [9]

Und Buddha sprach: „Ich weiß, daß des Königs
Herz voll Liebe ist und daß er tiefen Schmerz empfindet
über seinen Sohn. Aber laß die Bande der Liebe,
welche dich mit deinem Sohne verbinden, den du ver=
loren hast, mit gleicher Güte alle deine Mitgeschöpfe
umfangen, und dir wird an seiner Statt ein Größerer
werden, als Siddhartha; Buddha wird dein sein, der
Lehrer der Wahrheit, der Prediger der Gerechtigkeit,
und der Friede des Nirwana wird in dein Herz ein=
ziehen." [10]

Schuddhodana erzitterte vor Freude, als er die lieb=
lichen Worte seines Sohnes, des Buddha, vernahm,
und seine Hände zusammenfaltend, rief er mit Thränen
in den Augen aus: „Wunderbar ist dieser Wechsel! Das
erdrückende Leid ist gewichen. Zuerst war mein be=
kümmertes Herz schwer, aber nun ernte ich die Früchte
deiner Entsagung. Es war recht, daß du, bewegt durch
dein mächtiges Mitgefühl, die Freuden königlicher
Macht verwarfst und dein erhabenes Ziel in religiöser
Hingebung zu erlangen trachtetest. Nachdem du nun
den Pfad gefunden, vermagst du aller Welt, welche sich

[27. Kapitel]

nach Erlösung sehnt, das Gesetz der Unsterblichkeit zu predigen." [11]

Der König kehrte in den Palast zurück, während Buddha in dem Hain vor der Stadt blieb. [12]

28. Naschodhara.

Am nächsten Morgen nahm Buddha seine Schüssel, um seine Nahrung zu betteln. [1]

Und die Neuigkeit breitete sich aus: „Prinz Sid=dhartha geht Almosen sammelnd von Haus zu Haus in derselben Stadt, in der er früher, begleitet von seinem Gefolge, im Wagen fuhr. Sein Kleid ist wie rothe Erde, und in der Hand hält er eine irdene Schüssel." [2]

Als der König die befremdende Kunde vernahm, ging er eilends hinaus und rief: „Warum bringst du solche Schande über mich? Weißt du nicht, daß es mir ein Leichtes ist, dich und deine Bhikschus mit Nah=rung zu versorgen?" [3]

Und Buddha antwortete: „Es ist das der Gebrauch meines Geschlechtes." [4]

Und der König sprach: „Wie mag das sein, bist du doch der Sproß von Königen, von denen nie einer sein Brot erbettelt?" [5]

„O, großer König," erwiderte Buddha, „du und dein Geschlecht mögen die Abkunft von Königen be=anspruchen; ich aber bin der Abkömmling der vor=maligen Buddhas. Diese erbettelten ihr Brot und lebten von Almosen." [6]

[28. Kapitel]

Der König erwiderte nichts, und der Gebenedeite
fuhr fort: „Es ift Gebrauch, o König, daß derjenige,
welcher einen verborgenen Schatz gefunden, feinem Va=
ter das köftliche Kleinod überreicht. Geftatte du mir,
meinen Schatz zu öffnen, welcher der Dharma ift, und
nimm von mir diefes Kleinod an."   7

Und der Gebenedeite fprach diefe Worte:

> „Erhebe dich vom Traum und fäume nicht,
> Verleihe willig dem Gefetz dein Ohr.
> Gerechtigkeit mach' dir zur fteten Pflicht,
> Und ew'ge Seligkeit geht d'raus hervor."   8

Dann führte der König feinen Sohn in den Palaft,
und die Minifter und alle Mitglieder der königlichen
Familie begrüßten ihn mit großer Ehrfurcht, aber
Yafchodhara, die Mutter Rahulas, erfchien nicht. Als
der König nach Yafchodhara fandte, antwortete fie:
„Wenn ich irgend welcher Rückficht werth bin, fo wird
Siddhartha ficherlich zu mir kommen, um mich zu
fehen."   9

Nachdem der Gebenedeite alle feine Verwandten
und Freunde begrüßt hatte, fragte er: „Wo ift Yafcho=
dhara?" Und wie man ihm meldete, daß fie fich wei=
gerte, zu erfcheinen, erhob er fich alfobald und begab
fich nach ihren Gemächern.   10

„Ich bin frei," fagte der Gebenedeite zu feinen
Jüngern Schariputra und Maudgalyanana, welche er
gebeten hatte, ihn zu dem Gemach der Prinzeffin zu
begleiten, „aber die Prinzeffin ift noch nicht frei. Da

sie mich lange nicht gesehen, ist sie sehr betrübt. Wenn
ihr Schmerz nicht freien Lauf hat, wird ihr Herz
brechen. Sollte sie den Tathagata, den Heiligen, an=
rühren, müßt ihr es ihr nicht wehren."   11

Yaschodhara saß in ihrem Gemach, in ärmlichen
Kleidern und mit geschorenem Haupte. Als der Ge=
benedeite eintrat, war sie in Folge des Uebermaßes
ihrer Erregung einem überfließenden Gefäße gleich
und vermochte nicht, an sich zu halten.   12

Sie vergaß, daß der Mann, den sie liebte, Buddha
war, der Herr der Welt, der Prediger der Wahrheit,
und sie umfaßte seine Füße und weinte bitterlich.   13

Als sie jedoch inne wurde, daß Schuddhodana zu=
gegen war, schämte sie sich, stand auf und setzte sich ehr=
erbietig in einiger Entfernung nieder.   14

Der König entschuldigte die Prinzessin und sprach:
„Dies kommt von ihrer tiefen Zuneigung, und es ist
mehr als eine augenblickliche Gemüthsbewegung. Als
sie während der sieben Jahre, in welchen sie ihren
Gatten verloren hatte, hörte, daß Siddhartha sein
Haupt geschoren, that sie desgleichen; als sie hörte, daß
er den Gebrauch von Wohlgerüchen und Salben auf=
gegeben, weigerte auch sie sich, dieselben zu gebrauchen.
Wie ihr Gatte, aß auch sie nur zu bestimmten Zeiten
und aus einer irdenen Schüssel. Wie er, hat auch sie
hohe Betten mit prächtigen Polstern aufgegeben, und
als andere Prinzen sie zum Weibe begehrten, erwiderte
sie, daß sie noch immer dem Siddhartha angehöre.
Vergebet ihr darum."   15

[28. Kapitel]

Der Gebenedeite redete gütig mit Yaschodhara und sprach von ihren großen Verdiensten, welche sie aus früheren Existenzen ererbt hatte. Sie hatte ihm in der That in diesem und in manchem früheren Leben viel Beistand gewährt. Ihre Reinheit, ihre Güte, ihre Hingebung waren dem Bodhisattwa von unberechenbarem Werth gewesen, während er dem höchsten Ziele der Menschheit, der Erleuchtung, nachstrebte. Und so heilig war sie, daß sie sich gesehnt hatte, das Weib eines Buddha zu werden. Dies ist daher ihr Karma, und es ist die Folge großer Verdienste. Sie hatte unsägliche Schmerzen zu leiden, aber das Bewußtsein der Herrlichkeit, welche ihr geistiges Erbe umgiebt und das erhöht wird durch ihr Verhalten während ihres gegenwärtigen Lebens, wird ein Balsam sein, der in wunderbarer Weise alles Leid in himmlische Freuden verwandelt. [16]

29. Rahula.

Viele Leute in Kapilawastu glaubten an den Tathagata und nahmen ihre Zuflucht zu seiner Lehre, und unter den Jünglingen, welche dem Sangha beitraten, war Ananda, der Halbbruder Siddharthas, der Sohn Prajapatis; Dewadatta, sein Geschwisterkind und Schwager; Upali, der Barbier, und Anuruddha, der Weltweise. [1]

Ananda war ein Mann nach dem Herzen des Gebenedeiten; er war sein Lieblingsjünger, von tiefem

Verständniß und sanftem Gemüthe. Ananda blieb
stets in der Nähe des gebenedeiten Meisters der Wahr=
heit, bis der Tod die Beiden trennte.   2

Am siebenten Tage nach der Ankunft Buddhas in
Kapilawastu kleidete Yaschodhara den siebenjährigen
Rahula in prinzliche Gewänder und sprach zu ihm :   3

„Dieser heilige Mann, herrlich wie der große
Brahma, ist dein Vater. Er besitzt vier große Minen
des Reichthums, welche ich noch nicht gesehen. Gehe
hin zu ihm und bitte ihn, daß er dich in Besitz derselben
setze, denn ein Sohn sollte das Eigenthum seines Vaters
ererben.“   4

Und Rahula erwiderte: „Ich kenne keinen Vater,
als den König. Wer ist mein Vater ?“   5

Die Prinzessin nahm den Prinzen auf den Arm,
und vom Fenster aus zeigte sie ihm Buddha, welcher
zufällig in der Nähe des Palastes war und aß.   6

Da ging Rahula zu Buddha, und indem er ihm
in's Angesicht sah, sagte er furchtlos, aber tief bewegt :
„Mein Vater !“   7

Und indem er in seiner Nähe stand, fügte er hinzu :
„O Schramana, selbst dein Schatten ist ein geweihter
Ort !“   8

Als der Tathagata sein Mahl beendigt hatte, gab
er den Segen und entfernte sich von dem Palaste; aber
Rahula folgte ihm und bat seinen Vater um sein
Erbtheil.   9

Niemand wehrte dem Knaben, noch that es der
Gebenedeite selbst.   10

[29. Kapitel]

Da wandte sich der Gebenedeite zu Schariputra und
sprach: „Mein Sohn bittet mich um sein Erbtheil.
Ich kann ihm keine vergänglichen Schätze geben, welche
Sorgen und Leid mit sich bringen, aber ich kann ihm
das Erbe eines heiligen Lebens geben, welches ein
unvergänglicher Schatz ist." [11]

Mit Ernst wandte sich der Gebenedeite an Rahula
und sprach: „Gold und Silber und Edelsteine sind nicht
in meinem Besitz; wenn du aber willens bist, geistige
Schätze entgegenzunehmen, und wenn du stark genug
bist, sie zu bewahren und zu behalten, so will ich dir
die vier Wahrheiten offenbaren, welche dich auf den
achtfachen Pfad leiten. Willst du aufgenommen sein
in die Brüderschaft derjenigen, welche ihr Leben der
Pflege der Seele widmen und die höchste Seligkeit
suchen, die zu erlangen ist?" [12]

Und Rahula antwortete mit Festigkeit: „Ja." [13]

Als der König vernahm, daß Rahula sich der Brü=
derschaft angeschlossen, war er betrübt. Er hatte Sid=
dhartha und Ananda, seine Söhne, verloren, und De=
wadatta, seinen Neffen. Nun war ihm auch sein Enkel
genommen. Und er ging hin zu dem Gebenedeiten
und redete mit ihm. Da gelobte der Gebenedeite, hin=
fort keinen Minderjährigen zu weihen, ohne die Ein=
willigung der Eltern oder Vormünder. [14]

[29. Kapitel]

30. Jetawana.

Anathapindika, der Freund der Bedürftigen und
die Stütze der Waisen, sah nach seiner Heimkehr den
Garten des Thronerben, Jeta, mit seinen grünen
Laubgängen und klaren Bächen, und er dachte bei sich:
„Dies ist der Ort, der sich am besten zu einem Wihara
für die Brüderschaft des Gebenedeiten eignet." Und er
ging hin zu dem Prinzen, um das Grundstück zu
kaufen.   1

Der Prinz war nicht geneigt, den Garten zu verkaufen, denn er schätzte ihn sehr hoch. Er weigerte sich
zuerst, sprach aber schließlich: „Wenn du denselben mit
Gold bedecken kannst, nur dann, und um keinen anderen
Preis, sollst du ihn haben."   2

Anathapindika war erfreut und begann, sein Gold
auszubreiten; aber Jeta sprach: „Spare dir die Mühe,
denn ich will den Garten nicht verkaufen." Doch Anathapindika bestand auf dem Kauf. In dieser Weise
stritten sie mit einander, bis sie sich schließlich an den
Richter wandten.   3

Inzwischen fingen die Leute an, über den ungewöhnlichen Vorgang zu sprechen, und der Prinz hörte Nähe-
res über die Einzelheiten. Wohl wissend, daß Anathapindika nicht nur sehr reich, sondern auch aufrichtig
und ehrlich war, zog Jeta Erkundigungen über seine
Pläne ein. Als nun der Prinz den Namen Buddhas

[30. Kapitel]

hörte, regte sich in ihm das Verlangen, an der Grün=
dung theilzunehmen, und er nahm nur die Hälfte des
Goldes an, indem er sprach: „Dir gehört das Land,
aber die Bäume gehören mir. Ich will die Bäume
als meinen Theil der Gabe dem Buddha schenken." 4

Dann übernahm Anathapindika das Land und Jeta
die Bäume, und sie übertrugen den Besitz an Schari=
putra, der als Buddhas Stellvertreter erschienen war. 5

Nachdem sie den Grundstein des Wihara gelegt hat=
ten, fingen sie an, den Saal zu bauen, welcher in schö=
nem Ebenmaß emporwuchs nach den Vorschriften,
welche Buddha niedergelegt hatte; und das Haus
wurde schön verziert mit passendem Schnitzwerk. 6

Dieser Wihara wurde der Garten Jetas oder das
Jetawana genannt, und der Freund der Waisen lud
den Herrn ein, nach Schrawasti zu kommen und die
Gabe entgegenzunehmen. Daraufhin verließ der Ge=
benedeite Kapilawastu und kam nach Schrawasti. 7

Als nun der Gebenedeite in das Jetawana einzog,
streute Anathapindika Blumen und verbrannte Weih=
rauch, und als ein Symbol der Schenkung goß er Was=
ser aus einem goldenen Drachenkrug, indem er sprach:
„Diesen Jetawana=Wihara widme ich der Brüderschaft
Buddhas auf der ganzen Erde." 8

Der Gebenedeite nahm die Gabe entgegen und
sprach: „Mögen alle bösen Einflüsse überwunden wer=
den; möge diese Gründung das Reich der Gerechtigkeit
fördern und ein bleibender Segen sein für die ganze
Menschheit, namentlich aber für den Geber." 9

[30. Kapitel]

Darauf fuhr Prasenajit, der König, der vernommen
hatte, daß der Herr gekommen sei, in seinem königlichen
Wagen nach dem Jetawana-Wihara und begrüßte den
Gebenedeiten mit gefalteten Händen und sprach :   10

„Gesegnet ist mein unwürdiges und unbedeutendes-
Königreich, daß ihm solch großes Glück widerfahren
ist; denn wie kann Unglück und Gefahr über uns kom=
men, in Gegenwart des Herrn der Welt, des Dharma=
raja, des Königs der Wahrheit.   11

„Nachdem ich nun deine heiligen Züge geschaut,
laß mich theilhaftig werden der erfrischenden Wasser
deiner Lehren.   12

„Weltlicher Gewinn ist flüchtig und vergänglich,
aber religiöser Gewinn ist ewig und unerschöpflich.
Ein weltlich gesinnter Mensch, und ist er auch ein
König, ist voller Unruhe und Sorgen, aber selbst ein
gewöhnlicher Mann, der heilig ist, hat Frieden der
Seele."   13

Buddha, der wohl wußte, wohin des Königs Herz
sich neigte, das beschwert war von Habsucht und Liebe
zum Vergnügen, ergriff die Gelegenheit und sprach :   14

„Selbst diejenigen, welche durch ihr böses Karma
in Niedrigkeit geboren sind, haben Ehrfurcht vor einem
tugendhaften Mann, wenn sie eines solchen ansichtig
werden. Wie viel mehr muß ein unabhängiger König,
der sich in seinen früheren Existenzen große Verdienste
erworben hat, von Ehrfurcht erfüllt werden, wenn er
dem Buddha begegnet.   15

„Und wenn ich nun kurz das Gesetz auslege, möge

[30. Kapitel]

der Maharaja lauschen und meine Worte erwägen und
das festhalten, was ich ihm zu sagen habe!   16

„Unsere guten und unsere bösen Thaten folgen uns
beständig wie Schatten.   17

„Was aber über alles noth thut, ist ein Herz voll
Liebe!   18

„Siehe dein Volk an wie deinen eigenen und ein=
zigen Sohn. Bedrücke es nicht und laß es nicht ver=
derben. Beherrsche die Gliedmaßen deines Leibes, wie
es sich geziemt, wende dich ab von Irrlehren und
wandle auf dem geraden Pfade; erhebe dich nicht da=
durch, daß du Andere niedertrittst, sondern tröste die
Leidenden und sei ihr Freund.   19

„Halte auch nicht allzuviel von deiner königlichen
Würde, noch leihe dein Ohr den glatten Worten der
Schmeichler.   20

„Es ist uns kein Gewinn, wenn wir uns mit Buß=
übungen plagen, aber denke du über Buddha nach und
erwäge sein gerechtes Gesetz.   21

„Wir sind nach allen Seiten von den Felsen der Ge=
burt, des Alters, der Krankheit und des Todes ein=
geschlossen, und nur dadurch, daß wir das wahre Gesetz
im Herzen tragen und im Leben bethätigen, können
wir diesem Berg des Leides entrinnen.   22

„Welchen Gewinn bringt es, böse zu sein?   23

„Alle, welche weise sind, wenden sich von den Freu=
den des Leibes. Sie fliehen die Lust und bemühen sich,
ihr geistiges Leben zu fördern.   24

„Wenn ein Baum in wilden Flammen lodert, wie

[30. Kapitel]

können die Vögel sich in seinen Zweigen versammeln?
Die Wahrheit kann nicht neben der Leidenschaft woh=
nen. Wer dies nicht weiß, ist unwissend, und wäre er
noch so gelehrt und wegen seiner Klugheit gepriesen. [25]

„Wer dies begreift, dem tagt der Morgen wahrer
Weisheit. Erleuchtung zu erlangen, ist das eine Ziel,
das noth thut. Wenn sie vernachlässigt wird, ist das
Leben verfehlt. [26]

„Die Lehren aller Schulen müssen hier ihren Schwer=
punkt finden, denn ohne diese Weisheit giebt es keine
Vernunft. [27]

„Diese Wahrheit besteht nicht nur für den Einsied=
ler; sie geht jeden Menschen an, den Priester wie den
Laien. Es besteht kein Unterschied zwischen dem
Mönch, welcher die Gelübde auf sich genommen hat,
und dem Mann der Welt, welcher mit seiner Familie
zusammenlebt. Es giebt Mönche, welche der Ver=
dammniß anheimfallen, und es giebt bescheidene Haus=
väter, welche sich zum Range von Rishis empor=
schwingen. [28]

„Die Fluth der Lust ist eine Gefahr, welche Allen
gemein ist; sie reißt die Welt mit sich fort. Wer in
ihren Wirbel geräth, wird keine Errettung finden.
Aber die Weisheit ist der rettende Kahn, und Nach=
denken ist sein Ruder. Der Schlachtruf der Religion
warnt dich, deine Seele zu retten vor den Anläufen
Maras, des Feindes. [29]

„Da wir den Folgen unserer Handlungen nicht ent=
fliehen können, laßt uns fleißig sein in guten Werken.[30]

[30. Kapitel]

„Laßt uns unsere Gedanken prüfen, daß wir nicht
Uebles thun, denn was wir säen, werden wir ernten. [31]

„Es giebt Wege aus dem Licht in die Finsterniß und
aus der Finsterniß in das Licht. Es giebt auch Wege
aus dem Dunkel in noch tiefere Nacht und aus der
Dämmerung in helleres Licht. Der Weise wird das
Licht, das er hat, gebrauchen, um mehr Licht zu er=
langen. Er wird beständig vorwärts schreiten auf dem
Wege, der zur Erkenntniß der Wahrheit führt. . [32]

„Zeige deine Ueberlegenheit als König durch ein
tugendhaftes Leben und durch vernünftiges Handeln;
denke tief über die Vergänglichkeit der irdischen Dinge
nach und erkenne die Unbeständigkeit der Welt. [33]

„Erhebe deinen Geist und suche wahren Glauben
mit festem Vorsatz; übertritt nicht die Regeln könig=
lichen Wandels und suche dein Glück nicht in Aeußer=
lichkeiten, sondern im Innern deines Herzens; so wirst
du dir einen guten Namen erwerben für ferne Zeiten
und des Segens des Tathagata sicher sein." [34]

Der König hörte mit Ehrfurcht zu und behielt alle
Worte des Buddha in seinem Herzen. [35]

[30. Kapitel]

Die Befestigung der Religion Buddhas.

---

31. Jiwaka, der Arzt.

£ ange, ehe der Gebenedeite Erleuchtung erlangt hatte,
war Selbstpeinigung ein stehender Gebrauch unter
allen Denen, welche ernstlich nach Erlösung strebten.
Das Endziel war ihnen die Befreiung der Seele von
allen leiblichen Bedürfnissen und schließlich von dem
Leibe selbst. Sie vermieden darum alles Unnöthige im
Essen, in der Wohnung und in der Kleidung und leb=
ten wie die wilden Thiere des Waldes. Einige gingen
nackend, während Andere die Lumpen trugen, welche
sie auf Begräbnißstätten oder Kehrichthaufen fanden. [1]

Als der Gebenedeite sich von der Welt zurückzog,
erkannte er sofort den Irrthum der nackten Einsiedler,
und das Anstößige ihrer Gewohnheit einsehend, kleidete
er sich in abgelegte Lumpen. [2]

Nachdem er Erleuchtung gewonnen und alle un=
nöthigen Kasteiungen verworfen hatte, fuhr der Ge=
benedeite mit seinen Bhikschus lange Zeit fort, weg=
geworfene Lumpen von Begräbnißstätten und Abfall=
haufen zu tragen. [3]

[31. Kapitel]

Da ereignete es sich, daß die Bhikschus von allerlei Krankheiten heimgesucht wurden, und der Gebenedeite erlaubte und befahl ihnen ausdrücklich den Gebrauch von Heilmitteln, insbesondere empfahl er die An= wendung von Salben, wo immer dieselben nothwendig waren. 4

Als einer der Brüder an einer Wunde am Fuße litt, gestattete der Gebenedeite den Bhikschus, Schuhe zu tragen. 5

Nun geschah es, daß eine Krankheit den Leib des Gebenedeiten selbst befiel; da ging Ananda zu Jiwaka, dem Leibarzt des Königs Bimbisara. 6

Und Jiwaka, der dem Heiligen treu im Glauben ergeben war, pflegte den Gebenedeiten und verordnete ihm Heilmittel und Bäder, bis sein Leib wieder voll= ständig hergestellt war. 7

Zu der Zeit litt Pradyota, der König von Ujjayini, an der Gelbsucht, und man suchte bei Jiwaka, dem Leibarzte des Königs Bimbisara, Hilfe. Nachdem nun der König Pradyota seine Gesundheit wieder er= langt hatte, sandte er Jiwaka ein Gewand von köstlich= stem Tuche. Und Jiwaka dachte: „Dieses Gewand ist von dem feinsten Tuche gemacht, und niemand ist wür= dig, es zu tragen, als der Gebenedeite, der vollkommene und heilige Buddha, oder der Magadha=König Sainya Bimbisara." 8

Da nahm Jiwaka das Gewand und ging hin an den Ort, wo der Gebenedeite war, und nachdem er den Gebenedeiten ehrfurchtsvoll begrüßt hatte, setzte er sich

[31. Kapitel]

bei ihm nieder und sprach: „Herr, ich bitte mir von
dem Gebenedeiten eine Gunst aus."   9

Buddha antwortete: „Die Tathagatas, Jiwaka,
gewähren keine Gunst, ehe sie wissen, welcher Art die=
selbe ist."   10

Jiwaka sprach: „Herr, meine Bitte ist schicklich
und kann nicht beanstandet werden."   11

„Rede, Jiwaka," sprach der Gebenedeite.   .   12

„Herr der Welt, der Gebenedeite trägt nur Kleider,
welche aus Lumpen gemacht sind, die von Kehricht=
haufen oder Friedhöfen kommen, und so ebenfalls die
Brüderschaft der Bhikschus. Nun, Herr, dies Gewand
sandte mir König Pradyota; es ist das beste und vor=
trefflichste, das einzigste und köstlichste und das vor=
nehmste, das zu finden ist. Herr der Welt, möge der
Gebenedeite dieses Gewand von mir annehmen, und
möge er der Brüderschaft der Bhikschus gestatten, daß
sie weltliche Kleider tragen."   13

Der Gebenedeite nahm das Gewand an, und nach=
dem er Worte religiöser Unterweisung geredet hatte,
wandte er sich an die Bhikschus mit den Worten: 14

„Wer es für besser erachtet, abgelegte Lumpen zu
tragen, mag auch künftig sich in Lumpen kleiden; wer
aber in gewöhnlicher Kleidung kein Unrecht sieht, dem
steht es frei, Laientracht anzunehmen. Ob ihr das
Eine oder das Andere thut, ich werde es billigen."   15

Als die Leute zu Rajagriha vernahmen, daß der
Gebenedeite den Bhikschus gestatte, gewöhnliche Klei=
dung zu tragen, waren alle die voll Freude, welche

[31. Kapitel]

willens waren, durch Gaben der Brüderschaft Wohlthaten zu erzeigen, und an einem einzigen Tage wurden zu Rajagriha Tausende von Gewändern den Bhikschus geschenkt. [16]

32. Schuddhodanas Nirwana.

Als Schuddhodana alt geworden war, wurde er
krank, und er sandte nach seinem Sohne, daß er komme
und ihn noch einmal sehe, ehe er stürbe. Und der Gebenedeite kam und blieb am Krankenbette, und Schuddhodana starb in den Armen des Gebenedeiten, nachdem er vollkommene Erleuchtung erlangt hatte. [1]

Und es wird gesagt, daß der Gebenedeite auffuhr
zum Himmel und bei den Dewas wohnte, um seiner
Mutter Maya-Dewi zu predigen. Nachdem er diese
fromme Aufgabe erfüllt, kehrte er zur Erde zurück. Er
wanderte umher und bekehrte die, welche seinen Lehren
lauschten. [2]

33. Aufnahme der Frauen in den Sangha.

Yaschodhara hatte Buddha dreimal gebeten, daß sie
in den Sangha aufgenommen werden möge, aber ihr
Wunsch war nicht erfüllt worden. Nun kam Prajapati,
die Pflegemutter des Gebenedeiten, in Begleitung der
Yaschodhara und vieler anderen Frauen zu dem Tatha-

[33. Kapitel.]

gata und bat ihn ernstlich, sie die Gelübde ablegen zu
lassen und ihnen die Weihe als Jüngerinnen Buddhas
zu ertheilen.   1

Als der Gebenedeite ihren Eifer für die Wahrheit
erkannte, konnte er nicht länger widerstehen und nahm
sie auf als seine Jüngerinnen.   2

Prajapati war die erste Frau, welche eine Jüngerin
Buddhas wurde und die Weihe als eine Bhikschuni
empfing.   3

34. Das Verhalten der Bhikschus gegen die Frauen.

Die Bhikschus kamen zu dem Gebenedeiten und
fragten ihn: 1

„O Tathagata, unser Herr und Meister, welches
Verhalten gegen Frauen schreibst du den Schramanas
vor, welche die Welt verlassen?"   2

Und der Gebenedeite sprach: 3

„Hütet euch, ein Weib anzusehen.   4

„Wenn ihr ein Weib erblickt, lasset es sein, als ob
ihr sie nicht sehet, und redet nicht mit ihr.   5

„Wenn ihr aber dennoch mit ihr reden müßt, so ge-
schehe es mit reinem Herzen, indem ihr bei euch selbst
denket: ‚Ich als ein Schramana will in dieser sündigen
Welt leben wie die Lotosblume, unbefleckt von dem
Schlamm, in dem sie wächst.'   6

„Ist ein Weib alt, betrachtet sie als eure Mutter;
ist sie jung, als eure Schwester, und ist sie sehr jung, als
euer Kind.   7

[34. Kapitel]

„Der Schramana, welcher ein Weib ansieht als Weib, oder sie berührt als Weib, hat sein Gelübde ge= brochen und ist nicht länger ein Jünger des Schakya= muni.   8

„Die Macht der Lust im Menschen ist groß, und ihr müßt sie über alles fürchten; darum wappnet euch mit dem Bogen ernster Ausdauer und den scharfen Pfeilen der Weisheit.   9

„Bedecket euer Haupt mit dem Helm rechter Ge= sinnung und kämpfet mit festem Entschluß gegen die fünf Begierden.   10

„Lust umnebelt des Mannes Herz, wenn es von der Schönheit des Weibes bestrickt ist, und sein Geist wird verwirrt.   11

„Es ist euch besser, mit glühenden Eisen beide Augen auszubohren, als sinnlichen Gedanken Raum zu geben, oder die Gestalt eines Weibes mit fleischlicher Begierde zu betrachten.   12

„Es ist besser, dem Rachen des Tigers oder dem Schwerte des Henkers zu verfallen, als mit einem Weibe zusammen zu wohnen oder wollüstige Gedanken zu hegen.   13

„Ein Weib der Welt ist bemüht, ihre Gestalt und Schönheit zu zeigen, ob sie geht, steht, sitzt oder schläft. Ja, selbst wenn sie nur im Bilde dargestellt wird, will sie durch ihre Reize gefangen nehmen und dadurch die Männer ihres festen Herzens berauben!   14

„Wie also sollt ihr euch schützen?   15

„Dadurch, daß ihr ihre Thränen und ihr Lächeln
                                        [34. Kapitel]

als Feinde betrachtet, und ihre geneigte Gestalt, ihre
herabhängenden Arme und ihr aufgelöstes Haar als
Netze, die Herzen der Männer zu umstricken. 16

„Deshalb sage ich euch, hütet eure Herzen, und gestattet euren Neigungen keine ungezügelte Freiheit." 17

35. Wischakha.

Wischakha, eine reiche Frau in Schrawasti, welche
viele Kinder und Enkel hatte, gab dem Orden den
Purwarama, oder östlichen Garten; und sie war es,
welche die erste Oberin der Laienschwestern wurde. 1

Als der Gebenedeite in Schrawasti war, kam Wischakha zu dem Ort, wo der Gebenedeite sich aufhielt,
und lud ihn ein, am nächsten Tage sein Mahl in ihrem
Hause einzunehmen, was der Gebenedeite annahm. 2

Während der Nacht und am nächsten Morgen fiel
ein schwerer Regen, und die Bhikschus legten ihre Kleider ab, um sie trocken zu erhalten, und ließen den Regen
auf ihre Körper fallen. 3

Als nun am nächsten Morgen der Gebenedeite seine
Mahlzeit beendet hatte, nahm Wischakha einen Sitz
ihm zur Seite und redete also: „Acht Bitten habe ich,
um deren Gewährung ich den Gebenedeiten ersuche." 4

Da sprach der Gebenedeite: „Die Tathagatas, o
Wischakha, gewähren keine Bitten, es sei denn, sie
wissen, was dieselben sind." 5

Wischakha antwortete: „Schicklich und einwurfs-
frei, o Herr, sind meine Bitten." 6

[35. Kapitel]

Nachdem Wiſchakha Erlaubniß erhalten, ihre Bit=
ten vorzutragen, ſprach ſie: „Ich wünſche, o Herr, mein
ganzes Leben lang den Sangha während der Regenzeit
mit Kleidern zu verſorgen, die neu eingetroffenen Bhik=
ſchus mit Nahrung, die fortwandernden Bhikſchus mit
Nahrung, die Kranken mit Nahrung, die Kranken=
wärter mit Nahrung, die Kranken mit Medizin, die
Brüderſchaft mit einem beſtändigen Vorrath von Reis=
milch, und die Bhikſchunis mit Badegewändern.“ 7

Und Buddha ſprach: „Welcher Umſtand iſt es, o
Wiſchakha, der dich bewogen hat, dieſe acht Bitten zu
thun?“ 8

Da antwortete Wiſchakha: 9

„Ich gab meiner Magd den Auftrag: ‚Gehe hin
und zeige der Brüderſchaft an, daß das Mahl bereit
iſt.‘ Und meine Magd ging hin. Als ſie aber zur
Wihara kam, nahm ſie wahr, daß die Bhikſchus ihre
Kleider abgelegt hatten, während es regnete, und ſie
dachte bei ſich ſelbſt: ‚Dieſe ſind nicht Bhikſchus, ſondern
nackte Büßer, welche den Regen auf ſich fallen laſſen.‘
Die Magd kam darum zurück zu mir und berichtete,
was ſie geſehen, und ich mußte ſie zum zweiten Mal
ſchicken. Unrein, Herr, iſt die Nacktheit und wider=
wärtig. Es war dieſer Umſtand, Herr, den ich im
Sinne hatte, als ich den Wunſch ausſprach, den Sangha
mein Leben lang mit beſonderen Kleidern zum Ge=
brauch in der Regenzeit zu verſorgen. 10

„Mein zweiter Wunſch, o Herr, betrifft die neu ein=
getroffenen Bhikſchus, welche die rechte Straße nicht

finden und die Orte nicht kennen, wo sie Nahrungs-
mittel erhalten können, so daß sie erschöpft werden auf
dem Wege durch das Sammeln von Almosen. Es war
dieser Umstand, welcher mir vorschwebte, als ich den
Wunsch aussprach, mein Leben lang den Sangha mit
Nahrungsmitteln zu versehen für neu eingetroffene
Bhikschus.   11

„Drittens, o Herr, mag ein fortwandernder Bhikschu, wenn er erst Almosen sammelt, auf dem Wege
zurückbleiben oder zu spät an dem Ort anlangen, wohin er zu gehen wünscht, weil er seine Wanderung er-
müdet beginnt.   12

„Viertens, o Herr, wenn ein kranker Bhikschu nicht
die geeignete Nahrung erhält, so kann seine Krankheit
zunehmen, und er mag sterben.   13

„Fünftens, o Herr, ist ein Bhikschu, welcher die
Kranken pflegt, nicht im Stande, hinauszugehen und
sich seine eigene Nahrung zu erbitten.   14

„Sechstens, o Herr, wenn ein kranker Bhikschu nicht
geeignete Medizinen erhält, so kann seine Krankheit
über ihn Herr werden, und er mag sterben.   15

Siebentens, o Herr, habe ich den Gebenedeiten die
Reismilch rühmen hören, weil sie den Geist rege hält
und hinreicht, Hunger und Durst zu stillen; sie ist den
Gesunden zuträglich als Nahrung und den Kranken
als Medizin. Deshalb wünsche ich, den Sangha mein
Leben lang mit einem beständigen Vorrath von Reismilch zu versehen.   16

„Und schließlich, o Herr, haben die Bhikschunis die
[35. Kapitel]

Gewohnheit, sich gemeinsam mit den Dirnen der Stadt
an derselben Stelle im Flusse Atschirawati zu baden,
und zwar nackt. Und die lockeren Dirnen verspotten
die Bhikschunis, indem sie ihnen zurufen: ‚Was nützt es
euch, ihr lieben Mädchen, in der Jugend eure Keusch=
heit zu bewahren? Beobachtet Keuschheit, wenn ihr
alt seid, so werdet ihr Gewinn haben am Anfang und
am Ende.‘ Unrein ist Nacktheit für ein Weib, wider=
wärtig und empörend.   17

„Dies, o Herr, sind die Umstände, welche ich im Sinne
hatte."   18

Der Gebenedeite sprach zu ihr: „Was aber ist der
Vortheil für dich selbst, o Wischakha, auf den du hoffst,
indem du diese acht Bitten dem Tathagata vorlegst?" 19

Wischakha antwortete: 20

„Bhikschus, welche die Regenzeit an verschiedenen
Orten zugebracht haben, werden nach Schrawasti kom=
men, um den Gebenedeiten zu besuchen. Und wenn
sie zu dem Gebenedeiten kommen, werden sie fragen
und sprechen: ‚Der und der Bhikschu, o Herr, ist gestor=
ben. Was ist nun sein Schicksal?‘ Dann wird der
Gebenedeite ihnen sagen: ‚Er hat nun die Früchte seiner
Bekehrung erlangt‘; oder: ‚Er ist zum Nirwana ein=
gegangen‘; oder: ‚Er ist ein Arhant geworden‘; wie
immer der Fall liegen mag.   21

„Und ich werde zu ihnen hintreten und fragen:
‚War dieser Bruder, ihr Herren, einer von denen,
welche früher zu Schrawasti waren?‘ und wenn er
hier war, weiß ich: ‚Wahrlich, dieser Bruder hat sich

[35. Kapitel]

entweder der Kleider für die Regenzeit erfreut, oder der
Nahrung für die neu eingetroffenen Bhikschus, oder der
Nahrung für die fortwandernden Bhikschus, oder der
Nahrung für die Kranken, oder der Nahrung für die,
welche die Kranken pflegen, oder der Medizin für die
Kranken, oder des beständigen Vorraths an Reis=
milch.'   22

„Dann wird Freude in mein Herz einziehen, und
in dieser Freude werde ich glücklich sein. Also beglückt,
wird meine Seele mit Frieden erfüllt werden. Wenn
ich nun so zum Frieden gelangt bin, werde ich das be=
seligende Gefühl der Zufriedenheit haben, und in dieser
Seligkeit wird mein Herz zur Ruhe kommen. Das
wird für mich eine Uebung meines moralischen Stre=
bens, eine Uebung meiner moralischen Kräfte, eine
Uebung in der siebenfachen Weisheit sein! Dies, o
Herr, ist der Gewinn, den ich für mich selbst erhoffe,
wenn ich von dem Gebenedeiten die Gewährung jener
acht Bitten erlange."   23

Der Gebenedeite sprach: „Es ist gut, es ist gut,
Wischakha. Du hast wohl daran gethan, diese acht
Bitten an den Tathagata zu richten, da du diesen
Gewinn im Auge hattest. Wohlthaten denjenigen
erwiesen, welche derselben würdig sind, gleichen dem
guten Samen, welcher auf guten Boden gesäet wird
und viele Frucht bringt. Aber Wohlthaten denen
erzeigt, welche noch unter dem tyrannischen Joch der
Leidenschaften sind, gleichen dem Samen, der auf
schlechten Boden gesäet wird. Die Leidenschaften des

[35. Kapitel]

Empfängers erſticken gleichſam das Wachsthum des
Segens." [24]

Und der Gebenedeite dankte der Wiſchakha in dieſen
Verſen: [25]

"Was auch die Gabe ſein mag, die eine in ihrem
Leben aufrichtige ,frau, eine Jüngerin des Glückſeligen,
in Freudigkeit des Herzens und ohne Geiz giebt, es iſt
ein himmliſches Geſchenk, welches das Leid zerſtört und
Segen wirkt. [26]

"Die Geberin gewinnt ein ſeliges Leben und gelangt
auf den Pfad, der frei iſt von Verderbniß und Unrein=
heit. [27]

"In ihrem edlen Streben findet ſie ihre Glückſelig=
keit und ſie freut ſich ihrer Wohlthätigkeit." [28]

36. Der Upawaſatha und Pratimokſcha.

Als Sainya Bimbiſara, der Magadha=König, ſich
von der Welt zurückgezogen hatte und ein religiöſes
Leben führte, nahm er wahr, daß das Volk in Raja=
griha die Verſammlungshäuſer brahmaniſcher Sekten,
welche gewiſſe Tage heilig hielten, eifrig beſuchte und
ihre Predigten anhörte. [1]

Und indem der König das Bedürfniß erkannte,
regelmäßige Tage zur Ruhe von weltlicher Arbeit und
für religiöſe Belehrung feſtzuſetzen, ging er zu dem Ge=
benedeiten und ſprach: "Die Pariwrajaka, welche der
Tirthika=Schule angehören, haben Erfolg und gewin=

nen Anhänger, weil sie den achten und auch den vier=
zehnten oder fünfzehnten Tag jedes halben Monats
feiern. Würde es nicht auch für die ehrwürdigen Brü=
der des Sangha rathsam sein, sich zu religiöser Er=
bauung an bestimmten Tagen zu versammeln?"   2

Und der Gebenedeite befahl den Bhikschus, sich am
achten und auch am vierzehnten oder fünfzehnten Tage
jedes halben Monats zu versammeln und diese Tage
religiösen Uebungen zu widmen.   3

Dies ist der Upawasatha, oder Sabbath, der Jünger
Buddhas.   4

Nun versammelten sich die Bhikschus an dem dazu
bestimmten Tage in dem Wihara, gehorsam der Regel,
welche der Heilige aufgestellt hatte, und das Volk kam,
um den Dharma zu hören, aber es war sehr enttäuscht,
denn die Bhikschus blieben stumm und hielten keinen
Vortrag.   5

Als der Gebenedeite davon hörte, wies er die Bhik=
schus an, das Pratimokscha herzusagen, welches die
Formel der Entlastung von Sünden ist, und er befahl
ihnen, ihre Uebertretungen zu beichten, damit sie die
Vergebung des Ordens erlangten.   6

Denn ein Vergehen, wenn ein solches vorhanden
ist, sollte von dem Bhikschu, der sich dessen erinnert und
davon gereinigt sein will, bekannt werden, weil ein
Bekenntniß des Fehltritts der Seele Erleichterung ge=
währt.   7

Und der Gebenedeite sprach: „Das Pratimokscha
soll also wiederholt werden: 8

[36. Kapitel]

„Ein fähiger und ehrwürdiger Bhikschu soll diese Aufforderung an den Sangha richten: ‚Möge der Sangha mich anhören! Heute ist Upawasatha, der achte, oder der vierzehnte oder fünfzehnte Tag des Halbmonats. Wenn der Sangha bereit ist, so lasset den Sangha den Upawasatha-Dienst abhalten und den Pratimokscha hersagen. Ich will den Pratimokscha vortragen.‘ [9]

„Und die Bhikschus sollen darauf erwidern: ‚Wir hören es wohl und unser Aller Gedanken sind darauf gerichtet.‘ [10]

„Dann soll der amtirende Bhikschu fortfahren: ‚Der, welcher einen Fehltritt begangen hat, mag ihn bekennen; habt ihr keine Fehler begangen, so sollt ihr stillschweigen; daraus, daß ihr stillschweigt, werde ich entnehmen, daß die ehrwürdigen Brüder frei von Sünden sind. [11]

„‚Wie ein Einzelner, an den eine Frage gerichtet ist, dieselbe beantwortet, so soll diese Versammlung auf eine dreimal feierlich gestellte Frage Antwort geben. Wenn ein Bhikschu einen begangenen Fehltritt, dessen er sich erinnert, nicht bekennt, nachdem die Frage dreimal gestellt worden ist, so macht er sich einer vorsätzlichen Lüge schuldig. [12]

„‚Eine vorsätzliche Lüge aber, ehrwürdige Brüder, wurde von dem Gebenedeiten als ein Hinderniß in der Heiligung erklärt. Deshalb sollte der Bhikschu, der sich eines begangenen Fehltritts erinnert, denselben be-

kennen, um davon gereinigt zu werden; denn wenn
der Fehler gebeichtet ist, so wird damit nach Gebühr
verfahren.'"   13

37. Die Spaltung.

Während der Gebenedeite sich zu Kauschambi auf=
hielt, wurde ein Bhikschu eines Vergehens angeklagt,
und da derselbe sich weigerte, es zuzugeben, so beschloß
die Brüderschaft, ihn auszustoßen.   1

Nun war jener Bhikschu gelehrt. Er kannte den
Dharma, er hatte die Regeln des Ordens studiert und
er war weise, wohl unterrichtet, klug, bescheiden, ge=
wissenhaft und willens, sich der Zucht zu unterwerfen.
Da er meinte, daß ihm Unrecht geschehen sei, ging er
zu seinen Gefährten und Freunden unter den Bhikschus
und sprach: „Dies ist kein Fehltritt, Freunde, dies ist
kein Grund zu einem Urtheil der Ausstoßung. Ich
bin nicht schuldig. Das Erkenntniß ist gegen die Ver=
fassung der Brüderschaft und ungiltig. Deshalb be=
trachte ich mich noch als Mitglied des Ordens. Mögen
die ehrwürdigen Brüder mir beistehen, mein Recht zu
erlangen."   2

Diejenigen, welche es mit dem ausgestoßenen Bruder
hielten, gingen hin zu den Bhikschus, die das Urtheil
gefällt hatten, und sprachen: „Dies ist kein Vergehen";
die Bhikschus hingegen, welche das Urtheil gefällt hat=
ten, antworteten: „Dies ist ein Vergehen".   3

So entstand Zwietracht, und der Sangha wurde in
[37. Kapitel]

zwei Parteien gespalten, die einander schmähten und
verleumdeten.   4

Und alle diese Dinge wurden dem Gebenedeiten
gemeldet.   5

Da ging der Gebenedeite zu den Bhikschus, welche
die Ausstoßung beschlossen hatten, und sprach zu ihnen:
„O Bhikschus, glaubet nicht, daß ihr, gleichviel was die
Thatsachen in dem Falle sind, berufen seid, einen Bhikschu auszustoßen, nur indem ihr sprecht: ‚Es dünkt
uns, daß die Sache sich so verhält, und deshalb gefällt
es uns, also gegen unseren Bruder vorzugehen.‘ Lasset
die Bhikschus sich hüten, dadurch Spaltungen zu verursachen, daß sie leichtfertigerweise ein Urtheil gegen
einen Bruder fällen, der den Dharma kennt und die
Regeln des Ordens, der gelehrt ist, weise und verstän-
dig, bescheiden, gewissenhaft und willens, sich der Zucht
zu fügen. Sie dürfen einen Bruder nicht ausstoßen,
blos weil er sich weigert, seinen Fehltritt einzusehen." 6

Darauf erhob sich der Gebenedeite und ging hin zu
den Bhikschus, die es mit dem ausgestoßenen Bruder
hielten, und sprach zu ihnen: „Glaubet nicht, o Bhikschus, daß ihr für Fehltritte, die ihr begangen habt,
nicht zu büßen braucht, wenn ihr denkt: ‚Wir haben
keine Fehler.‘ Wenn ein Bhikschu sich eines Vergehens
schuldig macht, das er nicht für ein solches hält, während die Brüderschaft ihn als schuldig betrachtet, so
soll er denken: ‚Diese Brüder kennen den Dharma und
die Regeln des Ordens; sie sind gelehrt, weise, ver-
ständig, bescheiden, gewissenhaft und willens, sich der

Zucht zu fügen; es ist unmöglich, daß sie in meinem
Falle aus Selbstsucht oder Bosheit handeln sollten,
oder in Verblendung, oder aus Furcht.' Lasset ihn sich
hüten, Spaltungen zu verursachen, und lieber sein Ver=
gehen auf das Urtheil seiner Brüder hin bekennen." ⁷

Beide Parteien fuhren fort, ganz unabhängig von
einander den Upawasatha zu halten und amtliche Hand=
lungen auszuüben; und als ihr Verhalten dem Ge=
benedeiten mitgetheilt wurde, entschied er, daß die
Beobachtung des Upawasatha und die Ausübung amt=
licher Handlungen für beide Theile gesetzlich, einwand=
frei und giltig seien. „Denn," sagte er, „die Bhikschus,
welche es mit dem ausgestoßenen Bruder halten, bil=
den eine andere Gemeinschaft, als diejenigen, welche
das Urtheil gesprochen haben. In beiden Parteien
sind ehrwürdige Brüder. Da sie nicht übereinstimmen,
so lasset sie getrennt den Upawasatha feiern und amt=
liche Handlungen vollziehen." ⁸

Und der Gebenedeite tadelte die streitsüchtigen Bhik=
schus, indem er zu ihnen sprach: ⁹

„Gemeine Leute machen viel Lärm. Wie können
aber Laien getadelt werden, wenn Streitigkeiten in dem
Sangha entstehen? Zorn wird nicht besänftigt im
Herzen derer, welche sprechen: ,Er hat mich geschmäht,
er hat mir Unrecht gethan, er hat mir Schaden zu=
gefügt.' ¹⁰

„Denn nicht durch Zorn wird der Zorn gestillt. Der
Haß wird besänftigt durch Nichthaß. Dies ist ein
ewiges Gesetz. ¹¹

[37. Kapitel]

„Es giebt Menschen, welche die Nothwendigkeit der
Selbstbeherrschung nicht kennen; wenn solche streitsüch=
tig sind, mag ihr Betragen entschuldigt werden. Aber
diejenigen, welche bessere Einsicht haben, sollten lernen,
in Einigkeit zu leben.   12

„Wenn ein Mann einen weisen Freund findet, der
gerecht lebt und beständigen Charakters ist, so wird er
gerne mit ihm zusammenleben und in Glück und Be=
sonnenheit allen Gefahren die Stirne bieten.   13

„Aber wenn er keinen Freund findet, der gerecht
lebt und beständig ist in Charakter, so wird er lieber
seinen Weg allein gehen, wie der König, der sein Kö=
nigreich und die Sorgen seines Königreiches hinter sich
läßt, um, dem einsamen Elephanten des Waldes gleich,
in Zurückgezogenheit zu leben.   14

„Mit Narren kann man keine Gemeinschaft haben.
Lieber soll ein Mann einsam wandeln, als mit Men=
schen zusammen leben, welche selbstsüchtig, eitel, streit=
süchtig und eigennützig sind.“   15

Und der Gebenedeite dachte bei sich selbst: „Es ist
keine leichte Aufgabe, diese starrköpfigen und von sich
selbst eingenommenen Thoren zu belehren.“ Und er
erhob sich von seinem Sitze und ging seines Weges. 16

38. Die Wiederherstellung der Eintracht.

Da der Streit zwischen den Parteien nicht beigelegt
war, verließ der Gebenedeite Kauschambi und zog von
Ort zu Ort, bis er schließlich nach Schrawasti kam.   1

[38. Kapitel]

Und während der Abwesenheit des Gebenedeiten
nahmen die Streitigkeiten noch mehr überhand, so daß
die weltlichen Jünger zu Kauschambi sich darüber är=
gerten und sprachen: „Diese zänkischen Mönche sind
ein Gemeinschaden, und sie werden Unglück über uns
bringen. Beunruhigt durch ihre Zwietracht, hat der
Gebenedeite uns verlassen und hat einen anderen Ort
zu seinem Aufenthalt gewählt. Laßt uns deshalb die
Bhikschus weder grüßen, noch sie unterstützen. Sie sind
es nicht werth, das gelbe Kleid zu tragen. Sie sollen
sich entweder mit dem Gebenedeiten aussöhnen, oder in
die Welt zurückkehren."   2

Und als die Bhikschus von Kauschambi von den
weltlichen Verehrern Buddhas nicht mehr geehrt und
unterstützt wurden, fingen sie an, in sich zu gehen, und
sprachen: „Lasset uns zu dem Gebenedeiten gehen, auf
daß er unsere Streitigkeiten schlichte."   3

Und beide Parteien gingen hin zu dem Gebenedei=
ten nach Schrawasti. Und als der ehrwürdige Schari=
putra von ihrer Ankunft hörte, wandte er sich an den
Gebenedeiten und sprach: „Diese streitsüchtigen, recht=
haberischen und zänkischen Bhikschus von Kauschambi,
die Urheber unseres Zwiespalts, sind nach Schrawasti
gekommen. Wie soll ich mich gegen diese Bhikschus
verhalten, o Herr?"   4

„Mache ihnen keine Vorwürfe, Schariputra, denn
harte Worte sind Keinem angenehm. Weise jeder Par=
tei eine getrennte Wohnung an und behandle sie mit
unparteiischer Gerechtigkeit. Höre beide Theile mit

[38. Kapitel]

Geduld an. Nur derjenige, welcher jede Seite wohl
erwägt, verdient, ein Muni genannt zu werden. Erst
wenn beide Theile ihre Sache dargelegt haben, laß den
Sangha zu einer Entscheidung kommen und die Wieder=
herstellung der Eintracht erklären." ⁵

Und Prajapati, die Oberin, bat den Gebenedeiten
um Rath, und der Gebenedeite sprach: „Laß beide
Theile sich der Gaben von weltlichen Mitgliedern er=
freuen, sei es an Kleidern, oder an Nahrung, wie sie
derselben bedürfen, und gestatte nicht, daß einem eine
bemerkbare Bevorzugung vor dem anderen zu Theil
werde." ⁶

Und der ehrwürdige Upali hatte sich dem Gebene=
deiten genaht und fragte ihn über die Wiederherstellung
des Friedens in dem Sangha: „Wäre es recht, o Herr,"
sprach er, „wenn der Sangha, um fernere Streitigkeiten
zu verhüten, die Wiederherstellung der Eintracht er=
klären würde, ohne die Ursache des Streites zu unter=
suchen?" ⁷

Und der Gebenedeite sprach: ⁸

„Wenn der Sangha die Wiederherstellung der Ein=
tracht erklärt, ohne zuvor die Sache zu untersuchen, so
ist solche Erklärung weder recht, noch gesetzlich. ⁹

„Es giebt zwei Wege, die Eintracht wieder her=
zustellen, der eine ist eine Wiederherstellung nach dem
Buchstaben, der andere eine solche im Geiste und nach
dem Buchstaben. ¹⁰

„Wenn der Sangha die Wiederherstellung der Einig=
keit erklärt, ohne die Sache untersucht zu haben, so be=

steht der Friede nur dem Buchstaben nach. Wenn aber
der Sangha die Eintracht wieder herstellt, nachdem er
die Sache bis auf den Grund untersucht hat, so besteht
der Friede dem Geiste und auch dem Buchstaben nach. [11]

„Die Eintracht, welche im Geiste und nach dem
Buchstaben wieder hergestellt wird, ist allein recht und
gesetzlich." [12]

Und der Gebenedeite wandte sich zu den Bhikschus
und erzählte ihnen die Geschichte vom Prinzen Dirghayu. Er sprach: [13]

„In früherer Zeit wohnte zu Benares ein mächtiger König Namens Brahmadatta von Kaschi. Derselbe zog aus, um den König Dirgheti von Kosala zu
bekriegen, ‚denn,' dachte er bei sich selbst, ‚das Königreich Kosala ist klein, und Dirgheti wird meinen Heeren nicht lange widerstehen können.' [14]

„Und da Dirgheti sah, daß Widerstand gegen die
Uebermacht des Königs von Kaschi vergeblich war,
floh er und ließ sein Reich in den Händen Brahma-
dattas; und nachdem er von Ort zu Ort gewandert
war, kam er nach Benares und wohnte dort mit seinem
Weibe in der Hütte eines Töpfers außerhalb der
Stadt. [15]

„Die Königin schenkte dem König Dirgheti einen
Sohn und sie nannte ihn Dirghayu. Dirgheti aber ist
verdolmetschet ‚Leide-lang', Dirghayu ‚Lebe-lang'. [16]

„Als Dirghayu erwachsen war, dachte der König
bei sich selbst: ‚König Brahmadatta hat uns großes
Unrecht zugefügt, und er fürchtet unsere Rache; er wird

[38. Kapitel]

darnach trachten, uns zu tödten. Wenn er uns findet,
wird er uns alle Drei ermorden.' Deshalb ſandte er
ſeinen Sohn fort. Dirghayu aber, den ſein Vater wohl
erzogen hatte, ließ es ſich angelegen ſein, mit Fleiß alle
Künſte zu erlernen; und er wurde ſehr geſchickt und
weiſe. [17]

„Zu der Zeit wohnte der frühere Bartſcheerer des
Königs Dirgheti zu Benares, und als dieſer den König,
ſeinen früheren Herrn, ſah, verrieth er ihn aus Habſucht dem König Brahmadatta. [18]

„Als Brahmadatta hörte, daß der flüchtige König
von Koſala, verkleidet und unbekannt, in Gemeinſchaft
mit ſeinem Weibe ein zurückgezogenes Leben in der
Hütte eines Töpfers führte, befahl er, ihn und ſeine
Königin zu binden und hinzurichten; und der Henker,
dem der Befehl wurde, ergriff den König Dirgheti und
führte ihn an den Ort der Hinrichtung. [19]

„Als der gefangene König durch die Straßen von
Benares geführt wurde, erblickte er ſeinen Sohn, der
gerade zurückgekommen war, um ſeine Eltern zu be-
ſuchen. Voll Beſorgniß, die Anweſenheit ſeines Sohnes nicht zu verrathen, und doch willens, demſelben
ſeinen letzten Rathſchlag mitzutheilen, rief er: ,O
Dirghayu, mein Sohn! Sieh nicht lang, ſieh nicht kurz,
denn nicht durch Haß wird der Haß beſänftigt; Haß
wird nur durch Nichthaß überwunden.' [20]

„Der König von Koſala wurde mitſammt ſeinem
Weibe hingerichtet, aber Dirghayu, ihr Sohn, kaufte
ſtarken Wein und machte die Wächter trunken. Als

[38. Kapitel]

nun die Nacht herbeikam, legte er die Leichname seiner
Eltern auf einen Scheiterhaufen und verbrannte sie
heimlich mit allen Ehren und religiösen Gebräuchen. [21]

„Als der König Brahmadatta davon hörte, fürch=
tete er sich, denn er dachte bei sich selbst: ‚Dirghayu, der
Sohn des Königs Dirgheti, wird den Tod seiner Eltern
rächen, und wenn er eine günstige Gelegenheit erspäht,
wird er mich meuchlings ermorden.‘ [22]

„Der junge Dirghayu ging in den Wald und weinte
bitterlich. Dann trocknete er seine Thränen und kehrte
zurück nach Benares. Als er hörte, daß in den königa=
lichen Elephantenställen Gehülfen gebraucht würden,
bot er seine Dienste an und wurde von dem Aufseher
der Elephanten angestellt. [23]

„Da ereignete es sich, daß der König einst in stiller
Nacht ein liebliches Lied mit Lautebegleitung ver=
nahm, das sein Herz erfreute. Als er sich bei seinen
Begleitern erkundigte, wer wohl der Sänger sein möge,
wurde ihm gesagt, daß der Aufseher der Elephanten
unlängst einen Jüngling von großen Talenten an=
gestellt habe, der bei allen seinen Kameraden sehr be=
liebt sei. Sie sagten, daß derselbe die Gewohnheit habe,
zur Laute zu singen, und nur er könne der Sänger ge=
wesen sein, der des Königs Herz erfreut habe. [24]

„Der König ließ den jungen Mann vor sich kom=
men, und da ihm Dirghayu wohl gefiel, gab er ihm
Beschäftigung in dem königlichen Palast. Als nun der
König sah, wie weise der Jüngling handelte, wie be=
scheiden er war und doch peinlich genau in der Er=

[38. Kapitel]

füllung seiner Pflichten, schenkte er ihm sein Vertrauen
und gab ihm eine höhere Stellung.   25

„Einst ging der König auf die Jagd und wurde
von seinem Gefolge getrennt. Nur der junge Dirghayu
blieb bei ihm. Der König, ermattet von der Jagd,
legte sein Haupt in den Schoß seines Begleiters und
schlief ein.   26

„Da dachte Dirghayu bei sich selbst: ‚Der König
Brahmadatta hat uns großes Leid zugefügt; er hat
uns unseres Königreichs beraubt und meinen Vater
und meine Mutter gemordet. Er ist nun in meiner
Gewalt.‘ Und indem er also dachte, entblößte er sein
Schwert.   27

„Aber Dirghayu gedachte der letzten Worte seines
Vaters: ‚Sieh nicht lang, sieh nicht kurz, denn nicht
durch Haß wird der Haß besänftigt; Haß wird nur
durch Nichthaß besiegt.‘ Und indem er also dachte,
steckte er sein Schwert zurück in die Scheide.   28

„Der König wurde unruhig im Schlaf und erwachte.
Als der Jüngling ihn fragte: ‚Warum bist du so er-
schrocken, o König?‘ antwortete Brahmadatta: ‚Mein
Schlaf ist stets unruhig, weil ich oft träume, daß der
junge Dirghayu mit seinem Schwerte über mich kommt.
Während ich nun hier lag, das Haupt in deinem Schoß,
träumte ich den schrecklichen Traum wieder; und ich
erwachte voll Entsetzen.‘   29

„Da legte der Jüngling seine linke Hand auf den
Kopf des wehrlosen Königs, und indem er mit der
rechten sein Schwert zog, sprach er: ‚Ich bin Dirghayu,

[38. Kapitel]

der Sohn des Königs Dirgheti, den du seines Königreichs beraubt und zusammen mit seinem Weibe, meiner Mutter, gemordet hast. Die Zeit der Rache ist
gekommen.'   30

„Als der König sah, daß er sich auf Gnade oder
Ungnade in der Gewalt des jungen Dirghayu befand,
erhob er seine Hände und sprach: ‚Schenke mir das
Leben, mein lieber Dirghayu, schenke mir das Leben!' 31

„Und Dirghayu sprach ohne Bitterkeit und Feind-
schaft: ‚Wie kann ich dir dein Leben schenken, o König,
da mein Leben durch dich gefährdet ist? Du bist es, o
König, der mir mein Leben schenken muß.'   32

„Und der König erwiderte: ‚Nun, mein lieber Dirghayu, so schenke mir mein Leben, und ich schenke dir
das deinige.'   33

„So schenkten der König Brahmadatta von Kaschi
und der junge Dirghayu einander das Leben und schwu-
ren einen Eid, sich gegenseitig kein Leids zuzufügen. 34

„Und der König Brahmadatta von Kaschi sprach
zu dem jungen Dirghayu: ‚Was meinte dein Vater,
als er in der Stunde seines Todes zu dir sprach: „Sieh
nicht lang, sieh nicht kurz, denn nicht durch Haß wird
der Haß besänftigt; Haß wird nur durch Nichthaß
überwunden"?'   35

„Der Jüngling antwortete: ‚Als mein Vater in
der Stunde seines Todes sprach „nicht lang", meinte
er, „laß deinen Haß nicht lange währen". Als mein
Vater sagte „nicht kurz", meinte er, „sei nicht eilig,
dich mit deinen Freunden zu entzweien". Und als er

[38. Kapitel]

sprach: „Denn nicht durch Haß wird der Haß besänftigt; der Haß wird nur durch Nichthaß besiegt", so
wollte er damit sagen, daß du, o König, mich des Vaters und der Mutter beraubtest. Wenn ich dir nun das
Leben nehmen würde, dann würden deine Anhänger
mich morden, und meine Anhänger wieder würden die
deinigen tödten. So würde der Haß nimmermehr durch
Haß besänftigt. Aber nun hast du, o König, mir das
Leben geschenkt, und ich habe dir das Leben geschenkt,
und so ist der Haß durch Nichthaß überwunden.'   [36]

„Da dachte Brahmadatta bei sich selbst: ,Wie weise
ist doch dieser junge Dirghayu, daß er die Bedeutung
dessen, was sein Vater in so wenigen Worten aussprach,
gleich in seinem ganzen Umfang verstanden hat.'   [37]

„Und der König übertrug Dirghayu seines Vaters
Heere und Wagen, seine Schatzkammern und seine Vor-
rathshäuser und gab ihm seine Tochter zum Weibe."   [38]

Als der Gebenedeite den Bhikschus diese Geschichte
erzählt hatte, entließ er sie.   [29]

Und die Bhikschus versammelten sich zu einer Be-
rathung und untersuchten den Grund ihrer Mißhellig-
keiten. Nachdem sie alles sachlich erwogen hatten,
wurde die Eintracht in dem Sangha wieder hergestellt.   [40]

39. Zurechtweisung der Bhikschus.

Und es begab sich, daß der Gebenedeite im Freien
ohne Schuhe auf und ab ging.   [1]

Als die Aeltesten sahen, daß der Gebenedeite ohne

Schuhe umherging, gingen sie ebenfalls barfuß. Aber
die Neuaufgenommenen kümmerten sich nicht um das
Vorbild ihrer Aeltesten, sondern ließen ihre Füße be=
deckt.   2

Einige der Brüder bemerkten das unehrerbietige
Betragen der Neuaufgenommenen und sagten es dem
Gebenedeiten, und der Gebenedeite tadelte die Neu=
aufgenommenen und sprach: „Wenn die Brüder schon
jetzt, während ich noch lebe, einander so wenig Achtung
und Ehrerbietung erweisen, was werden sie thun, wenn
ich hingegangen bin?"   3

Der Gebenedeite, erfüllt von Sorge für das Wohl=
ergehen des Sangha, fuhr fort: 4

„Selbst weltliche Menschen, o Bhikschus, welche sich
im Leben bewegen und ein Handwerk betreiben, um sich
ihren Lebensunterhalt zu verdienen, werden ihren Leh=
rern mit Achtung, Hingebung und Gastfreundschaft
begegnen.   Lasset ihr darum, o Bhikschus, die ihr der
Welt den Rücken gekehrt und euer ganzes Leben der
Religion und religiösen Uebungen geweiht habt, euer
Licht also leuchten, daß ihr die Regeln der Wohlanstän=
digkeit beobachtet.   Seid ehrerbietig, hingebend und ent=
gegenkommend gegen eure Lehrer und Vorgesetzten oder
solche, die als Lehrer und Vorgesetzte über euch stehen.
Euer Betragen, o Bhikschus, trägt nicht dazu bei, die
Unbekehrten zu bekehren und die Zahl der Gläubigen
zu vermehren.   Es kann die Unbekehrten nur zurück=
schrecken und entfremden."   5

[39. Kapitel]

40. Dewadatta.

Als Dewadatta, der Sohn des Suprabuddha und ein Bruder Yaſchodharas, ein Jünger des Tathagata wurde, hegte er die Hoffnung, dieſelben Ehren und Würden zu erlangen, wie Gautama Siddhartha. Da aber ſein Ehrgeiz nicht erfüllt wurde, entſtand in ſeinem Herzen ein eiferſüchtiger Haß; und um den Vollkomme= nen an Tugend zu übertreffen, tadelte er deſſen Vor= ſchriften und bezeichnete ſie als zu milde.   [1]

Dewadatta ging nach Rajagriha und fand Gehör bei Ajataſchatru, dem Sohne des Königs Bimbiſara. Und Ajataſchatru baute dem Dewadatta einen neuen Wihara und gründete eine neue Sekte, deren Anhänger ſich zu ſtrengen Regeln und Selbſtpeinigung verpflich= teten.   [2]

Bald nachher kam der Gebenedeite ſelbſt nach Raja= griha und nahm ſeine Wohnung in dem Wenuwana= Wihara.   [3]

Dewadatta kam zu dem Gebenedeiten und bat ihn, ſeine ſtrengeren Regeln, wodurch größere Heiligkeit er= zielt werden ſolle, gutzuheißen. „Der Leib," ſprach er, „beſteht aus ſeinen zweiunddreißig Theilen und hat keine göttlichen Eigenſchaften. Er wird in Sünden empfangen und aus Verderbniß geboren. Er iſt dem Schmerz unterworfen und muß wieder in ſeine Ele= mente aufgelöſt werden. Der Leib iſt das Gefäß un= ſeres Karma, und unſer Karma iſt der Fluch unſerer

[40. Kapitel]

früheren Existenzen. Der Leib ist der Wohnsitz von
Sünde und Krankheit, und seine Organe sondern un=
aufhörlich ekelhafte Auswürfe ab. Sein Ende ist Tod
und seine Bestimmung die Grabstätte. Da dies das
Schicksal des Leibes ist, so sollten wir ihn als ein ekel=
erregendes Aas behandeln und ihn nur in Lumpen
kleiden, die auf Begräbnißstätten oder auf Kehricht=
haufen zusammengelesen sind." 	4

Der Gebenedeite sprach: „Wohl ist der Leib voller
Unreinheit und findet seine Bestimmung in der Grab=
stätte, denn er ist unbeständig und muß schließlich in
seine Elemente aufgelöst werden. Aber da er das Ge
fäß des Karma ist, steht es in unserer Macht, ihn zu
einem Träger der Wahrheit und nicht der Sünde zu
machen. Es ist nicht gut, in den freuden des Leibes
zu schwelgen, es ist aber auch nicht gut, unsere leiblichen
Bedürfnisse zu vernachlässigen und Schmutz auf Un=
reinheit zu häufen. Die Lampe, welche nicht gereinigt
und mit Oel gefüllt wird, muß erlöschen, und der Kör=
per, der ungekämmt, ungewaschen und von Buß=
übungen geschwächt ist, kann kein passendes Gefäß für
das Licht der Wahrheit sein. Deine Regeln werden die
Jünger nicht auf den mittleren Pfad führen, den ich
gelehrt habe. Gewiß kann keiner verhindert werden,
strengere Regeln zu beobachten, wenn es ihm gut dünkt,
aber da sie überflüssig sind, sollen sie Niemanden auf=
genöthigt werden." 	5

Also wies der Tathagata den Vorschlag des Dewa=
datta zurück; und Dewadatta verließ Buddha und ging
[40. Kapitel]

zum Wihara und redete übel von des Herrn Pfad der
Erlöſung, weil er nicht ſtrenge genug und in jeder Hin=
ſicht unzulänglich ſei.   6

Wie nun der Gebenedeite von den Umtrieben Dewa=
dattas hörte, ſprach er: „Niemand kann dem Tadel
entgehen. Die Leute tadeln den, der ſchweigt, und den,
der redet; ſie tadeln auch den, welcher den Mittelweg
predigt."   7

Dewadatta reizte den Ajataſchatru zu einer Ver=
ſchwörung auf gegen Bimbiſara, den König, und ver=
leitete ihn, ſich ſelbſt zum König zu machen an ſeines
Vaters Statt. Bimbiſara aber ſtarb und hinterließ
das Königreich Magadha ſeinem Sohne Ajataſchatru. 8

Der neue König lieh ſein Ohr den böſen Rath=
ſchlägen des Dewadatta, und er befahl, den Tathagata
umzubringen. Die Mörder jedoch, welche ausgeſandt
wurden, den Herrn zu tödten, vermochten ihre gottloſe
That nicht zu vollbringen und wurden bekehrt, ſobald
ſie ihn erblickten und ſeine Predigt hörten. Ein Fels=
block, welcher von einem Abhang auf den großen Mei=
ſter herniedergeworfen wurde, brach entzwei und beide
Stücke gingen an ihm vorbei, ohne ihm Schaden zu
thun. Und ein wilder Elephant, der losgelaſſen wurde,
um den Herrn zu verderben, wurde zahm in des Tatha=
gata Gegenwart. Da wurde Ajataſchatru von Ge=
wiſſensbiſſen gemartert, und er ging hin zu dem Ge=
benedeiten, um bei ihm Frieden in ſeinem Elende zu
ſuchen.   9

Der Gebenedeite empfing Ajataſchatru mit Güte

[40. Kapitel]

und lehrte ihm den Weg der Erlösung; aber Dewadatta machte noch immer Anstrengungen, der Gründer einer eigenen religiösen Schule zu werden. 10

Dewadatta hatte keinen Erfolg mit seinen Plänen, und nachdem er schließlich von vielen seiner Jünger verlassen war, wurde er krank, und Reue kam über ihn. Er bat diejenigen, welche bei ihm ausgeharrt hatten, sein Lager zu Buddha zu tragen, und sprach: „Nehmt mich, meine Kinder, und tragt mich hin zu ihm; obschon ich ihm Uebles gethan, bin ich doch sein Schwager. Um unserer Verwandtschaft willen wird mich Buddha retten." Und sie gehorchten, obschon mit Widerstreben. 11

Während die Träger ihre Hände wuschen, erhob sich Dewadatta, in seiner Ungeduld den Gebenedeiten zu sehen, von seinem Tragbette; aber seine Füße brannten unter ihm; er sank zu Boden, und nachdem er die Lobpreisung Buddhas gesprochen hatte, starb er. 12

41. Das ersehnte Ziel.

Und der Gebenedeite redete die Bhikschus folgender= maßen an: 1

„Unser Mangel an Verständniß der vier edlen Wahrheiten, die wir nicht zu fassen vermochten, o ihr Bhikschus, ist der Grund, warum wir so lange gesucht haben und umhergeirrt sind auf diesem ermüdenden Pfade der Seelenwanderung, ihr sowohl wie ich. 2

„Die Seele wandert durch alle Formen hindurch, vom Stein durch Pflanzen und alle die verschiedenen

Thierkörper, durch Menschen verschiedenen Charakters, bis sie im Buddha vollkommene Erleuchtung findet. ³

„Alle lebenden Wesen sind, was sie sind, durch das Karma ihrer Thaten in ihren früheren und ihren gegenwärtigen Existenzen. ⁴

„Die vernünftige Natur des Menschen ist der Funke der Erleuchtung, welcher jedoch, nachdem er einmal erlangt ist, ein unvergänglicher Besitz bleibt. Aber fernere Wiedergeburten sind nöthig, um den höchsten Gipfel des Seins zu erlangen, wo das unermeßliche Licht gewonnen wird, welches die Quelle aller Gerechtigkeit ist. ⁵

„In dieser höheren Geburt habe ich die Wahrheit gefunden und euch den edlen Pfad gezeigt, der zu der freudevollen Stadt des Friedens führt. ⁶

„Ich habe euch den Weg zu dem See Ambrosia gewiesen, welcher alle Sünden wegwäscht. ⁷

„Ich habe euch den labenden Trank gegeben, welcher Erkenntniß der Wahrheit heißt. Wer davon trinkt, wird frei von Aufregung, Leidenschaft und Uebelthun. ⁸

„Selbst die Götter beneiden die Seligkeit dessen, welcher sich aus der Fluth der Begierde gerettet und das Ufer des Nirwana erklommen hat. Sein Herz ist gereinigt von aller Befleckung und frei von aller Täuschung. ⁹

„Er ist der Lotosblume gleich, welche im Wasser wächst, ohne daß doch nur ein Tröpfchen an ihren Blättern haftet. ¹⁰

„Der Mann, welcher auf dem edlen Pfade wandelt,

[41. Kapitel]

lebt in der Welt, aber sein Herz ist unbefleckt von weltlichen Begierden.   11

„Wie eine Mutter, selbst unter Gefahr ihres eigenen
Lebens, ihr Kind beschützt, ihr einziges Kind, so übt er
Wohlthaten ohne Maß unter allen Wesen.   12

„Ein Mensch soll sich beständig diesen Zustand seines Gemüthes bewahren, ob er steht oder geht, ob er
wacht oder schläft, ob er an Krankheit leidet oder sich
guter Gesundheit erfreut, ob er lebt oder stirbt: denn
dieser Zustand des Herzens ist der beste in der Welt.   13

„Weit ist der Weg dessen, der die vier edlen Wahrheiten noch nicht begriffen hat. Er muß immer auf's
Neue geboren werden, um durch die Wüste der Unwissenheit mit ihren lockenden Spiegelungen und durch
die Moräste der Sünde zu wandern.   14

„Wir aber haben die vier Wahrheiten erkannt!
Die Nothwendigkeit weiterer Seelenwanderungen und
Verirrungen ist geschwunden. Das ersehnte Ziel ist
erreicht. Die brennende Begierde der Selbstsucht ist
aufgehoben und die Erleuchtung ist gewonnen.   15

„Dies ist wahre Befreiung; dies ist Erlösung. Dies
ist der Himmel und die Seligkeit eines unsterblichen
Lebens.“   16

42. Wunder verboten.

Jyotischka, der Sohn Subhadras, ein Hausvater zu
Rajagriha, hatte eine kostbare Schüssel aus Sandelholz,
die mit Edelsteinen verziert war, zum Geschenk er-
[42. Kapitel]

halten. Diese Schüssel befestigte er auf einer langen
Stange vor seinem Hause mit der Inschrift: „Wenn
ein Schramana, ohne eine Leiter oder eine Hakenstange
zu gebrauchen, diese Schüssel nur durch Zauberkraft
herunterholt, will ich ihm irgend einen seiner Wünsche
erfüllen." [1]

Und die Leute kamen zu dem Gebenedeiten voll
Erstaunen und den Mund voll Lob und sprachen:
„Groß ist der Tathagata. Seine Jünger thun Wunder.
Als Kaschyapa, der Jünger Buddhas, die Schüssel auf
der Stange Jyotischkas sah, streckte er die Hand aus,
nahm sie herab und brachte sie im Triumph nach dem
Wihara." [2]

Als der Gebenedeite vernahm, was geschehen war,
ging er hin zu Kaschyapa und zerbrach die Schüssel,
darauf verbot er seinen Jüngern, Wunder irgend wel=
cher Art zu verrichten. [3]

Bald nach diesem Vorfall ereignete es sich, daß viele
Bhikschus sich zur Regenzeit während einer Hungers=
noth in dem Wriji=Lande aufhielten. Da machte einer
der Bhikschus seinen Brüdern den Vorschlag, sie sollten
einander gegenüber den Hausbesitzern des Dorfes rüh=
men und sagen: „Dieser Bhikschu ist ein Heiliger; und
jener Bhikschu besitzt übernatürliche Gaben; er kann
Wunder wirken." Und die Dorfbewohner sprachen:
„Es ist ein Glück, ein großes Glück für uns, daß heilige
Männer die Regenzeit bei uns verbringen." Und sie
theilten von ihrer Habe gern und reichlich mit, und die

Bhikschus gediehen und litten nicht von der Hungers-
noth.   4

Als der Gebenedeite davon hörte, wies er Ananda
an, die Bhikschus zusammen zu rufen, und er sprach:
„Sagt mir, o ihr Bhikschus, wann hört ein Bhikschu
auf, ein Bhikschu zu sein?"   5

Und Schariputra antwortete: 6

„Ein geweihter Jünger darf keine unkeusche Handlung begehen. Der Jünger, welcher eine unkeusche
Handlung begeht, ist kein Jünger des Schakyamuni
mehr.   7

„Und wiederum darf ein geweihter Jünger nichts
nehmen, außer was ihm gegeben wird. Der Jünger,
welcher etwas nimmt, und wäre es auch nur einen
Heller werth, ist kein Jünger des Schakyamuni mehr. 8

„Und endlich darf ein geweihter Jünger nicht wif-
sentlich und böswillig eine harmlose Creatur des Lebens berauben, nicht einmal einen Wurm der Erde
oder eine Ameise. Der Jünger, welcher wissentlich und
böswillig eine harmlose Creatur ihres Lebens beraubt,
ist kein Jünger des Schakyamuni mehr.   9

„Dieses sind die drei großen Verbote."   10

Und der Gebenedeite redete zu den Bhikschus und
sprach: 11

„Es giebt noch ein anderes großes Gesetz, welches
ich euch verkünde: 12

„Ein geweihter Jünger darf sich nicht einer übermenschlichen Vollkommenheit rühmen. Der Jünger,
welcher mit böser Absicht und aus Habsucht sich einer

[42. Kapitel]

übermenschlichen Vollkommenheit rühmt, sei es himm=
lischer Erscheinungen oder Wunder, ist kein Jünger
Schakyamunis mehr. [13]

„Ich verbiete euch, o Bhikschus, Beschwörungen
und Besprechungen irgend welcher Art. Dieselben sind
nutzlos. Das Gesetz des Karma bestimmt alles. Wer
den Versuch macht, Wunder zu thun, hat die Lehre des
Tathagata nicht verstanden." [14]

43. Die Eitelkeit des Weltsinnes.

Ein Dichter Namens Tsche, welcher das ungetrübte
Auge der Wahrheit erlangt hatte, glaubte an Buddha
und fand in dessen Lehre Frieden der Seele und Trost
in der Stunde der Noth. [1]

Es begab sich, daß eine ansteckende Krankheit durch
das Land ging, wo er wohnte, so daß Viele starben, und
das Volk ward mit Schrecken erfüllt. Die Einen zitter=
ten vor Furcht, und in Vorempfindung ihres Schicksals
erlitten sie, noch ehe sie starben, alle Qualen des Todes,
während die Anderen in Fröhlichkeit ausbrachen und
laut schrieen: „Laßt uns heute fröhlich sein, denn wir
wissen nicht, ob wir morgen noch leben werden!" Doch
war ihr Lachen nicht echte Fröhlichkeit; es war er=
künstelt und gezwungen. [2]

Unter allen diesen weltlichen Menschen, welche mit
Angst erfüllt waren, lebte der buddhistische Dichter, wie
immer ruhig und unbekümmert, Hilfe leistend, wo er

[43. Kapitel]

konnte, und den Kranken dienend, indem er ihre
Schmerzen durch Arzneien linderte und religiösen Trost
spendete.   3

Und ein Mann kam zu ihm und sprach: 4

„Mein Herz ist unruhig, denn ich sehe die Menschen
sterben. Ich gräme mich nicht um Andere, ich bin um
meinetwegen besorgt. Hilf mir; befreie mich von mei=
ner Angst."   5

Und der Dichter sprach: „Hilfe giebt es für den,
welcher Mitleid hat für Andere, aber nicht für den, der
nur an dem eigenen Ich haftet. Schwere Zeiten prüfen
die Seelen der Menschen und lehren sie Gerechtigkeit
und Nächstenliebe. Vermagst du den Jammer um dich
her zu sehen und doch noch voll Selbstsucht zu sein?
Kannst du deine Brüder, Schwestern und Freunde lei=
den sehen und vergißt darüber nicht die Begierden und
Gelüste deines eigenen Herzens?"   6

Als Tsche die Trostlosigkeit in der Seele des ver=
gnügungssüchtigen Mannes wahrnahm, dichtete er
dieses Lied und lehrte es den Brüdern in dem Wihara: 7

„Nimm deine Zuflucht zu Buddha und finde Ruhe im Nirwana,
Alles Andere ist eitel — trostlos und eitel.
Vergebens durchsuchst du die Welt; überall ist Lebensgenuß schal.
Die Welt sammt dem Menschen ist einem Traume gleich, und die
    Hoffnung auf den Himmel ist ein Spiegelbild.   8

Wer weltlich gesinnt ist, sucht nach Vergnügungen und mästet sich
    selbst, wie das Huhn im Käfig.
Aber der Heilige Buddhas schwingt sich auf zur Sonne wie der
    wilde Kranich.

[43. Kapitel]

Das Huhn im Käfig hat seine Nahrung, aber bald wird es im
    Topfe gekocht.
Dem Kranich wird kein Futter gereicht, aber Himmel und Erde
    sind sein."   9

Und der Dichter Tsche sprach: „Schwer ist die Zeit,
sie giebt dem Volke eine Lehre; aber das Volk achtet
nicht darauf." Und er dichtete ein anderes Lied über
die Eitelkeit weltlichen Wesens: 10

„Es ist gut, sich zu bekehren und das Volk zur Bekehrung zu
    ermahnen.
Die Dinge der Welt sind der Vernichtung geweiht.
Andere mühen sich und werden mit Pomp begraben;
Meine Seele, von nichts beirrt, soll rein sein.   11

Den Freuden hängen sie nach und finden keine Befriedigung.
Reichthümer begehren sie und haben nie genug.
Den Puppen sind sie gleich, die von der Schnur gehalten werden;
Wenn die Schnur reißt, fallen sie mit Gepolter herab.   12

Im Reiche des Todes giebt es weder Groß noch Klein;
Weder Gold noch Silber wird gebraucht, noch Edelgestein.
Auch ist kein Unterschied zwischen Hoch und Niedrig,
Und täglich werden die Todten unter den duftigen Rasen gebettet. 13

Sehet die Sonne, wie sie hinter die westlichen Hügel sinkt.
Kaum habt ihr euch zur Ruhe gebettet, so verkündet schon der
    Hahn den wiederkehrenden Morgen.
Bekehret euch heute und wartet nicht, bis es zu spät ist.
Denkt nicht: ‚Es ist noch frühe,' denn schnell entflieht die Zeit. 14

Es ist gut, sich zu bekehren und das Volk zur Bekehrung zu er-
    mahnen.

                                                    [43. Kapitel]

Es ist gut, ein Leben der Gerechtigkeit zu führen und Zuflucht in
    Buddha zu nehmen.

Eure Geistesgaben mögen zum Himmel emporreichen, eure Reich=
    thümer unermeßlich sein —

Alles jedoch ist vergeblich, wenn ihr nicht den Frieden des Nirwana
    erlanget."   15

44. Heimlichthun und Offenheit.

Buddha sprach: „Drei Dingen, o Jünger, ist Heim=
lichthun eigen: der Liebeständelei, der Priesterweisheit
und allen Abirrungen vom Pfade der Wahrheit.   1

„Liebende suchen Verborgenheit und scheuen Offen=
heit. Priester, die im Besitz besonderer Offenbarungen
zu sein vorgeben, suchen Verborgenheit und scheuen
Offenheit. Alle die, welche vom Pfade der Wahrheit
abweichen, suchen Verborgenheit und scheuen Offen=
heit.   2

„Drei Dinge, o Jünger, leuchten vor aller Welt und
können nicht verborgen bleiben. Welches sind diese
drei Dinge?   3

„Der Mond erleuchtet die Welt und kann nicht ver=
borgen bleiben. Die Sonne erleuchtet die Welt und
kann nicht verborgen bleiben. Und die Wahrheit, die
der Tathagata verkündet hat, erleuchtet die Welt und
kann nicht verborgen bleiben.   4

„Diese drei Dinge, o Jünger, erleuchten die Welt
und können nicht verborgen bleiben. Heimlichthun ist
ihnen nicht eigen."   5

[44. Kapitel]

45. Vernichtung des Leidens.

Und Buddha sprach: [1]

„Was, ihr Brüder, ist das Böse und die Wurzel des Bösen, was ist das Gute und die Wurzel des Guten? [2]

„Tödten, wahrlich, ihr Brüder, ist das Böse, Diebstahl ist das Böse, Wolluft ist das Böse, Lügen ist das Böse, Verleumdung ist das Böse, unwirsche Rede ist das Böse, müßiges Geschwätz ist das Böse, Neid ist das Böse, Haß ist das Böse, Irrthümern anzuhängen ist das Böse. Das, ihr Brüder, wird das Böse genannt. [3]

„Und was, ihr Brüder, ist die Wurzel des Bösen? [4]

„Begier ist die Wurzel des Bösen, Haß ist die Wurzel des Bösen, Verblendung ist die Wurzel des Bösen. Das, ihr Brüder, wird die Wurzel des Bösen genannt. [5]

„Was aber, ihr Brüder, ist das Gute? [6]

„Vermeidung des Tödtens ist das Gute, Vermeidung des Diebstahls ist das Gute, Vermeidung der Wolluft ist das Gute, Vermeidung der Lüge ist das Gute, Vermeidung von böser Nachrede ist das Gute, Vermeidung von unwirscher Rede ist das Gute, Vermeidung von müßigem Geschwätz ist das Gute, Vermeidung von Mißgunst und Neid ist das Gute, Vermeidung von Haß ist das Gute, der Wahrheit anzuhängen ist das Gute. Das, ihr Brüder, wird das Gute genannt. [7]

[45. Kapitel]

„Und was, ihr Brüder, ist die Wurzel des Guten?   8

„Freisein von Begier ist die Wurzel des Guten,
Freisein von Haß ist die Wurzel des Guten, Freisein
von Verblendung ist die Wurzel des Guten. Das, ihr
Brüder, wird die Wurzel des Guten genannt."   9

„Was aber, ihr Brüder, ist das Leiden?   10

„Geburt ist Leiden, Alter ist Leiden, Krankheit ist
Leiden, Sterben ist Leiden, Gram und Jammer,
Schmerzen, Trauer und Verzweiflung sind Leiden,
nicht zu erlangen, was man begehrt, ist Leiden — kurz,
die fünf Elemente des Lebensdranges sind Leiden. Das,
ihr Brüder, wird Leiden genannt.   11

„Und was, ihr Brüder, ist die Entstehung des Leidens?   12

„Es ist die Begier, die von Wiedergeburt zu Wiedergeburt führt, die bald von Freude, bald von Schmerz
begleitet ist, die bald da, bald dort sich ergötzt, es ist der
Geschlechtstrieb, der Daseinstrieb, die Selbstsucht. Das,
ihr Brüder, wird die Entstehung des Leidens genannt.   13

„Und was, ihr Brüder, ist die Vernichtung des
Leidens?   14

„Die vollständige Vernichtung ebendieser Begier,
das Verlassen, das Sichlosmachen, die Befreiung, die
Erlösung von ihr: Das, ihr Brüder, wird die Vernichtung des Leidens genannt.   15

„Und welcher Weg, ihr Brüder, führt zur Vernichtung des Leidens?   16

„Zur Vernichtung des Leidens führt der heilige,
achtfache Pfad, der da besteht in rechter Erkenntniß,

[45. Kapitel]

rechtem Entſchluß, rechter Rede, rechtem Thun, rechtem
Leben, rechtem Kämpfen, rechtem Denken, rechtem
Sichverſenken.   17

„Ein edler Jüngling, o ihr Brüder, macht dem Lei=
den ſchon in dieſem Leben ein Ende, wenn er das
Leiden erkennt, die Entſtehung des Leidens und die
Vernichtung des Leidens, wenn er den zur Vernichtung
des Leidens führenden Weg betritt; wenn er die Re=
gungen der Leidenſchaft unterdrückt, das Aufwallen des
Zornes bemeiſtert; wenn er den Dünkel ‚Ich bin‘ von
Grund aus vernichtet, das Nichtwiſſen verläßt und Er=
leuchtung erlangt.“   18

46. Die zehn Gebote.

Buddha ſprach: „Alle Handlungen der lebenden
Weſen werden böſe durch zehn Dinge, und durch Ver=
meiden dieſer zehn Dinge werden ſie gut. Es giebt
drei Sünden des Leibes, vier Sünden der Zunge und
drei Sünden des Herzens.   1

„Die drei Sünden des Leibes ſind Mord, Diebſtahl
und Ehebruch.   2

„Die vier Sünden der Zunge ſind Lüge, Verleum=
dung, Schmähung und eitles Geſchwätz.   3

„Die drei Sünden des Herzens ſind Habſucht, Haß
und Irrthum.   4

„Darum gebe ich euch dieſe Gebote: 5

„1. Tödtet nicht, ſondern bemüht euch, Leben zu er=
halten und zu fördern.   6

„2. Stehlet nicht, noch raubet, sondern helfet Jeder=
mann, die Früchte seiner Arbeit zu ernten.   7

„3. Enthaltet euch aller Unreinheit und führet ein
züchtiges und keusches Leben.   8

„4. Lüget nicht, sondern seid aufrichtig und redet die
Wahrheit, nicht in Schadenfreude, sondern mit lieben=
dem Herzen und in Weisheit.   9

„5. Verleumdet nicht. Tadelt nicht, sondern achtet
auf die guten Seiten eurer Mitmenschen, so daß ihr sie
gegen ihre Feinde vertheidigen könnt.   10

„6. Fluchet nicht, sondern redet mit Anstand und
Würde.   11

„7. Vergeudet nicht die Zeit mit leeren Reden, son=
dern sprecht zur Sache, oder schweigt.   12

„8. Laßt euch nicht gelüsten nach dem, was Andere
besitzen; beneidet sie nicht, sondern freut euch ihres
Wohlergehens.   13

„9. Läutert eure Herzen von Bosheit; treibet allen
Groll und alle Mißgunst aus; nährt keinen Haß, selbst
nicht gegen eure Verleumder und Widersacher; sondern
umfanget alles, was da lebt, mit Güte und Wohl=
wollen.   14

„10. Befreit euren Geist von Unwissenheit und
trachtet darnach, die Wahrheit zu erkennen, besonders
in dem Einen, das noth thut, auf daß ihr nicht dem
Zweifel oder dem Irrthum anheimfallet. Zweifel
wird euch gleichgiltig machen, und Irrthum wird euch
hindern, den edlen Pfad zu finden, der zum ewigen Le=
ben führet.   15

[46. Kapitel]

„Dies sind die Gebote, welche ich euch gebe. [16]

„Außerdem wird der, welcher frommen Sinnes ist, den Upawasatha, oder Sabbath, halten und seine Lust daran haben, den Orden nach Vermögen zu unter=stützen." [17]

Die Neulinge des Ordens kamen zu Buddha und befragten ihn über die Vorschriften, welche sie zu be=folgen hätten, und der Gebenedeite sprach: [18]

„Wer den Pfad betreten will, um sich wahrhaft zu bekehren und ein treuer Jünger Buddhas zu werden, muß vier Dinge befolgen: Erstens muß er Umgang mit den Guten pflegen. Zweitens muß er das Gesetz hören. Drittens muß er Erleuchtung suchen durch Nachdenken, und viertens muß er sich in der Tugend üben. Dies, o ihr Neulinge, sind die vier Stufen des Pfades. [19]

„Und solltet ihr Zweifel hegen über eure Lebens=weise, so gebe ich euch zehn Verhaltungsmaßregeln. [20]

„Dies sind die zehn Verhaltungsmaßregeln für Neu=linge: Meidet jede Zerstörung von Leben; meidet den Diebstahl; meidet Unreinheit; meidet die Lüge; mei=det berauschende Getränke; meidet Essen zur Nachtzeit; meidet Tänze und Schauspiele; meidet Blumenkränze, Wohlgerüche, Salben, Schmuck und Putz; meidet den Gebrauch hoher und breiter Betten; meidet die An=nahme von Gold und Silber. [21]

„Diese Verhaltungsmaßregeln, o ihr Bhikschus, schreibe ich den Neulingen vor." [22]

[46. Kapitel]

47. Die Aufgabe des Predigers.

Und der Gebenedeite sprach zu seinen Jüngern: ¹
„Wenn ich hingegangen sein werde und nicht mehr
zu euch reden kann, um eure Seelen durch religiöse
Worte zu erheben, so erwählet aus eurer Mitte Män=
ner von guter Familie und Erziehung, um an meiner
Statt die Wahrheit zu predigen. Und diese Männer
sollen mit dem Gewande des Tathagata bekleidet wer=
den, sie sollen in der Wohnung des Tathagata zu Hause
sein und die Kanzel des Tathagata einnehmen. ²
„Das Gewand des Tathagata ist erhabene Nachsicht
und Geduld. Die Wohnung des Tathagata ist Barm=
herzigkeit und Liebe zu allen Geschöpfen. Die Kanzel
des Tathagata ist das Verständniß des guten Gesetzes
in seiner philosophischen Bedeutung sowohl, wie in
seiner praktischen Anwendung. ³
„Der Prediger muß die Wahrheit mit furchtlosem
Herzen auslegen. Er muß die Kraft der Ueberzeugung
haben, welche in der Tugend und in strenger Treue
gegen sein Gelübde wurzelt. ⁴
„Der Prediger muß sich innerhalb seines Wirkungs=
kreises halten und muß fest beharren auf seiner Bahn.
Er muß seiner Eitelkeit nicht willfahren dadurch, daß
er Gemeinschaft mit den Großen sucht. Noch muß er
sich mit den Leichtfertigen und Unreinen abgeben. In

Verſuchung ſoll er beſtändig an Buddha denken, und
er wird ſiegen.   5

„Alle, welche kommen, um die Lehre zu hören, muß
der Prediger mit Wohlwollen aufnehmen, und ſeine
Predigt muß frei von Gehäſſigkeit ſein.   6

„Der Prediger ſoll nicht über die Leute ſpotten, oder
andere Prediger tadeln; noch ſoll er Aergerniß ver=
breiten oder bittere Worte weiterreden. Er ſoll nicht
andere Jünger bei Namen nennen, um Ausſetzungen
an ihnen zu machen und ihr Verhalten liebloſem Ur=
theil zu unterziehen.   7

„Angethan mit einem reinen Rock von guter Farbe
und paſſenden Unterkleidern, ſoll er die Kanzel mit un=
tadelhafter Geſinnung und im Frieden mit der ganzen
Welt betreten.   8

„Er ſoll keine Freude haben an Zänkerei, noch ſich
auf Streitfragen einlaſſen, um die Ueberlegenheit ſeines
Geiſtes zu zeigen, ſondern er ſoll ruhig und geſammelt
ſein.   9

„Keine feindſelige Regung ſoll in ſeinem Herzen
Raum finden, und er darf niemals die Geſinnung der
Liebe und Nachſicht gegen alle Geſchöpfe außer Acht
laſſen. Sein einziges Ziel muß ſein, daß alle Geſchöpfe
die Erleuchtung Buddhas erlangen.   10

„Wenn der Prediger ſich ſeinem Beruf mit allem
Eifer hingiebt, wird der Tathagata ihm den ganzen
Umfang des heiligen Geſetzes in ſeiner ganzen Vor=
trefflichkeit offenbaren. Er wird geehrt werden wie
Einer, den der Tathagata geweiht hat. Der Tathagata

[47. Kapitel]

segnet den Prediger sowie die Zuhörer, welche andächtig
und freudig die Lehre vernehmen.   11

„Alle, welche die Wahrheit empfangen, werden
vollkommene Erleuchtung finden. Und wahrlich, so
groß ist die Macht der Lehre, daß oft schon das Lesen
eines einzigen Verses, das Hersagen, Abschreiben oder
Auswendiglernen eines einzigen Satzes genügt, den
Menschen zur Wahrheit zu bekehren und auf den er=
lösenden Pfad der Gerechtigkeit zu leiten.   12

„Wen unreine Leidenschaften beherrschen, der wird
gereinigt werden, wenn er der Stimme lauscht. Wer
von den Thorheiten der Welt geblendet ist, wird Weis=
heit erlangen, wenn er über die Tiefe der Lehre nach=
denkt. Wer vom Zorne bemeistert ist, wird mit Wohl=
wollen und Liebe erfüllt werden, wenn er seine Zuflucht
zu Buddha nimmt.   13

„Voll Thatkraft muß ein Prediger sein, unermüd=
lich, hoffnungsfroh, und nie soll er daran verzweifeln,
endlich Erfolg zu haben.   14

„Er muß einem Manne gleich sein, der nach Wasser
sucht und einen Brunnen im dürren Lande gräbt. So
lange er sieht, daß der Sand trocken und weiß ist, ist er
sich bewußt, daß das Wasser noch in der Tiefe ver=
borgen ist. Er soll aber unbesorgt bleiben und das
Unternehmen nicht als hoffnungslos aufgeben. Die
Arbeit, den trockenen Sand auf die Seite zu schaffen, ist
nothwendig, um tiefer in den Boden zu graben. Und
oftmals ist das Wasser um so kühler, reiner und laben=
der, je tiefer er graben muß.   15

   [47. Kapitel]

„Wenn er nach längerem Graben bemerkt, daß der Sand feucht wird, so nimmt er das als ein gutes Zei= chen an, daß Wasser nahe ist. [16]

„So lange die Menschen auf die Worte der Weisheit nicht achten, weiß der Prediger, daß er tiefer in ihre Herzen graben muß; wenn sie aber anfangen, seinen Worten Aufmerksamkeit zu schenken, merkt er, daß sie bald Erleuchtung erlangen werden. [17]

„Euch, o ihr Männer von guter Familie und Er= ziehung, die ihr das Gelübde auf euch nehmet, die Worte des Tathagata zu predigen, übergiebt, vertraut und befiehlt der Gebenedeite das gute Gesetz der Wahr= heit. [18]

„Empfanget das gute Gesetz der Wahrheit, behaltet es, leset es und leset es wieder, geht ihm auf den Grund, verbreitet es und predigt es allen Creaturen in allen Theilen der Welt. [19]

„Der Tathagata ist nicht habsüchtig, noch engherzig; er ist willens, die vollkommene Erkenntniß Buddhas Allen mitzutheilen, welche bereit und willens sind, sie aufzunehmen. Seid ihr ihm gleich. Ahmet ihm nach und folget seinem Beispiel, indem ihr die Wahrheit reichlich mittheilet, ausleget und verbreitet. [20]

„Schaaret euch zusammen, ihr Hörer, die ihr gerne den segensvollen und trostreichen Worten des Gesetzes lauschet; rüttelt die Ungläubigen auf, die Wahrheit anzunehmen, und erfüllet die Welt mit Wonne und Freude. Hauchet den geistig Todten Leben ein, erbauet sie und erhebet sie höher und höher, bis sie die Wahr=

heit von Angesicht zu Angesicht sehen in all ihrem
Glanz und ihrer unendlichen Herrlichkeit." [21]

Nachdem der Gebenedeite also geredet hatte, sprachen
die Jünger: [22]

„O Erhabener, der du der Güte dich freuest, deren
Wurzel Barmherzigkeit ist, du große Wolke himmlischer Segnungen und wohlwollender Liebe! Du
löschest das Feuer aus, das die lebenden Wesen quält,
du gießest den Nektar des Gesetzes aus, wie einen er-
quickenden Regen. [23]

„Wir wollen thun, was der Tathagata befiehlt.
Wir wollen seine Mahnungen erfüllen. Der Herr wird
uns seinen Geboten gehorsam finden!" [24]

Und dies Gelübde der Jünger ertönte durch alle
Welten, und sein Widerhall kam zurück von den
Bodhisattwas der Zukunft, welche späteren Geschlechtern das gute Gesetz der Wahrheit zu verkünden berufen sind. [25]

Und der Gebenedeite sprach: „Der Tathagata ist
einem mächtigen König gleich, welcher sein Königreich
mit Gerechtigkeit regiert. Angegriffen von neidischen
Feinden zieht er aus, seine Gegner zu bekriegen. Wenn
er seine Krieger kämpfen sieht, erfüllt ihn ihre Tapfer-
keit mit Freude, und er wird sie mit Gaben aller Art
belohnen. [26]

„Ihr seid die Krieger des Tathagata, und Mara,
der Böse, ist der Feind, welcher besiegt werden muß. [27]

„Wenn der Feind besiegt ist, wird der Dharmaraja,
der große König der Wahrheit, seinen Kriegern das

[47. Kapitel]

allerköstlichste Kleinod geben, welches da ist vollkom=
mene Erleuchtung, erhabenste Weisheit und unzerstör=
barer Friede, und er wird ihnen die Stadt Nirwana
geben, die große Hauptstadt des guten Gesetzes." [28]

[47. Kapitel]

Buddha der Lehrer.

48. Das Dharmapada.

Dies ist das Dharmapada, der Weg der Religion, auf
dem alle wandeln, welche Buddha nachfolgen: [1]
Alles, was wir sind, ist die Wirkung dessen, was
wir gedacht; es ist begründet auf unsere Gedanken, es
besteht aus unseren Gedanken. [2]

Selbst thut der Mensch das Böse, selbst leidet ein
Jeder, selbst läßt er das Böse ungethan, selbst nur
kann sich ein Jeder reinigen. Reinheit und Unreinheit
gehören unserem Selbst an, Keiner kann einen Anderen
reinigen. [3]

Du selbst mußt dich anstrengen. Die Tathagatas
sind blos Prediger. Nur wer nachdenkt und den Weg
beschreitet, wird frei von der Knechtschaft Maras werden. [4]

Wer sich nicht aufrafft, wenn es Zeit ist zum Auf-
stehen, wer, obschon jung und stark, voll Trägheit ist,
wer willensschwach und gedankenlos ist, wird niemals
den Weg zur Erleuchtung finden. [5]

Wenn ein Mensch sich selbst achtet, soll er sich sorg-

[48. Kapitel]

fam bewachen; die Wahrheit bewacht den, der sich
selbst bewacht. 6

Wenn ein Mann sich selbst zu dem macht, wozu er
Andere erziehen will, so wird er, da er sich selber be=
zähmt, auch Andere bezähmen; das eigene Selbst zu
überwinden, ist fürwahr schwer. 7

Ein Mann mag in der Schlacht tausendmal tausend
Mann besiegen, so ist doch der, welcher sich selbst be=
siegt, ein größerer Sieger. 8

Es ist die Gewohnheit von Narren, seien sie welt=
lich oder geistlich, zu denken: „Dies ist durch mich ge=
schehen. Laßt Andere mir untergeordnet sein. Hier
oder dort muß ich eine wichtige Rolle spielen." Narren
kümmern sich nicht um die Pflicht, die erfüllt werden
muß, oder das Ziel, das erreicht werden soll, sondern
sie denken in ihrer Eitelkeit nur an ihr Selbst. Alles ist
ihnen nur ein Sockel für das Standbild ihrer eigenen
Persönlichkeit. 9

Böse Thaten und Handlungen, welche schädlich sind,
kann man leicht vollbringen; was wohlthätig und gut
ist, ist schwer. 10

Wenn etwas geschehen soll, thue es und greife es
kräftig an! 11

Ach! Ueber ein Kleines wird dieser Körper auf der
Erde liegen, widrig und empfindungslos wie ein un=
nützer Klotz; doch unsere Gedanken werden fortleben.
Sie werden wieder gedacht werden und Thaten hervor=
bringen. Gute Gedanken werden gute Thaten er=

zeugen, und böse Gedanken werden böse Thaten er=
zeugen.   12

Ernster Sinn ist der Pfad der Unsterblichkeit, Ge=
dankenlosigkeit der Pfad des Todes. Wer das Leben
ernst nimmt, der wird nimmermehr sterben; wer ge=
dankenlos ist, der ist schon so gut wie todt.   13

Wer Wahrheit in der Unwahrheit zu finden ver=
meint und Unwahrheit in der Wahrheit sieht, wird
nie zur Wahrheit gelangen, sondern eitlen Gelüsten
folgen. Diejenigen, welche Wahrheit in der Wahrheit
erkennen und Unwahrheit in der Unwahrheit, gelangen
zur Wahrheit und folgen wahrem Verlangen.   14

Der Regen dringt durch ein schlecht verwahrtes
Dach, die Leidenschaft sickert in ein gedankenloses Ge=
müth. Gleichwie der Regen in ein gut gedecktes Haus
nicht eindringt, so wird auch die Leidenschaft nicht in
ein nachdenkendes Gemüth einziehen.   15

Wer einen Brunnen gräbt, leitet das Wasser, wohin
er will; der Bogenmacher schnitzt den Pfeil; der Zim=
mermann behaut den Baumstamm; weise Leute for=
men sich selbst; sie werden nicht beirrt durch Lob und
Tadel. Nachdem sie dem Gesetz Gehör geschenkt, wer=
den sie stille wie ein tiefer, glatter und ruhiger See. 16

Wenn ein Mann mit bösen Gedanken redet oder
handelt, so wird ihm Schmerz folgen, wie das Rad dem
Fuße des Ochsen folgt, welcher den Wagen zieht.   17

Eine böse That bleibt besser ungethan, denn der
Mensch wird sie später bereuen; eine gute wird besser
gethan, denn wer sie thut, wird keine Reue empfinden. 18

[48. Kapitel]

Hat Jemand gesündigt, so soll er nicht wieder sün=
digen. Er soll nicht seine Luſt an der Sünde finden;
Schmerz iſt die Folge der Sünde. Hat Jemand eine
gute That gethan, so soll er die That wiederholen und
er soll seine Luſt daran haben. Glückseligkeit iſt die
Folge des Guten.   19

Niemand soll leichtfertig über ein Uebel denken und
in seinem Herzen sprechen: „Es wird mir nicht nahe
kommen." Wie durch das Fallen von Waſſertropfen
ein Waſſerkrug gefüllt wird, so wird der Thor voll des
Böſen, obſchon er es nach und nach einſammelt.   20

Niemand soll leichtfertig über ein geringes Gutes
denken und in seinem Herzen sprechen: „Es wird mir
nicht nahe kommen." Wie durch das Fallen von Waſ=
ſertropfen ein Waſſerkrug gefüllt wird, so wird der
Weiſe voll des Guten, obſchon er es nach und nach ein=
ſammelt: 21

Wer nur dem Vergnügen lebt, seine Sinne nicht im
Zaume hält, unmäßig im Eſſen, faul und ſchwach iſt,
den wird Mara, der Böſe, ſicherlich zu Fall bringen,
wie der Wind einen ſchwachen Baum umſtürzt. Wer
aber dem Vergnügen nicht nachjagt, seine Sinne im
Zaume hält, ſich mäßigt im Eſſen, treu und ſtark iſt,
den wird Mara ſicherlich nicht zu Fall bringen, eben=
ſowenig wie der Wind einen Felſen umzuſtürzen ver=
mag.   22

Der Thor, welcher seine Thorheit erkennt, iſt in ſo=
weit wenigſtens weiſe. Aber der Thor, welcher ſich
für weiſe hält, iſt ein Thor fürwahr.   23

[48. Kapitel]

Dem sündigen Menschen erscheint die Sünde süß
wie Honig; sie ist ihm angenehm, so lange sie keine
Frucht trägt; wenn aber ihre Frucht reift, dann er=
kennt er sie als Sünde. Ebenso ist dem guten Menschen
der Dharma eine Last und er erscheint ihm als ein
Uebel, so lange er keine Frucht trägt; aber wenn seine
Frucht reift, erkennt er das Gute des Dharma.   24

Ein Hasser kann einem Hasser viel Schaden zu=
fügen, und ein Feind seinem Feinde; aber ein Mensch
mit falsch geleitetem Sinn wird sich selbst größeres Un=
heil bereiten.   Mutter, Vater und sonstige Verwandte
können Einem viel Gutes thun, aber ein Mensch mit
gut geleitetem Sinn wird sich selbst einen größeren
Dienst erweisen.   25

Ein Mensch, dessen Bosheit sehr groß ist, setzt sich
selbst in den Zustand, in welchem ihn sein Feind zu
sehen wünscht. Er selbst ist sein größter Feind. So
tödtet die Schlingpflanze den Baum, an dem sie sich
emporrankt.   26

Richte deine Gedanken nicht auf das, was Ver=
gnügen bereitet, daß du nicht auszurufen brauchst,
wenn du brennst: „O, welche Qual!" Der böse Mensch
brennt durch seine eigenen Thaten, als würde er von
Feuer verbrannt.   27

Vergnügen verdirbt den Thoren; der Thor ver=
dirbt sich selbst durch seinen Durst nach Vergnügen, als
wäre er sein eigener Feind. Die Felder leiden durch
Stürme und Unkraut: der Mensch wird durch Leiden=

ſchaft, durch Haß, durch Eitelkeit und durch Luſt ge-
ſchädigt. [28]

Laßt den Menſchen niemals bedenken, ob ein Ding
angenehm oder unangenehm iſt. Liebe zum Vergnügen gebärt Leiden, und die Furcht vor dem Schmerz
macht verzagt. Wer frei iſt von Liebe zum Vergnügen
und von Furcht vor dem Schmerz, kennt weder Angſt
noch Leid. [29]

Wer ſich der Eitelkeit und nicht dem Nachdenken
hingiebt, wer den wahren Zweck des Lebens vergißt
und Vergnügungen nachjagt, wird mit der Zeit den
beneiden, der ſich Mühe gegeben hat, nachzudenken. [30]

Die Fehler Anderer ſind leicht zu ſehen, aber die
eigenen ſind ſchwer zu erkennen. Ein Menſch ſichtet
die Fehler ſeines Nächſten wie Spreu, aber die eigenen
Fehler verbirgt er, wie der Betrüger die falſchen Würfel
vor den Spielern verſteckt. [31]

Wenn ein Menſch die Fehler Anderer aufſucht und
an allem Anſtoß nimmt, ſo werden ſeine Leidenſchaften
wachſen, und er iſt noch weit entfernt von der Er-
tödtung ſeiner Selbſtſucht. [32]

Nicht über die Verkehrtheiten Anderer, nicht über
ihre Sünden und Verſäumniſſe, ſondern einzig über
ſeine eigenen Miſſethaten und Verſäumniſſe ſollte der
Weiſe ſich beunruhigen. [33]

Gute Menſchen glänzen von ferne, wie die ſchnee-
bedeckten Gebirge; böſe Menſchen kann man nicht
ſehen, wie die Pfeile, die in der Nacht abgeſchoſſen
werden. [34]

[48. Kapitel]

Wenn ein Mensch dadurch, daß er Anderen Schmerz bereitet, sich selbst Vergnügen machen will, so wird er, verwirrt in den Netzen der Selbstsucht, niemals frei werden von Haß. ³⁵

Ein Mensch soll den Haß durch Liebe besiegen, er soll das Böse durch das Gute überwältigen; er soll den Habsüchtigen durch Freigebigkeit gewinnen, den Lügner durch Wahrheit! ³⁶

Haß wird niemals durch Haß besänftigt; Haß wird nur durch Liebe überwunden; das ist ein altes Gesetz. ³⁷

Rede die Wahrheit; laß Zorn nicht in dir auf= kommen; gieb, wenn du gebeten wirst; dies sind die drei Stufen zur Göttlichkeit. ³⁸

Der Weise bläst die Unreinheiten von seiner Seele ab, wie der Silberschmied die Schlacken des Silbers nach und nach wegbläst, eine nach der anderen. ³⁹

Leite Andere nicht mit Gewalt, sondern durch das Gesetz und mit Billigkeit. ⁴⁰

Wer Tugend und Verstand hat, wer gerecht ist, die Wahrheit spricht und seine Pflicht thut, den wird die Welt hochschätzen. ⁴¹

Wie die Biene den Nektar einsammelt und die Blume verläßt, ohne sie zu schädigen oder ihrer Farbe und ihrem Wohlgeruch Eintrag zu thun, so soll der Weise unter den Menschen wohnen. ⁴²

Wenn der Reisende nicht Seinesgleichen begegnet, noch Einem, der besser ist als er, so setze er festen Schrit=

tes seine Reise einsam fort; mit einem Narren giebt
es keine Gemeinschaft.   43

Die Nacht dünkt dem lang, der wach liegt; eine
Meile erscheint dem Ermüdeten lang; lang ist das
Leben für den Thoren, welcher die wahre Religion
nicht kennt.   44

Besser als eine Frist von hundert Jahren ohne die
höchste Religion, ist ein einziger Tag im Leben eines
Mannes, der die höchste Religion besitzt.   45

Einige legen sich ihren Dharma willkürlich zurecht
und gestalten ihn künstlich; sie stellen schwierige Sätze
auf und bilden sich ein, daß gute Ziele nur durch die
Annahme ihrer Lehren zu erreichen seien. Es giebt
aber nur eine Wahrheit; es giebt in der Welt nicht
verschiedene Wahrheiten. Nach Erwägung aller Lehren haben wir uns mit dem zusammen in das Joch
gespannt, der alle Sünde von sich abgeschüttelt hat.
Aber werden wir im Stande sein, mit ihm zusammen
weiter zu gehen?   46

Der beste Weg ist der achtfache. Das ist der Pfad,
und es giebt keinen anderen, der zur Reinigung der
Vernunft führt. Wandelt auf diesem Wege! Alles
Andere ist ein Betrug Maras, des Versuchers. Wer
auf diesem Wege wandelt, wird dem Schmerz ein Ende
machen! Der Tathagata spricht: „Diesen Weg begann
ich zu predigen, sobald ich die Beseitigung des Dornes
im Fleisch verstand."   47

Nicht durch Gelübde und Ordensdisziplin allein,
und nicht nur durch Gelehrsamkeit kann die Seligkeit

[48. Kapitel]

der Erlösung, welche der Weltmensch nicht kennt, ver=
dient werden. Bhikschu, sei nicht sicher, so lange du
nicht das Auslöschen des Durstes erlangt hast. Das
Auslöschen sündiger Begierden ist die höchste Religion. [48]

Die Gabe der Religion übertrifft alle Gaben; die
Süßigkeit der Religion übertrifft alle Süßigkeit; die
Wonne der Religion übertrifft alle Wonnen; das Ver=
löschen des Durstes besiegt alle Schmerzen. [49]

Wenige giebt es unter den Menschen, welche den
Strom überschreiten und ihr Ziel erreichen. Die großen
Massen laufen auf und ab am Ufer; wer aber seine
Reise vollendet hat, für den giebt es kein Leid mehr. [50]

Wie die Lilie voll süßen Wohlgeruchs und Wonne
auf dem Dünger wächst, so glänzt der Jünger des
wahrhaft erleuchteten Buddha durch seine Weisheit
unter denen, welche dem Dünger gleich sind; er ist
ein Licht unter denen, welche in Finsterniß wandeln. [51]

Lasset uns darum glücklich leben, ohne Haß gegen
diejenigen, welche hassen! Unter Menschen, welche has=
sen, lasset uns wohnen, frei von Haß! [52]

Lasset uns darum glücklich leben, frei von Leiden
unter den Leidenden! Unter Menschen, welche leiden,
lasset uns wohnen, frei von Leiden! [53]

Lasset uns darum glücklich leben, frei von Habgier
unter den Habgierigen! Unter Menschen, welche hab=
gierig sind, lasset uns wohnen, frei von Habgier! [54]

Die Sonne leuchtet hell am Tage, der Mond scheint
bei Nacht, der Krieger prangt in schimmernder Rüstung,
der Denker glänzt durch tiefsinnige Betrachtung; aber

[48. Kapitel]

unter Allen strahlt im hellsten Glanze bei Tag und
Nacht Buddha, der Erweckte, der Heilige, der Gebene=
deite.   55

49. Die beiden Brahmanen.

Als einst der Gebenedeite durch Kosala reiste, kam
er nach Manasakrita, einem brahmanischen Flecken.
Dort blieb er in einem Mangowäldchen.   1

Und zwei Brahmanen kamen zu ihm, die verschie=
denen Schulen angehörten. Der eine hieß Wasischtha
und der andere Bharadwaja. Und Wasischtha sprach
zu dem Gebenedeiten: 2

„Wir sind im Streite über den wahren Pfad. Ich
behaupte, daß der gerade Pfad, welcher zur Vereinigung
mit Brahma führt, derjenige ist, welchen der Brahmane
Pauschkarasadi angekündigt hat, während mein Freund
sagt, daß der gerade Pfad, welcher zur Vereinigung
mit Brahma führt, derjenige sei, welchen der Brah=
mane Tarukschya angekündigt hat.   3

„In Würdigung deines hohen Rufes, o Schramana,
kommen wir zu dir. Da wir gehört haben, daß du der
Erleuchtete genannt wirst, der Lehrer von Menschen
und Göttern, der gesegnete Buddha, fragen wir dich,
ob alle diese Wege Pfade der Erlösung sind? Es giebt
um unseren Flecken viele Wege, und alle führen nach
Manasakrita. Ist es gerade so auch mit den Pfaden
der Brahmanen? Sind alle Wege Pfade der Er=
lösung?"   4

Und der Gebenedeite legte den beiden Brahmanen
diese Frage vor: „Dünket euch, daß alle Pfade recht
sind?"   5

Beide antworteten und sprachen: „Ja, Gautama,
so dünkt es uns."   6

„Aber sagt mir," fuhr Buddha fort, „hat irgend
einer der Brahmanen, der in den Wedas bewandert ist,
Brahma von Angesicht zu Angesicht gesehen?"   7

„Nein, Herr!" war die Antwort.   8

„Nun denn," sprach der Gebenedeite, „hat irgend
ein Lehrer der Brahmanen, der in den Wedas bewandert ist, Brahma von Angesicht zu Angesicht gesehen?"   9

Die beiden Brahmanen sprachen: „Nein Herr!"   10

„Nun denn," sprach der Gebenedeite, „hat irgend
einer der Verfasser der Wedas Brahma von Angesicht
zu Angesicht gesehen?"   11

Wieder verneinten die beiden Brahmanen die Frage
und der Gebenedeite legte ihnen ein Beispiel vor und
sprach: 12

„Denkt euch, daß ein Mann an einem Kreuzweg eine
Treppe zu bauen beginnt, welche nach einer Wohnung
emporführen soll; und die Leute fragen ihn: ‚Wo,
guter Freund, ist die Wohnung, für welche du diese
Treppe bauest, weißt du, ob sie im Osten, oder im
Süden, im Westen oder im Norden ist? Ob sie hoch
oder niedrig oder von mittlerer Größe ist?' Wenn er,
also befragt, antwortet: ‚Ich weiß es nicht,' würden
die Leute zu ihm sagen: ‚Dann aber, guter Freund,

[49. Kapitel]

bauſt du eine Treppe, und meinſt, daß ſie in eine Woh=
nung emporführen ſoll, von welcher du gar nichts
weißt und nichts geſehen haſt.‘ Er wiederum, alſo be=
fragt, würde antworten: ,Allerdings, das thue ich.‘
Was würdet ihr von einem ſolchen Manne denken?
Würdet ihr nicht ſagen, daß ſein Gerede eitel Ge=
ſchwätz iſt?“   13

„Wahrlich, Gautama,“ ſagten die beiden Brah=
manen, „es würde eitel Geſchwätz ſein.“   14

Der Gebenedeite fuhr fort: „Dann ſollten die Brah=
manen ſagen: ,Wir zeigen euch den Weg zu einer Ver=
einigung mit etwas, von dem wir nichts wiſſen und
nichts geſehen haben.‘ Wenn dies der Kern der brahma=
niſchen Lehre iſt, geht daraus nicht hervor, daß ihr
Unterfangen eitel iſt?“   15

„Es geht daraus hervor,“ erwiderte Bharadwaja. 16

Da ſprach der Gebenedeite: „Alſo iſt es unmöglich,
daß die Brahmanen, welche in den drei Wedas be=
wandert ſind, im Stande ſein ſollten, uns den Weg zu
irgend einer Art Vereinigung mit dem zu weiſen, von
dem ſie weder etwas wiſſen, noch etwas geſehen haben.
Sie ſind gerade wie eine Reihe Blinder, in der ſich einer
an den anderen klammert. Weder kann der vorderſte
ſehen, noch können die mittleren ſehen, noch kann der
letzte ſehen. Ebenſo ſcheint mir das Gerede der Brah=
manen, welche in den drei Wedas bewandert ſind, aus
bloßen Worten zu beſtehen; es iſt inhaltsleer und eitel
Geſchwätz.“   17

„Nehmt nun an,“ fügte der Gebenedeite hinzu,

„daß ein Mann hierher kommen sollte an das Ufer
des Flusses, und da er auf der anderen Seite etwas zu
besorgen hätte, wollte er übersehen. Glaubet ihr, wenn
er das andere Ufer des Flusses anrufen würde, zu ihm
herüber zu kommen auf diese Seite, daß das Ufer kom=
men würde, seines Flehens halber?" 18

„Sicherlich nicht, Gautama." 19

„Und doch ist dieses die Weise der Brahmanen. Sie
versäumen die Uebung derjenigen Eigenschaften, welche
einen Mann wirklich zum Brahmanen machen, und
sagen: ‚Indra, wir flehen dich an; Soma, wir flehen
dich an; Varuna, wir flehen dich an; Brahma, wir
flehen dich an.' Es ist wahrlich nicht möglich, daß diese
Brahmanen, wegen ihrer Anrufungen, Gebete und
Lobpreisungen, nach dem Tode mit Brahma vereinigt
werden sollten." 20

„Nun sagt mir," fuhr Buddha fort, „was sagen die
Brahmanen von Brahma? Ist sein Gemüth voller
Lust?" 21

Und als die Brahmanen die Frage verneinten,
fragte Buddha wiederum: „Ist Brahmas Gemüth
voller Bosheit, Faulheit oder Stolz?" 22

„Nein, Herr!" war die Antwort. 23

Und Buddha fuhr fort: „Sind aber die Brahmanen
frei von diesen Lastern?" 24

„Nein, Herr!" sagte Wasischtha. 25

Der Gebenedeite sprach: „Die Brahmanen hängen
an den fünf Dingen, welche zur Weltlichkeit führen,
und geben der Versuchung der Sinne nach; sie sind

[49. Kapitel]

verwirrt durch die fünf Hindernisse: Lust, Bosheit, Trägheit, Stolz und Zweifel. Wie können sie vereinigt werden mit dem, was ihrer Natur am unähnlichsten ist? Deshalb ist die dreifache Weisheit der Brahmanen eine wasserlose Wüste, ein pfadloses Dickicht, eine unsagbare Verwirrung." [26]

Nachdem Buddha also geredet hatte, sprach einer der Brahmanen: „Es ist uns gesagt worden, Gautama, daß der Schakyamuni einen Pfad zu einer Vereinigung mit Brahma kennt." [27]

Und der Gebenedeite sprach: „Was haltet ihr, o Brahmanen, von einem Manne, der in Manasakrita geboren und auferzogen ist? Würde er im Geringsten im Zweifel sein über den geraden Weg von diesem Platz nach Manasakrita?" [28]

„Gewiß nicht, Gautama." [29]

Buddha erwiderte: „Ebenso kennt der Tathagata den geraden Pfad, der zur Vereinigung mit Brahma führt. Er kennt ihn als Einer, welcher in die Welt Brahmas eingegangen ist, wie Einer, welcher darin geboren wurde. Es kann kein Zweifel an ihm bestehen." [30]

Und die beiden Brahmanen sprachen: „Wenn du den Weg kennst, so zeige ihn uns." [31]

Und Buddha sprach: [32]

„Der Tathagata sieht das All von Angesicht zu Angesicht und versteht dessen Natur. Er verkündet die Wahrheit, sowohl dem Buchstaben wie dem Geiste nach, und seine Lehre ist lieblich in ihrem Anfang, in

[49. Kapitel]

ihrem Fortgang und in ihrer Vollendung. Der Catha=
gata offenbart das höhere Leben in seiner Reinheit
und Vollkommenheit.   33

„Der Cathagata erfüllt durch seinen Geist die vier
Enden der Welt mit Gedanken der Liebe. Und so
wird die ganze weite Welt, oben und unten und rings=
umher, mit Liebe erfüllt werden, mit einer weitgehen=
den, gewaltigen und unermeßlichen Liebe.   34

„Ebenso wie ein Posaunenbläser nach allen vier
Himmelsgegenden hin mächtige Töne erschallen läßt,
und zwar ohne Mühe: so ist auch das Kommen des
Cathagata. Es giebt kein lebendes Wesen, an dem der
Cathagata vorüber geht, oder das er zur Seite liegen
läßt, sondern er umfaßt sie alle mit vorurtheilsfreiem
Gemüth und tiefempfundenem Wohlwollen.   35

„Und dies ist das Zeichen, daß ein Mensch den
rechten Pfad verfolgt: Aufrichtigkeit ist seine Lust, und
er sieht Gefahr in dem geringsten Dinge, welches er
vermeiden sollte. Er übt sich in den Gesetzen der Sitt=
lichkeit; er umgiebt sich mit Heiligkeit in Wort und
Werk; er erwirbt sich seinen Lebensunterhalt durch
Mittel, welche untadelhaft sind; sein Verhalten ist gut,
und bewacht sind die Thore seiner Sinne; achtsam und
besonnen, ist er vollkommen glücklich.   36

„Wer auf dem achtfachen edlen Pfade wandelt mit
unerschütterlicher Festigkeit, ist sicher, das Nirwana zu
erreichen. Der Cathagata wacht mit Besorgniß über
seinen Kindern und hilft ihnen mit liebevoller Sorgfalt,
das Licht zu finden.   37

[49. Kapitel]

„Wenn eine Henne über acht, oder zehn, oder zwölf Eiern in der gehörigen Weise gebrütet hat, so erwacht der Wunsch in ihrem Herzen: ,O, daß meine kleinen Küchlein die Eierschalen mit ihren Klauen oder mit ihren Schnäbeln durchbrächen und glücklich ans Tages= licht kämen.' Indessen ist es gewiß, daß die kleinen Küchlein die Eierschalen durchbrechen und glücklich ans Tageslicht kommen werden. Ebenso wird ein Bruder, der festen Entschlusses den edlen Pfad wandelt, sicher zum Licht durchdringen, sicher zur höheren Weisheit sich emporschwingen, sicher die höchste Erleuchtung er= langen." ³⁸

50. Die sechs Richtungen.

Als der Gebenedeite sich in dem Bambuswäldchen bei Rajagriha aufhielt, begegnete er eines Tages auf seinem Wege dem Srigala, einem Hausvater, welcher mit gefalteten Händen sich nach den vier Himmelsgegen= den kehrte, nach Osten, Westen, Süden und Norden, gegen den Zenith nach oben und gegen den Nadir nach unten. Und der Gebenedeite, der wußte, daß dies nach einem überlieferten Aberglauben geschah, wonach dadurch Uebel abgewendet werden sollte, fragte Srigala: „Wes= halb beobachtest du diese wunderlichen Gebräuche?" ¹

Und Srigala erwiderte: „Hältst du es für wunder= lich, daß ich mein Haus gegen die Einflüsse böser Geister schütze? Ich weiß wohl, daß du mir gerne erwidern

möchteſt, o Gautama Schakyamuni, den die Leute den
Tathagata und geſegneten Buddha nennen, daß Be-
ſchwörungen nichts nützen und keine erlöſende Kraft
beſitzen. Aber höre mich an und wiſſe, daß ich durch
Beobachtung dieſer Ceremonie die Worte meines Vaters achte, ehre und heilig halte." ²

Da ſprach der Tathagata: ³

„Du thuſt wohl daran, o Srigala, die Worte deines
Vaters zu achten, zu ehren und heilig zu halten, und
es iſt deine Pflicht, deine Heimath, dein Weib, deine
Kinder und Kindeskinder gegen die verderblichen Ein-
flüſſe böſer Geiſter zu ſchützen. Ich table nicht, daß du
den Brauch deines Vaters beobachteſt, aber ich finde,
daß du den Brauch nicht verſtehſt. Laß den Tathagata,
der jetzt als ein geiſtiger Vater mit dir redet und der
dich nicht weniger liebt, als deine Eltern gethan, dir
die Bedeutung der ſechs Richtungen erklären. ⁴

„Dein Heim durch geheimnißvolle Geberden zu
ſchützen, genügt nicht; du mußt es durch gute Thaten
ſchützen. Wende dich gegen deine Eltern im Oſten, gegen deine Lehrer im Süden, gegen dein Weib und deine
Kinder im Weſten, gegen deine Freunde im Norden
und ordne den Zenith deiner religiöſen Verpflichtungen
über dir und den Nadir deiner Untergebenen unter dir. ⁵

„Dieſes iſt die Religion, von der dein Vater wünſcht,
daß du ſie habeſt, und die Beobachtung des Brauches
ſoll dich an deine Pflichten mahnen." ⁶

Und Srigala ſah auf zu dem Gebenedeiten mit
Ehrfurcht, wie zu ſeinem Vater, und ſprach: „Wahr-

[50. Kapitel]

lich, Gautama, du bist Buddha, der Gebenedeite, der
heilige Lehrer. Ich verstand nie, was ich that, nun
verstehe ich es. Wie Einer, der eine Lampe in die
Finsterniß bringt, hast du mir die Wahrheit offenbart,
die verborgen war. Ich nehme meine Zuflucht zu dem
erleuchteten Lehrer, zu der Wahrheit, die erleuchtet, und
zu der Gemeinschaft der Brüder, welche die Wahrheit
gefunden haben."   7

51. Simhas Frage.

Einst saßen viele hervorragende Bürger zusammen
und priesen den Buddha, den Dharma und den Sangha
in mancherlei Weise. Und Simha, der oberste Feldherr
des Königs, ein Anhänger der Nirgrantha-Sekte, saß
unter ihnen. Und Simha dachte bei sich selbst: „Fürwahr, der Gebenedeite muß Buddha sein, der Heilige.
Ich will hingehen und ihn besuchen.   1

Da begab sich Simha, der Feldherr, zu dem Oberhaupt der Nirgrantha-Sekte, Inyataputra, und sprach:
„Herr, ich wollte gerne den Schramana Gautama besuchen."   2

Inyataputra sprach: „Warum wolltest du, o Simha,
der du an die Folgen der Handlungen nach ihrem sittlichen Verdienst glaubst, hingehen und den Schramana
Gautama besuchen, der die Folgen der Handlungen
leugnet? Der Schramana Gautama, o Simha, leugnet die Folgen der Handlungen; er predigt die Lehre

vom Nichthandeln, und in dieser Lehre übt er seine
Jünger."   3

Dadurch wurde das Verlangen, den Gebenedeiten
zu besuchen, das in Simha, dem Feldherrn, entstanden
war, abgeschwächt.   4

Als Simha aber wiederum das Lob des Buddha,
des Dharma und des Sangha vernahm, fragte er das
Oberhaupt der Nirgranthas zum zweiten Male, und
wiederum überredete ihn Inyataputra, nicht hinzu=
gehen.   5

Als nun der Feldherr zum dritten Male einige
vornehme Männer das Verdienst des Buddha, des
Dharma und des Sangha rühmen hörte, dachte er bei
sich: „Wahrlich, der Schramana Gautama muß der
heilige Buddha sein. Was sind mir die Nirgranthas?
Ob sie ihre Einwilligung geben oder nicht, ich werde
ohne ihre Erlaubniß hingehen und den Gebenedeiten,
den heiligen Buddha, besuchen."   6

Und Simha, der Feldherr, sprach zu dem Gebene=
deiten: „Ich habe vernommen, o Herr, daß der Schra=
mana Gautama die Folgen des Handelns leugnet, daß
er Nichthandeln lehrt und spricht, den Handlungen
lebender Wesen wird nicht ihr Verdienst. Er lehrt Ver=
nichtung und die Verächtlichkeit aller Dinge und übt
seine Jünger in dieser Lehre. Lehrst du die Vernichtung
der Seele und das Wegbrennen von dem, was das
Wesentlichste des Menschen ist? Ich bitte dich, o Herr,
sage mir, sprechen die, welche also reden, die Wahrheit,
oder legen sie falsches Zeugniß ab wider den Gebene=

[51. Kapitel]

deiten und geben einen unechten Dharma für seine Re=
ligion aus?"   7

Der Gebenedeite sprach: 8

„Einerseits, o Simha, reden die, welche also sprechen,
die Wahrheit von mir; andererseits jedoch würde auch
das Gegentheil zutreffen. Höre und ich will es dir er=
klären: 9

„Ich lehre, o Simha, das Nichtthun solcher Hand=
lungen, die ungerecht sind in That, Wort oder Ge=
danken; ich lehre das Nichtschaffen solcher Zustände
des Herzens, welche böse sind und nicht gut. Ich lehre
jedoch das Thun solcher Handlungen, welche gerecht
sind in That, Wort und Gedanken; ich lehre das
Schaffen solcher Zustände des Herzens, welche gut sind
und nicht böse.   10

„Ich lehre, daß alle die Zustände des Herzens,
welche böse sind und nicht gut, alle Ungerechtigkeiten
in That, Wort und Gedanken weggebrannt werden
müssen. Derjenige, o Simha, der sich freigemacht hat
von allen Zuständen des Herzens, welche böse sind und
nicht gut, welcher dieselben ausreißt, wie einen ent=
wurzelten Palmbaum, so daß sie nicht wieder empor=
wachsen können, ein solcher Mann hat das Austilgen
des Selbst erreicht.   11

„Ich verkünde, o Simha, die Tilgung der Selbst=
sucht, der Lust, des Uebelwollens, der Verblendung.
Ich verkünde jedoch nicht die Vernichtung der Geduld,
der Liebe, der Barmherzigkeit und der Wahrheit.   12

„Ich halte ungerechte Handlungen für verabscheu=

enswerth, o Simha, ob sie durch die That geschehen, durch Worte oder Gedanken; aber ich halte Tugend und Gerechtigkeit für lobenswerth." 13

Und Simha sprach: „Noch bleibt mir im Herzen ein Zweifel zurück in Betreff der Lehre des Gebenedeiten. Möchte der Tathagata sich herbeilassen, den Nebel aus dem Wege zu räumen, daß ich den Dharma verstehen möge, wie der Gebenedeite ihn lehrt." 14

Nachdem der Tathagata seine Zustimmung gegeben, sprach Simha: „Ich bin ein Krieger, o Gebenedeiter, und bin vom König ernannt, seinen Gesetzen Geltung zu verschaffen und seine Kriege zu führen. Erlaubt der Tathagata, welcher Güte ohne Maß lehrt und Barmherzigkeit gegen alle Leidenden, die Bestrafung des Verbrechers? Und weiter erklärt der Tathagata, daß es Unrecht ist, in den Krieg zu ziehen, zur Beschützung unseres Herdes, unserer Weiber, unserer Kinder und unseres Eigenthums? Lehrt der Tathagata eine völlige Selbstergebung, so daß ich dem Uebelthäter gestatten soll, zu thun, was ihm beliebt, und daß ich unterwürfig dem nachgeben soll, welcher droht, mir mein Eigen mit Gewalt zu nehmen? Sagt der Tathagata, daß jeder Kampf, auch die Kriegführung, welche einer gerechten Sache gilt, unrecht ist?" 15

Buddha erwiderte: „Der Tathagata erklärt: Wer Strafe verdient, muß bestraft werden, und wer Gunst verdient, muß begünstigt werden. Aber gleichzeitig lehrt er, keinem lebenden Wesen Schaden zuzufügen, sondern voll Liebe und Güte zu sein. Diese Vor=

[51. Kapitel]

schriften widersprechen einander nicht, denn wer seiner
Verbrechen wegen bestraft werden muß, erleidet seinen
Schaden nicht durch das Uebelwollen des Richters, son=
dern in Folge seiner bösen Thaten. Seine eigenen
Handlungen haben die Strafe über ihn gebracht, welche
der Vollzieher des Gesetzes über ihn verhängt. Wenn
ein Richter straft, so soll er keinen Haß in seinem Her=
zen hegen; der Mörder jedoch, wenn er die Todesstrafe
erleidet, sollte bedenken, daß dies die Frucht seines eige=
nen Thuns ist. Sobald er versteht, daß die Strafe seine
Seele läutert, wird er sein Schicksal nicht länger be=
klagen, sondern darüber frohlocken." 16

Und der Gebenedeite fuhr fort: „Der Tathagata
lehrt, daß alle Kriegführung, bei welcher der Mensch
bestrebt ist, seinen Bruder zu tödten, zu beklagen ist;
aber er lehrt nicht, daß diejenigen, welche in den Krieg
ziehen für eine gerechte Sache, nachdem sie alle Mittel
aufgeboten haben, den Frieden zu erhalten, tadelns=
werth sind. Wer Krieg verursacht, der ist zu tadeln. 17

„Der Tathagata lehrt ein völliges Selbstaufgeben,
aber er lehrt nicht die Unterwerfung unter böse Mächte,
seien es Menschen, oder Götter, oder Naturkräfte.
Kampf muß sein, denn alles Leben ist ein Kampf
irgend welcher Art. Aber derjenige, welcher kämpft,
soll zusehen, daß er nicht im Interesse des Selbst kämpft
gegen Wahrheit und Gerechtigkeit. 18

„Derjenige, welcher im Interesse des Selbst kämpft,
so daß er selbst groß, oder mächtig, oder reich, oder be=
rühmt werden möge, wird keinen Lohn haben, wer aber

für Gerechtigkeit und Wahrheit kämpft, wird großen
Lohn haben, denn selbst wenn er unterliegt, wird er
siegen.   19

„Das Selbst ist kein geeignetes Gefäß für großen
Erfolg; das Selbst ist klein und zerbrechlich, und sein
Inhalt wird bald verschüttet werden zum Vortheil und
vielleicht auch zum Fluch Anderer.   20

„Die Wahrheit aber ist groß genug, das Streben
und die Arbeit aller Menschen in sich aufzunehmen,
und wenn die Einzelexistenzen vergehen wie Seifen-
blasen, die in nichts zerplatzen, so wird ihr Inhalt erhalten bleiben, und in der Wahrheit werden sie ein
ewiges Dasein führen.   21

„Wer in den Krieg zieht, o Simha, sei es selbst für
eine gerechte Sache, muß darauf gefaßt sein, von den
Feinden getödtet zu werden, denn das ist das Loos der
Krieger, und wenn sein Schicksal ihn ereilen sollte, so
hat er keine Ursache, sich zu beklagen.   22

„Aber wer siegreich ist, sollte der Unbeständigkeit
der irdischen Dinge gedenken. Sein Erfolg mag groß
sein, aber sei er noch so groß, so kann doch das Rad des
Lebens sich wieder wenden und ihn niederwerfen in
den Staub.   23

„Wenn sich ein Sieger mäßigt, allen Haß im Herzen erstickt, den niedergetretenen Feind aufhebt und zu
ihm spricht: ‚Komm nun und mach Frieden, und
laß uns Brüder sein!' so wird er einen Sieg davon-
tragen, der nicht ein vorübergehender Erfolg ist, denn
seine Früchte werden bleiben immer und ewiglich.   24

[51. Kapitel]

„Groß ift ein erfolgreicher Feldherr, o Simha, aber wer das Selbſt bezwungen hat, ift der größte Sieger. 25

„Die Lehre von der Selbſtbezwingung, o Simha, wird nicht gelehrt, um die Seelen der Menſchen zu ver= derben, ſondern ſie zu erhalten. Wer das Selbſt beſiegt, ift fähiger zu leben, erfolgreich zu ſein und Siege zu er= ringen, als wer der Sklave des Selbſt ift. 26

„Wer frei ift von der Täuſchung des Selbſt, wird ſtehen bleiben und nicht fallen in dem Kampfe des Lebens. 27

„Wer Rechtſchaffenheit und Gerechtigkeit erſtrebt, wird keinen Mißerfolg haben; ſeine Unternehmungen werden gelingen, und ſein Erfolg wird ein dauernder ſein. 28

„Wer in ſeinem Herzen Liebe zur Wahrheit be= herbergt, wird leben und nicht ſterben, denn er hat von dem Waſſer der Unſterblichkeit getrunken. 29

„Kämpfe darum muthig, o Feldherr, und ſchlage deine Schlachten mit Kraft; ſei aber ein Streiter der Wahrheit, und der Tathagata wird dich ſegnen." 30

Als der Gebenedeite alſo geredet hatte, ſprach Simha, der Heerführer: „Ruhmreicher Herr! ruhmreicher Herr! Du haſt die Wahrheit geoffenbaret! Erhaben ift die Lehre des Gebenedeiten. Du biſt wahrlich der Buddha, der Tathagata, der Heilige. Du biſt der Lehrer der Menſchheit. Du zeigeſt uns den Weg der Erlöſung, denn dies ift in der That wahre Errettung. Wer dir nachfolgt, wird das Licht erblicken, das ſeinen Pfad erhellt. Er wird Seligkeit und Frieden finden. Ich

[5l. Kapitel]

nehme meine Zuflucht, o Herr, zu dem Gebenedeiten, zu seiner Lehre und zu seiner Brüderschaft. Möge der Gebenedeite mich annehmen als einen Jünger, der seine Zuflucht zu ihm genommen, von diesem Tage an, so lange mein Leben währt." 31

Und der Gebenedeite sprach: „Bedenke zuerst, o Simha, was du thust. Es schickt sich, daß Leute von Ansehen wie du nichts thun ohne angemessene Erwägung." 32

Simhas Vertrauen zu dem Gebenedeiten nahm zu. Er erwiderte: „Hätten andere Lehrer, o Herr, mich zu ihrem Jünger zu machen vermocht, so würden sie ihre Banner durch die ganze Stadt Waischali tragen und ausrufen: ‚Simha, der Feldherr, ist unser Jünger geworden!' Ich habe alles gründlich erwogen. Zum zweiten Male darum, o Herr, nehme ich meine Zuflucht zu dem Gebenedeiten, zu dem Dharma und zu dem Sangha; möge der Gebenedeite mich annehmen als einen Jünger, der seine Zuflucht zu ihm genommen, von diesem Tage an, so lange mein Leben währt." 33

Da sprach der Gebenedeite: „Während einer langen Zeit, o Simha, sind in deinem Hause den Nirgranthas Gaben dargereicht worden. Du solltest es deshalb für billig erachten, auch in der Zukunft ihnen Nahrung zu reichen, wenn sie auf ihren Almosenfahrten zu dir kommen." 34

Und Simhas Herz ward der Freude voll. Er sprach: „Es ist mir gesagt worden, o Herr: ‚Der Schramana Gautama spricht: „Mir allein, und keinem Anderen,

follen Gaben gereicht werden. Meine Jünger nur,
und die Jünger keines Anderen, follten Almofen em=
pfangen." Nun aber mahnt mich der Gebenedeite,
auch den Nirgranthas zu geben. Gut, erhabener Herr,
ich will alles erwägen und thun, was recht ift. Zum
dritten Male, o Herr, nehme ich meine Zuflucht zu
dem Gebenedeiten, zu feinem Dharma und zu feinem
Sangha." ³⁵

52. Alles ift geiftig.

Unter dem Gefolge des Simha war ein Befehls=
haber, welcher die Unterredung zwifchen dem Gebene=
deiten und dem Feldherrn erfahren hatte, und in feinem
Herzen war Zweifel zurückgeblieben. ¹

Diefer Mann kam zu dem Gebenedeiten und fprach:
„Es geht das Gerücht, o Herr, daß der Schramana
Gautama die Exiftenz der Seele leugnet. Reden die=
jenigen, welche alfo fprechen, die Wahrheit, oder geben
fie falfches Zeugniß wider den Gebenedeiten?" ²

Und der Gebenedeite fprach: „Gewiffermaßen fagt
der, welcher alfo fpricht, die Wahrheit von mir; an=
dererfeits giebt es eine Auffaffung, in welcher er diefe
Behauptung nicht aufrecht erhalten kann. ³

„Einerfeits lehrt der Tathagata, daß es kein Selbft
giebt. Wer da fagt, daß die Seele ein abgefondertes
Selbft ift, und daß diefes Selbft der Denker unferer Ge=
danken und der Thäter unferer Handlungen fei, lehrt

eine falsche Lehre, welche zur Verwirrung und ins
Verderben führt.   4

„Andererseits lehrt der Tathagata, daß Empfinden,
Wollen und Denken — kurz, das Geistige — wirklich
ist. Wer unter Seele das Empfinden, Wollen und
Denken, oder das Geistige, versteht und sagt, daß die
Seele vorhanden ist, lehrt die Wahrheit, welche zur
Klarheit und zur Erleuchtung führt."   5

Der Befehlshaber sprach: „Behauptet also der Tathagata, daß es zwei verschiedene Dinge giebt, das,
was wir durch unsere Sinne wahrnehmen, und das,
was geistig ist?"   6

Da sprach der Gebenedeite: „Wahrlich, ich sage dir,
dein Gemüth ist geistig, aber das, was du mit deinen
Sinnen wahrnimmst, ist auch geistig. Es ist nichts in
der Welt oder außerhalb derselben, welches entweder
nicht geistig ist, oder nicht geistig werden kann. Geistig-
keit ist in allem Sein, und selbst die Erde, auf der wir
stehen, kann in Kinder der Wahrheit verwandelt werden."   7

53. Identität der Persönlichkeit.

Kutadanta, das Oberhaupt der Brahmanen in dem
Dorfe Danamati, nahte sich dem Gebenedeiten ehrerbietig, begrüßte ihn und sprach: „Man sagt, o
Schramana, daß du Buddha seiest, der Heilige, der Allwissende, der Herr der Welt. Wenn du aber Buddha
[53. Kapitel]

wäreſt, würdeſt du nicht wie ein König kommen in all
deiner Herrlichkeit und Macht?"   1

Da ſprach der Gebenedeite: „Deine Augen ſind ge=
halten. Wenn das Auge deines Geiſtes ungetrübt
wäre, ſo könnteſt du die Herrlichkeit und Macht der
Wahrheit erkennen."   2

Kutadanta erwiderte: „Zeige mir die Wahrheit
und ich werde ſie erkennen. Aber deine Lehre iſt wider=
ſprechend. Wenn ſie mit ſich ſelbſt übereinſtimmte,
würde ſie beſtehen; doch da ſie ſich widerſpricht, wird
ſie vergehen."   3

Der Gebenedeite antwortete: „Die Wahrheit wird
niemals vergehen."   4

Kutadanta ſprach: „Man ſagt, du lehreſt das Geſetz
der Religion, aber du brichſt es nieder. Deine Jünger
verachten fromme Gebräuche und unterlaſſen Opfer,
aber Verehrung der Götter kann nur durch Opfer dar=
gethan werden; denn Gottesverehrung und Opfer=
gaben ſind das Weſen der Religion."   5

Da ſprach Buddha: „Größer als das Opfern von
Ochſen iſt das Aufgeben der Selbſtſucht. Wer den Göt=
tern ſeine ſündigen Begierden opfert, wird die Nutzloſig=
keit des Schlachtens von Thieren auf dem Altar er=
kennen. Blut hat keine reinigende Kraft, aber die
Ausrottung der Luſt wird das Herz rein machen. Beſſer
als die Verehrung der Götter iſt die Beobachtung des
Geſetzes der Gerechtigkeit."   6

Kutadanta, welcher religiös geſinnt und um die
Zukunft ſeiner Seele beſorgt war, hatte zahlloſe Opfer

[55. Kapitel]

dargebracht. Nun erkannte er die Thorheit der Ver=
söhnung durch Blut. Da er aber von der Lehre des
Cathagata noch nicht ganz zufriedengestellt war, fuhr
Kutadanta fort: „Du glaubst, o Meister, daß die
Seele aufs Neue geboren wird, daß sie im Leben von
Stufe zu Stufe wandert, und daß wir, da wir dem Ge=
setz des Karma unterworfen sind, ernten müssen, was
wir säen. Und doch lehrst du das Nichtsein der Seele!
Deine Jünger preisen gänzliches Verlöschen des Selbst
als die höchste Seligkeit des Nirwana. Wenn ich nichts
weiter bin als eine Zusammensetzung von Samskaras,
den Anlagen, aus denen der Organismus sich aufbaut,
so wird mein Sein aufhören mit meinem Tode. Wenn
ich nichts weiter bin, als eine Verbindung von Em=
pfindungen, Vorstellungen und Bestrebungen, wohin
kann ich gehen, wenn sich dieser Körper auflöst? Wo
ist die endlose Seligkeit, von der deine Anhänger reden?
Es ist ein leeres Wort und eine Selbsttäuschung, denn
das Nichts starrt mir entgegen, wenn ich deine Lehren
erwäge." ⁷

Da sprach der Gebenedeite: ⁸

„O Brahmane, du bist religiös und ernst. Du bist
ernstlich besorgt um deine Seele. Und doch ist deine
Mühe vergeblich, weil dir das Eine fehlt, das noth
thut. ⁹

„Nur durch Unwissenheit und Täuschung geben sich
die Menschen dem Traume hin, daß ihre Seelen ab=
getrennte und selbsteigene Wesen sind. ¹⁰

„Dein Herz, o Brahmane, hängt noch am Selbst;

[53. Kapitel]

du fehnft dich nach dem Himmel, aber auch im Himmel
fuchft du nur die Freuden des Selbft, und deshalb ver-
magft du weder die Seligkeit, noch die Unfterblichkeit
der Wahrheit zu erkennen.   11

„Wahrlich, ich fage dir, der Gebenedeite ift nicht gekommen, um den Tod zu bringen, fondern um das Leben zu verkünden, und du kennft nicht das Wefen von
Leben und Sterben.   12

„Diefer Leib wird aufgelöft werden, und keine Anzahl von Opfern vermag ihn zu retten. Strebe du deshalb nach dem Leben des Geiftes. Wo Selbft ift, kann
die Wahrheit nicht fein; aber wo die Wahrheit ein-
zieht, da verfchwindet das Selbft. Verfenke deshalb
deine Seele in die Wahrheit; laß deine ganze Seele
darin aufgehen und laß die Wahrheit fich ausbreiten.
In der Wahrheit wirft du ewig leben.   13

„Selbft ift Tod, und Wahrheit ift Leben. Das
Hängen am Selbft ift beftändiges Sterben, aber das
Streben in der Wahrheit ift eine Theilnahme am Nir-
wana, welches ewiges Leben ift."   14

Kutadanta fprach: „Wo, o ehrwürdiger Meifter, ift
Nirwana?"   15

Der Gebenedeite antwortete: „Nirwana ift da, wo
die Vorfchriften der Sittlichkeit erfüllt werden."   16

„Verftehe ich dich recht," erwiderte der Brahmane,
„daß Nirwana kein Ort ift; und da es nirgends exiftirt,
ift es kein wirkliches Ding?"   17

„Du verftehft mich nicht recht," fagte der Gebene-

deite. „Höre nun und beantworte diese Fragen: Wo
wohnt der Wind?" 18

„Nirgends," war die Antwort. 19

Buddha erwiderte: „Dann, Herr, giebt es keinen
Wind." 20

Kutadanta gab keine Antwort, und der Gebenedeite
fragte wieder: „Antworte mir, o Brahmane, wo
wohnt die Weisheit? Ist die Weisheit ein Ort?" 21

„Die Weisheit hat keinen bestimmten Wohnort,"
antwortete Kutadanta. 22

Da sprach der Gebenedeite: „Willst du sagen, daß
es keine Weisheit giebt, keine Erleuchtung, keine Gerechtigkeit und keine Erlösung, weil Nirwana kein Ort
ist? Wie ein großer, mächtiger Wind, der über die
Erde dahinfegt in der Hitze des Tages, so kommt der
Tathagata und weht durch die Gemüther der Menschen
mit dem Hauch der Liebe, so kühlend, so süß, so sanft, so
milde; und die Fieberkranken erholen sich von ihren
Qualen und erfreuen sich des erfrischenden Hauches." 23

Da sprach Kutadanta: „Ich empfinde, o Herr, daß
du eine große Lehre verkündest, aber ich vermag sie
nicht zu fassen. Habe Nachsicht mit mir, wenn ich wieder frage. Sage mir, o Herr, wenn es keinen Atman
giebt, wie kann es Unsterblichkeit geben? Die Thätigkeit des Geistes vergeht, und unsere Gedanken sind dahin, wenn wir nicht mehr denken." 24

Buddha erwiderte: „Unser Denken ist dahin, aber
unsere Gedanken bleiben. Das Forschen hört auf, aber
das Wissen dauert fort." 25

[53. Kapitel]

Kutadanta sprach: „Wie mag das sein? Ist nicht
Forschen und Wissen dasselbe?" [26]

Der Gebenedeite erklärte den Unterschied durch ein
Gleichniß; er sprach: „Denke dir, daß ein Mann während der Nacht einen Brief senden will. Nachdem er
seinen Schreiber gerufen, läßt er ein Licht anzünden
und den Brief schreiben. Sobald dies geschehen ist,
löscht er das Licht aus. Aber obschon das Licht ausgelöscht ist, so ist doch das Geschriebene noch da. So
auch hört das Forschen auf, während das Wissen bleibt;
und auf dieselbe Art hört die Thätigkeit auf, aber die
Erfahrung, die Weisheit und alle Früchte unserer
Thaten bleiben." [27]

Kutadanta fuhr fort: „Sage mir, o Herr, ich bitte
dich, sage mir, wo ist die Persönlichkeit meines Selbst,
wenn alle Samskaras aufgelöst sind? Wenn meine
Gedanken sich auch verbreiten, und wenn meine Seele
auch übertragen wird, so hören doch meine Gedanken
auf, die meinigen zu sein, und meine Seele ist nicht
mehr meine Seele. Erkläre mir dies durch Wort und
Gleichniß, aber ich bitte dich, o Herr, sage mir, wo ist
die Persönlichkeit meiner Seele?" [28]

Da sprach der Gebenedeite: „Beantworte meine
Frage. Wenn ein Mann ein Licht anzündet, würde es
die ganze Nacht hindurch brennen?" [29]

„Gewiß kann es das thun," war die Antwort. [30]

„Ist es nun dieselbe Flamme, welche in der zweiten
Nachtwache brennt, wie in der ersten?" [31]

Kutadanta zögerte. Er dachte bei sich selbst: ‚Ja-

[55. Kapitel]

wohl, es ist dieselbe Flamme," aber er fürchtete die
Verwicklungen eines verborgenen Sinnes, und in sei=
nem Bestreben, genau zu sein, sprach er: „Nein es ist
nicht dieselbe Flamme." 32

„Also," fuhr der Gebenedeite fort, „haben wir zwei
verschiedene Flammen, die eine in der ersten, die andere
in der zweiten Nachtwache." 33

„Nein, Herr," sprach Kutadanta. „Wir haben nicht
zwei verschiedene Flammen. In einem Sinne ist es
nicht dieselbe Flamme, aber in einem anderen Sinne
ist es dieselbe Flamme. Sie zehrt von derselben Art
des Stoffes, sie giebt dieselbe Art Schein und sie dient
demselben Zweck." 34

„Gut," sagte der Gebenedeite, „und würdest du die
Flammen dieselben nennen, welche gestern brannten,
und welche jetzt in derselben Lampe brennen, wenn die
Lampe mit demselben Oel gefüllt ist und denselben
Raum erleuchtet?" 35

„Sie mögen während des Tages ausgelöscht worden
sein," meinte Kutadanta. 36

Der Gebenedeite sprach: „Wenn nun die Flamme
der ersten Nachtwache während der zweiten Nachtwache
ausgelöscht würde, würdest du es dieselbe Flamme nen=
nen, wenn sie während der dritten Nachtwache wieder
brennt?" 37

Kutadanta erwiderte: „In einem Sinne ist es eine
andere Flamme, in einem anderen Sinne ist es die=
selbe." 38

Der Tathagata fragte wieder: „Hat die Zeit, welche
[53. Kapitel]

verfloſſen iſt, während die Flamme ausgelöſcht war,
etwas mit der Identität der Flamme zu thun?" 39

„Nein, Herr," antwortete der Brahmane, „ſie hat
nichts damit zu thun. Da iſt ſowohl ein Unterſchied
wie eine Gleichheit, ob viele Jahre darüber hingegan=
gen ſind, oder eine Stunde, und ob die Lampe in der
Zwiſchenzeit ausgelöſcht war oder nicht." 40

„Stimmen wir alſo darin überein, daß die Flamme
von heute in einem gewiſſen Sinne dieſelbe iſt wie die
von geſtern, und in einem anderen Sinne iſt ſie jeden
Augenblick eine andere? Sind überdies die Flammen
derſelben Art, welche mit derſelben Lichtſtärke Räume
derſelben Art erleuchten, in einem gewiſſen Sinne die=
ſelben?" 41

„Ja, Herr," antwortete Kutadanta. 42

Der Gebenedeite fuhr fort: „Wenn es nun einen
Mann giebt, welcher empfindet wie du, denkt wie du
und handelt wie du, iſt er nicht derſelbe Mann wie
du?" 43

„Nein, Herr," unterbrach ihn Kutadanta. 44

Buddha ſprach: „Leugneſt du, daß dieſelbe Folge=
richtigkeit auf dich Anwendung findet, welche bei den
Dingen der Welt anwendbar iſt?" 45

Kutadanta dachte nach und antwortete zögernd:
„Nein, ich leugne das nicht. Dieſelbe Folgerichtigkeit
findet allgemeine Anwendung; aber es beſteht bei mei=
nem Selbſt eine Eigenthümlichkeit, welche es von allem
Anderen ganz und gar unterſcheidet und auch von jedem
anderen Selbſt. Es mag einen anderen Mann geben,

[53. Kapitel]

der genau so empfindet wie ich, der denkt wie ich und
handelt wie ich; ja, er mag selbst den gleichen. Na=
men haben und gleiche Güter besitzen, so wäre er doch
nicht ich." 46

„Richtig, Kutadanta," antwortete Buddha, „er wäre
nicht du. Sage mir nun, bleibt Jemand, der zur Schule
geht, dieselbe Persönlichkeit, wenn seine Schulzeit be=
endet ist? Ist Jemand, der ein Verbrechen begeht,
derselbe, wenn er bestraft wird, indem ihm Hände und
Füße abgehauen werden?" 47

„Sie sind dieselben," war die Antwort. 48

„Dann besteht die Gleichheit also nur in Continui=
tät?" fragte der Tatagatha. 49

„Nicht nur in Continuität," sagte Kutadanta, „son=
dern auch, und hauptsächlich, in der Gleichheit des Cha=
rakters." 50

„Nun gut," sagte Buddha, „so giebst du also zu,
daß Persönlichkeiten dieselben sein können, ebenso wie
zwei Flammen derselben Art dieselben genannt wer=
den. In diesem Sinne mußt du einen anderen Mann
deines Charakters, wenn er das Erzeugniß deines
Karmas ist, als denselben betrachten wie dich." 51

„Gut, ich thue das," sagte der Brahmane. 52

Da fuhr Buddha fort: „Und nur in diesem selben
Sinne bist du derselbe heute, der du gestern warst.
Deine Persönlichkeit besteht nicht aus dem Stoffe, aus
dem dein Leib gemacht ist, sondern beruht auf den For=
men deines Leibes, deiner Empfindungen, deiner Ge=
danken. Deine Seele ist die Verbindung der Samskaras.

[53. Kapitel]

Wo sie sind, da bist du. Wohin sie gehen mögen, dahin
geht deine Seele. So wirst du in einem gewissen Sinne
eine Gleichheit mit dir selbst zwischen gestern und heute
entdecken und in einem anderen Sinne eine Ungleich=
heit. Aber wer die Gleichheit nicht erkennt, sollte alle
Gleichheit leugnen und sagen, daß der, welcher eine
Minute, nachdem er eine Frage gestellt, die Antwort
darauf erhält, nicht mehr derselbe ist wie der Fragesteller.
Bedenke nun das Fortbestehen deiner Persönlichkeit,
welche in deinem Karma erhalten bleibt. Nennst du
es Tod und Vernichtung, oder Leben und fortgesetztes
Sein?" [53]

„Ich nenne es Leben und fortgesetztes Sein," er=
widerte Kutadanta, „denn es ist die Fortsetzung meiner
Existenz, aber es liegt mir nichts an einem solchen
Fortbestehen. Alles, woran mir liegt, ist das Fort=
bestehen des Selbst in dem Sinne, wonach jeder Mensch,
ob er mit mir gleich ist oder nicht, eine ganz besondere
Persönlichkeit bildet." [54]

„Nun gut," sprach Buddha, „dies ist, was du er=
sehnst, und das eben ist das Hängen am Selbst. Dies
ist dein Irrthum, und er verwickelt dich in unnöthige
Aengste und Uebelthun, in Leiden und Sorgen aller
Art. Wer am Selbst hängt, muß durch die endlosen
Wanderungen des Todes gehen; er stirbt beständig.
Denn die Natur des Selbst ist fortgesetzter Tod." [55]

„Wie mag das sein?" fragte Kutadanta. [56]

„Wo ist dein Selbst?" fragte Buddha. Und als
Kutadanta nicht antwortete, fuhr er fort: „Das Selbst,

an dem du hängst, ist ein immerwährender Wechsel.
Vor Jahren warst du ein kleines Kind; dann warst
du ein Knabe; dann ein Jüngling, und nun bist du
ein Mann. Besteht zwischen dem Kind und dem
Manne eine Gleichheit? Es ist nur eine Gleichheit
in gewissem Sinne vorhanden. In der That besteht
mehr Gleichheit zwischen den Flammen der ersten und
zweiten Nachtwache, obschon die Lampe während der
zweiten Nachtwache ausgelöscht gewesen sein mag!
Welches nun ist das wahre Selbst, um dessen Erhaltung
du so besorgt bist, das von gestern, das von heute, oder
das von morgen?"   57

Kutadanta war bestürzt. „Herr der Welt," sprach
er, „ich erkenne meinen Irrthum, aber ich bin noch
verwirrt."   58

Der Tathagata fuhr fort: „Die Samskaras entstehen durch Entwicklung. Es giebt kein Samskara,
das in's Dasein getreten ist ohne ein allmäliges Werden.
Deine Samskaras sind die Folgen deiner Handlungen
in deinen früheren Existenzen. Die Verbindung deiner
Samskaras ist deine Seele. Wohin dieselben gehen, dahin wandert deine Seele. In deinen Samskaras wirst
du weiterleben, und du wirst im späteren Leben ernten,
was du jetzt und in der Vergangenheit gesäet hast." 59

„Wahrlich, o Herr," erwiderte Kutadanta, „dies ist
keine billige Vergeltung. Ich kann die Gerechtigkeit
nicht anerkennen, daß Andere nach mir ernten werden,
was ich jetzt säe."   60

Der Gebenedeite wartete eine Weile und antwortete
[53. Kapitel]

dann: „Ist alle Lehre vergeblich? Verstehst du denn
nicht, daß diese Anderen du selber bist? Du wirst sel=
ber ernten, was du säest, und nicht Andere."   61

„Stelle dir einen Mann vor, der ungebildet ist und
dürftig und der in seiner elenden Lage leidet. Als
Knabe war er träge und nachlässig, und als er er=
wachsen war, hatte er kein Handwerk gelernt, um seinen
Lebensunterhalt zu verdienen. Würdest du sagen, daß
sein Elend nicht die Folge seiner Handlungen ist, weil
der Erwachsene nicht mehr dieselbe Persönlichkeit ist
wie der Knabe?   62

„Wahrlich, ich sage dir: Weder in den Himmeln,
noch in der Mitte des Meeres, noch wenn du dich in
den Klüften der Berge verbirgst, wirst du einen Ort
finden, wo du den Früchten deiner bösen Handlungen
entrinnen kannst.   63

„Andererseits aber werden dir ohne Fehl die Seg=
nungen deiner guten Handlungen zu Theil werden. 64

„Wie der Gruß von Verwandten, Freunden und
Bekannten den nach langer Wanderschaft glücklich
Heimkehrenden erwartet, so bewillkommnen die Früchte
seiner guten Werke den Mann, welcher den Pfad der
Rechtschaffenheit gewandelt ist, wenn er von diesem
Leben in das zukünftige hinübergeht."   65

Kutadanta sprach: „Ich setze Vertrauen in die
Herrlichkeit und Vortrefflichkeit deiner Lehren. Mein
Auge kann das Licht noch nicht ertragen; aber ich er=
kenne nun, daß es kein Selbst giebt, und die Wahrheit
beginnt in mir zu dämmern. Opfer vermögen nicht

[33. Kapitel]

zu retten, und das Anrufen von Göttern ist nutzlos.
Aber wie soll ich den Pfad zum ewigen Leben finden?
Ich weiß alle Wedas auswendig und habe doch die
Wahrheit nicht gefunden."   66

Da sprach Buddha: „Gelehrsamkeit ist ein gutes
Ding, aber sie hilft nicht. Wahre Weisheit kann nur
durch Ausübung der Wahrheit, daß dein Bruder derselbe ist wie du, erlangt werden. Gewöhne dich daran,
demgemäß zu handeln. Wandle auf dem edlen Pfade
der Rechtschaffenheit, und du wirst erkennen, daß im
Selbst der Tod liegt, während Wahrheit Unsterblichkeit
gewährt."   67

Kutadanta sprach: „Laß mich meine Zuflucht zu
dem Gebenedeiten nehmen, zu dem Dharma und zu
dem Sangha. Nimm mich an als deinen Jünger und
laß mich Theil haben an dem Segen der Unsterblichkeit."   68

54. Buddha, nicht Gautama.

Und der Gebenedeite sprach: 1

„Die, welche nicht glauben, nennen mich Gautama
Siddhartha; ihr aber nennt mich Buddha, den Gebenedeiten und Lehrer. Und ihr thut recht daran, denn ich
bin schon in diesem Leben in das Nirwana eingegangen, und das Leben Gautama Siddharthas ist ausgelöscht.   2

„Mein Selbst ist verschwunden, und die Wahrheit
[54. Kapitel]

hat in mir Wohnung genommen. Dieser, mein Leib,
ist der Leib Gautamas, der zu seiner Zeit aufgelöst
werden wird. Nach seiner Auflösung wird Niemand,
weder Gott noch Mensch, Gautama Siddhartha wieder-
sehen. Aber Buddha wird nicht sterben; Buddha
wird weiterleben in der heiligen Verkörperung des Gesetzes.   3

„Das Auslöschen des Leibes des Gebenedeiten wird
in jener vollständigen Auflösung geschehen, in der nichts
bleibt, das irgendwie zu dem Werden eines neuen Selbst
beitragen könnte. Noch wird es möglich sein, zu sagen:
„Siehe, hier ist der Gebenedeite," oder: „Da ist er."
Sein Zustand wird sein wie der einer Flamme in einem
großen Feuermeer. Die Flamme besteht nicht mehr
für sich; sie ist verschwunden, und es kann nicht gesagt
werden, daß sie hier ist, oder dort. Aber in der Verkörperung des Dharma kann der Gebenedeite nach-
gewiesen werden, denn der Dharma wurde von dem
Gebenedeiten verkündet.   4

„Ihr seid meine Kinder, ich bin euer Vater; durch
mich seid ihr von euren Leiden erlöst worden.   5

„Nachdem ich selbst das andere Ufer erreicht habe,
helfe ich Anderen hinüber über den Strom; nachdem
ich selbst Erlösung erlangt habe, bin ich der Erlöser
Anderer geworden; nachdem ich selbst getröstet bin,
tröste ich Andere und führe sie an den Ort der Zuflucht.   6

„Ich werde mit Freuden erfüllen alle die Wesen,
die niedergeschlagen sind; ich werde denen Glückselig-

keit schenken, welche vor Elend sterben; ich werde ihnen
Hilfe und Rettung bringen.   7

„Ich bin geboren und in diese Welt gekommen als
der König der Wahrheit zur Erlösung der Welt.   8

„Was ich mit Hingebung übe, ist Wahrheit, und
der Gegenstand meiner Rede ist Wahrheit. Denn sehet!
ich selbst bin zur Wahrheit geworden. Ich bin die
Wahrheit.   9

„Wer die Wahrheit erfaßt, der wird den Gebene=
deiten erkennen, denn die Wahrheit ist von dem Ge=
benedeiten verkündet worden."   10

55. Ein Wesen, ein Gesetz, ein Ziel.

Der Tathagata wandte sich an den ehrwürdigen
Kaschyapa, um die Ungewißheit und den Zweifel sei=
nes Sinnes zu zerstreuen, und sprach: 1

„Alle Dinge sind letzthin gleichen Wesens; und
doch sind die Dinge verschieden, je nach den Formen,
welche sie annehmen unter verschiedenen Eindrücken.
Wie sie sich gestalten, so handeln sie, und wie sie han=
deln, so sind sie.   2

„Es ist, als wenn ein Töpfer verschiedene Gefäße
aus demselben Thon macht. Einige von diesen Ge=
fäßen sind bestimmt für Zucker, andere für Reis, an=
dere für Milch; und wieder andere sind Gefäße der
Unreinlichkeit. In dem Thon besteht kein Unterschied;
der Unterschied der Gefäße rührt nur von der gestalten=
den Hand des Töpfers her, welcher sie für verschiedenen

[55. Kapitel]

Gebrauch formt, je nachdem die Umstände es erfor=
dern. 3

„Wie alle Dinge in ihrem Ursprung eines Wesens
sind, so entwickeln sie sich auch nach einem Gesetz und
sind bestimmt für ein Ziel. Und dieses Ziel ist Nir=
wana. 4

„Nirwana wird dir werden, Kaschyapa, wenn du
dies gründlich verstehst und wenn du nach der Er=
kenntniß lebst, daß alle Dinge eines Wesens sind und
daß es nur ein Gesetz giebt. 5

„Folglich giebt es nur ein Nirwana, wie es auch
nur eine Wahrheit giebt, und nicht zwei oder drei.
Und der Tathagata ist derselbe für alle Geschöpfe und
ist nur verschieden in seinem Verhältniß zu ihnen, in=
soweit als alle Geschöpfe verschieden sind. 6

„Der Tathagata erquickt die Welt, wie eine Wolke
ihre Wasser ausgießt, ohne Unterschied. Er hegt die=
selbe Gesinnung gegen Hoch und Niedrig, gegen Weise
und Unwissende, gegen Gute und Böse. 7

„Die große Regenwolke zieht herauf über die weite
Welt und überschattet alle Länder und Meere, um ihre
Gewässer überall auszugießen, über die Gräser, Sträu=
cher, Kräuter und Bäume. 8

„Dann, Kaschyapa, saugen die Gräser, die Sträucher,
die Kräuter und Bäume das reichlich gefallene Wasser
der großen Wolke auf. Wiewohl das Wasser durchweg
eines Wesens ist, ernähren sie sich davon in verschiede=
ner Weise, eine jede Pflanze nach ihrer Art; sie schießen
empor und bringen zu ihrer Zeit Blüthen und Früchte. 9

[55. Kapitel]

„Gewachsen in ein und demselben Boden, werden alle Pflanzen und Keime belebt durch ein und dasselbe Wasser. ¹⁰

„Der Tathagata aber, o Kaschyapa, kennt das Ge= setz, dessen Wesen Erlösung und dessen Ende der Friede des Nirwana ist. Er ist Allen derselbe, und doch offen= bart er sich nicht Allen in gleicher Weise, da er die Bedürfnisse jedes einzelnen Geschöpfes kennt. Er theilt ihnen nicht sofort die Fülle der Allwissenheit mit, sondern hat Acht auf die Anlage der verschiedenen Wesen.“ ¹¹

56. Rahulas Fehler.

Ehe Rahula, der Sohn des Gautama Siddhartha und der Yaschodhara, die Erleuchtung wahrer Weis= heit erlangt hatte, zeichnete er sich nicht immer durch Liebe zur Wahrheit aus, und der Gebenedeite sandte ihn nach einem entfernten Wihara, damit er seine Sinne zügeln und seine Zunge bewachen lerne. ¹

Nach einiger Zeit begab sich der Gebenedeite an den Ort, wo der Knabe war, und Rahula war voll Freude. ²

Und der Gebenedeite befahl dem Rahula, eine Schüssel mit Wasser zu holen und ihm die Füße zu waschen, und Rahula gehorchte. ³

Als Rahula die Füße des Tathagata gewaschen hatte, fragte der Gebenedeite: „Ist das Wasser nun tauglich zum Trinken?“ ⁴

[56. Kapitel]

„Nein, Herr," erwiderte der Knabe, „das Wasser ist
verunreinigt."   5

Da sprach der Gebenedeite: „Bedenke nun deinen
eigenen Fall. Obschon du mein Sohn bist und der
Enkel eines Königs, obschon du ein Schramana bist,
welcher freiwillig Alles dahingegeben hat, bist du doch
nicht im Stande, deine Zunge vor Unwahrheit zu be=
wahren, und also verunreinigst du dein Gemüth."   6

Und als das Wasser ausgeschüttet war, fragte der
Gebenedeite wieder: „Ist dies Gefäß nun tauglich, dar=
aus zu trinken?"   7

„Nein, Herr," erwiderte Rahula, „auch das Gefäß
ist unrein geworden."   8

Und der Gebenedeite sprach: „Bedenke nun deinen
eigenen Fall. Bist du nicht, trotz des gelben Gewandes,
das du trägst, zu einem höheren Zweck untauglich ge=
worden, wenn du unrein geworden bist wie dieses
Gefäß?"   9

Dann fragte der Gebenedeite, indem er die Schüssel
aufnahm und sie heftig umherschwang: „Fürchtest du
nicht, daß sie fällt und zerbricht?"   10

„Nein, Herr," erwiderte Rahula, „die Schüssel hat
nur geringen Werth, und wenn sie zerbricht, wird der
Verlust nicht groß sein."   11

„Nun bedenke deinen eigenen Fall," sprach der Ge=
benedeite; „du wirst umhergetrieben in den endlosen
Strudeln der Seelenwanderung, und da dein Körper
aus demselben Stoff gemacht ist wie andere irdische
Dinge, welche zu Staub zerfallen werden, entsteht kein

[56. Kapitel]

Verluſt, wenn er zerbricht. Wer die Gewohnheit hat, Unwahrheiten zu reden, iſt ein Gegenſtand der Ver= achtung für den Weiſen." [12]

Rahula ward erfüllt von Scham, und der Gebene= deite redete ihn nochmals an: „Höre zu und ich will dir ein Gleichniß erzählen: [13]

„Ein König hatte einen außerordentlich ſtarken Elephanten, welcher im Stande war, den Kampf mit fünfhundert gewöhnlichen Elephanten aufzunehmen. Wenn er in den Krieg ging, war der Elephant an ſei= nen Stoßzähnen mit ſcharfen Schwertern bewaffnet, an ſeinen Schultern mit Senſen, an ſeinen Füßen mit Speeren und an ſeinem Schweif mit einer eiſernen Kugel. Der Elephantenwärter freute ſich, das edle Thier ſo wohl ausgerüſtet zu ſehen, und da er wußte, daß eine leichte Pfeilwunde im Rüſſel tödtlich ſein würde, hatte er ihm gelehrt, ſeinen Rüſſel ſtets zu= ſammengerollt zu halten. Aber einſt ſtreckte der Ele= phant während der Schlacht ſeinen Rüſſel aus, um ein Schwert zu erfaſſen. Sein Wärter ward erſchreckt und berathſchlagte mit dem König, und ſie meinten, daß der Elephant nicht mehr zum Gebrauch in der Schlacht tauglich ſei. [14]

„O Rahula! Wenn die Menſchen nur ihre Zunge bewachen würden, wäre alles gut! Sei du dem käm= pfenden Elephanten gleich, welcher ſeinen Rüſſel gegen den Pfeil ſchützt, der in die Mitte trifft. [15]

„Durch die Liebe zur Wahrheit entgehen die Auf= richtigen der Bosheit. Wie ein Elephant, welcher mit

[56. Kapitel]

seinem Rüssel dem König aufsteigen hilft, wohlgezähmt
und fromm ist, so wird der Mann, welcher Recht=
schaffenheit übt, sein ganzes Leben hindurch in Treue
beharren." [16]

Nachdem Rahula diese Worte vernommen, ward
er tief betrübt; nie wieder gab er zu einer Klage An=
laß, und von der Zeit an heiligte er sein Leben durch
ernstes Streben. [17]

57. Schmähung.

Der Gebenedeite beobachtete die Welt und nahm
wahr, wie viel Elend durch Bosheit und thörichte Be=
leidigungen verursacht wird, nur um Eitelkeit und
selbstsüchtigen Stolz zu befriedigen. [1]

Und Buddha sprach: „Wenn ein Mann mir thö=
richterweise ein Unrecht zufügt, so will ich ihn dafür
mit neidloser Liebe beschirmen; je mehr Böses von
ihm kommt, desto mehr Gutes soll von mir ausgehen;
der Wohlgeruch des Guten wird immer zu mir zurück=
kommen, und der schädliche Hauch des Bösen geht zu
ihm zurück." [2]

Ein thörichter Mensch, der vernommen hatte, daß
Buddha den Grundsatz beobachte, Böses mit Gutem
zu vergelten, kam zu ihm und schmähte ihn. Buddha
aber schwieg still und bemitleidete die Thorheit des
Lästerers. [3]

Nachdem der Mann seine Schmähung beendet

hatte, fragte Buddha: „Mein Sohn, wenn ein Mann
sich weigerte, ein ihm dargebotenes Geschenk anzu=
nehmen, wem würde es gehören?"   4

Der Lästerer antwortete: „In diesem Falle würde
es dem gehören, der es darbietet."   5

„Mein Sohn," sagte Buddha, „du hast mich ge=
schmäht, aber ich weigere mich, deine Schmähung an=
zunehmen, und bitte dich, sie zu behalten. Wird sie
dir nicht eine Quelle von Leid sein?   Wie der Wider=
hall zum Laut gehört und der Schatten zu dem Ge=
genstand, der ihn wirft, so wird Leid den Uebelthäter
sicher ereilen."   6

Der Lästerer gab keine Antwort, und Buddha fuhr
darauf fort: „Ein böser Mensch, der einen tugend=
haften schmäht, ist wie Einer, der emporblickt und den
Himmel anspeit; der Speichel verunreinigt nicht den
Himmel, sondern fällt zurück und beschmutzt ihn selbst. 7

„Der Verleumder ist einem Menschen gleich, welcher
bei widrigem Winde einen anderen mit Staub bewirft;
der Staub fliegt auf den zurück, der ihn wirft.   Der
Tugendhafte kann nicht verletzt werden, und die
Schmach, welche sein Widersacher ihm zufügen wollte,
fällt auf diesen selbst zurück."   8

Der Schmähsüchtige ging beschämt von dannen,
aber er kehrte wieder zurück und nahm seine Zuflucht
zu dem Buddha, dem Dharma und dem Sangha.   9

58. Die Fragen des Dewa.

Als einst der Gebenedeite in dem Jetawana, dem Garten des Anathapindika, weilte, kam ein himm= lischer Dewa zu ihm in der Gestalt eines Brahmanen mit glänzendem Angesicht und schneeweißen Kleidern. Der Dewa stellte Fragen, welche der Gebenedeite be= antwortete. 1

Der Dewa sprach: „Welches ist das schärfste Wort? Welches ist das tödtlichste Gift? Welches ist das hef= tigste Feuer? Welches ist die dunkelste Nacht?" 2

Der Gebenedeite antwortete: „Ein Wort im Zorn gesprochen ist das schärfste Wort, Habsucht ist das töd= lichste Gift, Leidenschaft ist das heftigste Feuer, Un= wissenheit ist die dunkelste Nacht." 3

Der Dewa sprach: „Wer hat den größten Gewinn? Wer verliert am meisten? Welcher Harnisch ist un= durchdringlich? Was ist die beste Waffe?" 4

Der Gebenedeite erwiderte: „Wer Anderen giebt, hat den größten Gewinn, und wer von Anderen ohne Gegenleistung empfängt, verliert am meisten. Geduld ist ein undurchdringlicher Harnisch, Weisheit ist die beste Waffe." 5

Der Dewa sprach: „Wer ist der gefährlichste Dieb? Was ist der größte Schatz? Wer hat die Macht, mit Gewalt Alles an sich zu reißen, nicht nur auf Erden, sondern auch im Himmel? Und wo ist die beste Schatz= kammer?" 6

[58. Kapitel]

Der Gebenedeite erwiderte: „Böse Gedanken sind der gefährlichste Dieb; Tugend ist der größte Schatz; die Seele hat die Macht, Alles mit Gewalt an sich zu reißen, nicht nur auf Erden, sondern auch im Himmel; Unsterblichkeit ist die beste Schatzkammer." 7

Der Dewa sprach: „Was ist anziehend? Was ist abstoßend? Welches ist der schrecklichste Schmerz? Welches ist die höchste Freude?" 8

Der Gebenedeite erwiderte: „Anziehend ist das Gute, abstoßend das Böse. Ein schlechtes Gewissen ist der schrecklichste Schmerz, und Erlösung ist die höchste Seligkeit." 9

Der Dewa fragte: „Was verursacht Verderben in der Welt? Was trennt Freundschaften? Welches ist das höchste Fieber? Wer ist der beste Arzt?" 10

Der Gebenedeite erwiderte: „Unwissenheit verursacht Verderben in der Welt. Neid und Selbstsucht trennen Freundschaften. Haß ist das heftigste Fieber, und Buddha ist der beste Arzt." 11

Wiederum fragte der Dewa und sprach: „Nun habe ich nur noch einen Zweifel zu lösen; ich bitte dich, zerstreue ihn: Was kann weder vom Feuer verbrannt, noch von Feuchtigkeit zerfressen, noch vom Winde niedergerissen werden, sondern ist im Stande, die ganze Welt neu zu gestalten?" 12

Der Gebenedeite erwiderte: „Segen! Der Segen einer guten Handlung ist sicher vor der Zerstörung durch Feuer, Feuchtigkeit und Wind, und sein Einfluß ist es, der die Welt neu gestaltet. 13

[58. Kapitel]

Nachdem der Dewa diese Worte des Gebenedeiten
vernommen hatte, ward er erfüllt mit überschwänglicher
Freude. Er faltete die Hände, beugte sich in Ehrfurcht
vor ihm und verschwand. 14

59. Rechter Lebenswandel.

Die Bhikschus kamen zu dem Gebenedeiten, und
nachdem sie ihn mit gefalteten Händen begrüßt hatten,
sprachen sie: 1

„O Meister, du bist allsehend, wir alle wünschen
von dir zu lernen; unsere Ohren sind bereit zu hören,
du bist unser Lehrer, du bist unvergleichlich. Nimm
unsere Zweifel hinweg! Der du voll großer Einsicht
bist, unterweise uns in dem gesegneten Dharma! Der
du allsehend bist, wie der tausendäugige Herr der Götter, rede in unserer Mitte! 2

„Wir wollen den Muni von großer Einsicht fragen,
ihn, der den Strom überschritten hat und an das andere
Ufer gelangt ist, der gesegnet ist und festen Sinnes.
Wie wandelt ein Bhikschu richtig in der Welt, nachdem
er sein Heim verlassen und sich von Begierde befreit
hat?" 3

Buddha sprach: 4

„Der Bhikschu soll seine Sucht nach irdischen und
himmlischen Freuden unterdrücken. Dann hat er die
Welt besiegt; er besitzt den Dharma und wird richtig
wandeln in der Welt. 5

„In wes Herzen Lust zerstört ist, wer frei ist von
Dünkel, wer alle Ausbrüche der Leidenschaft unterdrückt,
wer gefaßt ist, vollkommen befriedigt und festen Sin=
nes, der wird richtig wandeln in der Welt.   6

„Beständig ist, wer Weisheit besitzt. Er sieht den
Weg, der zum Nirwana führt; er ist ohne Vorurtheil,
er ist rein und siegreich; er hat den Schleier von seinen
Augen gethan und wird richtig wandeln in der Welt." 7

Da sagten die Bhikschus: „Gewiß, o Bhagawant,
so ist es: der Bhikschu, welcher also in der Welt lebt,
ist zufrieden; er hat alle Bande gesprengt und wird
richtig wandeln in der Welt."   8

Der Gebenedeite sprach: 9

„Wer die Ruhe des Nirwana erstrebt, soll in allen
Obliegenheiten geschickt, aufrichtig, gewissenhaft, sanft=
müthig und bescheiden sein.   10

„Keiner soll den Anderen hintergehen, Keiner soll
den Anderen verachten, Keiner soll danach trachten,
aus Zorn oder Rache dem Anderen ein Leid zuzu=
fügen.   11

„Selig ist die Einsamkeit der Friedlichen, welche die
Wahrheit erkennen und schauen. Selig ist, wer fest=
steht und sich immerdar im Zaume hält. Selig ist, in
wes Seele jedes Leid und jede Begierde zu Ende ist.
Der Sieg über den eiteln Dünkel des Selbst ist fürwahr
die erhabenste Seligkeit.   12

„Der Dharma soll des Menschen Lust sein, in dem
Dharma soll er sich erfreuen, in dem Dharma soll er
feststehen, er soll keinen Streit verursachen, der den

[59. Kapitel]

Dharma beflecken könnte, und er soll über die trefflichen
Wahrheiten des Dharma nachdenken. [13]

„Ein Schatz, der verborgen liegt, bringt keinen
Nutzen und kann leicht verloren gehen. Der wahre
Schatz, welcher gesammelt wird durch Nächstenliebe und
Frömmigkeit, durch Mäßigkeit und Selbstbeherrschung,
oder durch verdienstvolle Handlungen, ist sicher und
wohlgeborgen und kann nicht verloren gehen. Niemals
wird er durch Raub oder Unrecht gewonnen, und kein
Dieb kann ihn stehlen. Wenn ein Mensch stirbt, muß
er den vergänglichen Reichthum der Welt zurücklassen,
aber den Schatz seiner tugendhaften Handlungen nimmt
er mit sich. Wer weise ist, vollbringt gute Thaten; sie
sind ein Schatz, der nicht verloren gehen kann.“ [14]

Und die Bhikschus priesen die Weisheit des Tatha=
gata: [15]

„Du bist erhaben über Schmerz; du bist heilig, o
Erleuchteter, du hast die Leidenschaft überwunden. Du
bist herrlich, nachdenkend und von großem Verstand.
O Erhabener, der du dem Schmerz ein Ende bereitest,
du hast uns von unseren Zweifeln befreit. [16]

„Weil du unser Sehnen erkanntest und uns von
unseren Zweifeln befreit hast, sei dir Verehrung dar=
gebracht, o Muni, der du den höchsten Gewinn in den
Wegen der Weisheit erlangt hast. [17]

„Den Zweifel, den wir zuvor hatten, hast du ver=
trieben, o du Klarsehender! Wahrlich, du bist ein
Muni, vollkommen erleuchtet! Für dich giebt es kein
Hinderniß! [18]

[59. Kapitel]

„Alle deine Kümmernisse sind zerstreut und ab=
gethan; du bist ruhig, gefaßt, beständig und wahr=
haftig.   19

„Verehrung sei dir, o erhabener Muni! Verehrung
sei dir, o du Edelster und Bester! In der Welt der
Menschen und Götter ist nicht Einer dir gleich.   20

„Du bist Buddha, du bist der Meister, du bist der
Muni, welcher Mara besiegt hat! Nachdem du die
Begierde abgethan, bist du hinübergegangen und trägst
dieses Geschlecht an das andere Ufer."   21

60. Amitabha.

Einer der Jünger kam zu dem Gebenedeiten mit
bebendem Herzen, und sein Gemüth war voller Zweifel.
Und er fragte den Gebenedeiten: „O Buddha, unser
Herr und Meister, warum geben wir die Freuden der
Welt auf, wenn du uns verbietest, Wunder zu thun
und übernatürliche Kräfte zu erlangen? Ist nicht
Amitabha das unendliche Licht der Offenbarung und
der Quell unzähliger Wunder?"   1

Und der Gebenedeite erkannte die bange Sehnsucht
eines wahrheitsuchenden Gemüthes und sprach: „O
Schrawaka, du bist ein Neuling unter den Neulingen,
und du schwimmst auf der Oberfläche des Samsara.
Wie lange brauchst du, um die Wahrheit zu erfassen?
Du hast die Worte des Tathagata nicht verstanden.

Das Gesetz des Karma ist unverbrüchlich, und Beschwörungen sind nutzlos, denn es sind leere Worte." [2]

Der Jünger sprach: „So sagst du also, daß es keine
Wunder giebt?" [3]

Und der Gebenedeite antwortete: [4]

„Ist es nicht ein Wunder, geheimnißvoll und unbegreiflich für den Weltmenschen, daß ein Sünder ein
Heiliger werden kann, daß derjenige, welcher wahre
Erleuchtung erlangt, den Pfad der Wahrheit findet
und die bösen Pfade der Selbstsucht verläßt? [5]

„Der Bhikschu, welcher den vergänglichen Freuden
der Welt entsagt für den ewigen Segen der Heiligkeit,
vollbringt das einzige Wunder, welches wirklich ein
Wunder genannt werden kann. [6]

„Ein heiliger Mensch verwandelt den Fluch des
Karma in Segen. Das Verlangen, Wunder zu thun,
entspringt entweder der Habsucht oder der Eitelkeit. [7]

„Ein Bhikschu, der da denkt: ‚Die Leute sollen mich
grüßen,‘ ist nicht frei; wenn er aber, obschon von der
Welt verachtet, doch kein Uebelwollen gegen die Welt
hegt, so ist seine Seele in der rechten Verfassung. [8]

„Der Bhikschu, welchem Ahnungen, Sterndeuterei,
Träume und Vorzeichen bedeutungslos sind, wandelt
auf dem rechten Wege; er ist frei von ihren Uebeln. [9]

„Amitabha, das unbegrenzte Licht, ist die geistige
Quelle der Buddhaschaft. Das Unterfangen von Be-
schwörern und Wunderthätern ist Betrug, was aber ist
erstaunlicher, geheimnißvoller und wunderbarer als
Amitabha?" [10]

[60. Kapitel]

„Aber, Meister," unterbrach der Schrawaka den Ge=
benedeiten, „ist die Verheißung des Landes der Glück=
seligkeit eitles Geschwätz und Fabel?"   11

„Was ist diese Verheißung?" fragte Buddha, und
der Jünger antwortete: 12

„Im Westen liegt ein paradiesisches Land, genannt
‚das reine Land', prächtig geschmückt mit Gold und
Silber und Edelsteinen. Dort fließen reine Gewässer
über goldenen Sand, bedeckt von großen Lotosblumen
und umgeben von schattigen Wegen. Anmuthige Musik
ertönt da, und dreimal des Tages regnen Blumen nie=
der. Singvögel verkünden in harmonischen Weisen die
Herrlichkeit der Religion und erwecken in den Ge=
müthern derer, welche den süßen Gesängen lauschen,
Erinnerungen an den Buddha, das Gesetz und die
Brüderschaft. Keine böse Geburt ist dort möglich, und
die Hölle ist selbst dem Namen nach unbekannt. Wer
inbrünstig und mit frommem Sinn Amitabha Buddha
anruft und immer wieder seinen Namen nennt, wird
nach diesem Leben in das glückselige, reine Land ver=
setzt, und wenn der Tod ihm naht, steht Buddha mit
einer Schaar von Heiligen vor ihm, und vollkommene
Ruhe wird über ihn kommen."   13

„In Wahrheit," sprach Buddha, „es giebt ein solch
glückseliges Paradies. Aber das Land ist ein geistiges
Land und ist nur für die geistig Gesinnten erreichbar.
Du sagst, es liegt im Westen. Das heißt, du mußt es
da suchen, wo der wohnt, welcher die Welt erleuchtet.
Die Sonne versinkt und läßt uns in tiefer Dunkelheit

[60. Kapitel]

zurück; die Schatten der Nacht überfallen uns, und
Mara, der Böse, legt unseren Leib in das Grab.
Nichtsdestoweniger aber ist der Sonnenuntergang kein
Verlöschen der Sonne, und dort, wo wir das Verlöschen
der Sonne wahrzunehmen glauben, ist unbegrenztes
Licht und unerschöpfliches Leben." [14]

„Deine Beschreibung," fuhr Buddha fort, „ist schön,
sie ist jedoch unzulänglich und läßt der Herrlichkeit des
reinen Landes wenig Gerechtigkeit widerfahren. Die
Weltlichen vermögen von ihm nur in weltlicher Weise
zu reden, sie gebrauchen weltliche Bilder und machen
weltliche Worte. Aber das reine Land, in dem die Reinen wohnen, ist schöner, als du zu sagen oder zu denken
vermagst. [15]

„Die Anrufung des Namens Amitabha Buddha
ist nur dann verdienstlich, wenn du denselben mit solch
andächtiger Gesinnung aussprichst, daß dein Herz dadurch gereinigt und dein Wille zu Werken der Rechtschaffenheit bestimmt wird. Nur der kann das Land
der Glückseligkeit erreichen, dessen Seele erfüllt ist von
dem unendlichen Licht der Wahrheit. Nur der vermag
in der geistigen Atmosphäre des westlichen Paradieses
zu athmen, der Erleuchtung erlangt hat. [16]

„Wahrlich, ich sage dir, der Tathagata lebt schon
jetzt in diesem reinen Lande ewiger Glückseligkeit, während er noch im Leibe weilt; und der Tathagata verkündet dir und der ganzen Welt das Gesetz der Religion,
so daß alle denselben Frieden und dieselbe Glückseligkeit
erlangen mögen." [17]

[60. Kapitel]

Da sprach der Jünger: „Lehre mich, o Herr, die
Betrachtungen, die ich üben muß, damit meine Seele
eingehe in dieses Paradies des reinen Landes."   18

Buddha sprach: „Es giebt fünf Betrachtungen.   19

„Die erste Betrachtung ist die Betrachtung der Liebe,
in welcher du dein Herz also richten mußt, daß du das
Glück und Wohlergehen aller Geschöpfe, auch das dei=
ner Feinde, herbeisehnst.   20

„Die zweite Betrachtung ist die Betrachtung des
Mitleids, in welcher du aller Geschöpfe, die in Drangsal
sind, gedenkst. Stelle dir im Geiste alle ihre Leiden und
Kümmernisse so lebendig vor, daß sie in deiner Seele
eine tiefempfundene Barmherzigkeit erwecken.   21

„Die dritte Betrachtung ist die Betrachtung der
Freude, in welcher du des Wohlergehens Anderer ge=
denkst und dich ihres Frohsinns erfreuest.   22

„Die vierte Betrachtung ist die Betrachtung der Un=
reinheit, in welcher du die üblen Wirkungen von Ver=
dorbenheit und Sünde erwägst. Wie gering sind oft
die Freuden des Augenblicks und wie verderblich ihre
Folgen!   23

„Die fünfte Betrachtung ist die Betrachtung der Ge=
müthsruhe, in welcher du dich über Liebe und Haß,
über Tyrannei und Bedrückung, über Reichthum und
Noth erhebst und dein eigenes Loos mit unparteiischem
Gleichmuth und vollkommener Ruhe betrachtest.   24

„Ein wahrer Nachfolger des Tathagata gründet sein
Vertrauen nicht auf Askese oder Gebräuche, sondern
verläßt sich, mit gänzlichem Aufgeben der Vorstellung

[60. Kapitel]

des Selbst, mit seinem ganzen Herzen auf Amitabha, welcher das unbegrenzte Licht der Wahrheit ist." 25

Nachdem der Gebenedeite seine Lehre vom Amitabha, dem unermeßlichen Licht, das den, welcher es empfängt, zum Buddha macht, erklärt hatte, sah er in das Herz seines Jüngers und gewahrte dort noch Zweifel und Besorgnisse. Und der Gebenedeite sprach: „Befrage mich, mein Sohn, über die Bedenken, welche deine Seele bedrücken." 26

Der Jünger sprach: „Kann ein schlichter Bhikschu, indem er sich selbst heiligt, die Gaben übernatürlicher Weisheit, genannt Abhijnyas, und übernatürlicher Kräfte, genannt Riddhi, erlangen? Zeige mir den Riddhipada, den Pfad zur höchsten Weisheit. Oeffne mir die Dhyanas, welche die Mittel sind, den Samadhi zu erlangen, die Festigkeit des Gemüths, welche die Seele entzückt." 27

Und der Gebenedeite fragte: „Welches sind die Abhijnyas?" 28

Der Jünger antwortete: „Es giebt sechs Abhijnyas: 1. Das himmlische Auge; 2. das himmlische Ohr; 3. die Kraft der Verwandlung, welche den Körper dem Willen unterwirft; 4. die Erkenntniß des Schicksals unserer früheren Wohnstätten, um die Zustände vergangener Existenzen zu erkennen; 5. die Gabe, die Gedanken Anderer zu lesen, und 6. die Erkenntniß des Zieles in dem Strome des Lebens." 29

Der Gebenedeite sprach: „Dies sind wunderbare Dinge, aber wahrlich, ein Jeder kann sie erlangen.

[60. Kapitel]

Erwäge die Kräfte deines eigenen Geistes; du bist
etwa zweihundert Meilen von hier geboren, und kannst
du dich nicht in Gedanken in einem Augenblick zurück=
versetzen nach deinem Heimathsorte und dich der Ein=
zelheiten in deines Vaters Haus erinnern? Siehst du
nicht mit dem Auge deines Geistes die Wurzeln des
Baumes, welcher vom Winde erschüttert wird, ohne
niedergeworfen zu werden? Erblickt nicht ein Pflanzen=
kundiger mit dem Auge des Geistes, wann er nur will,
irgend ein Kraut mit seinen Wurzeln, seinem Stengel,
seinen Früchten, seinen Blättern, und selbst die An=
wendungen, zu denen es dient? Vermag nicht der
Mann, der Sprachen versteht, irgend ein Wort nach
Belieben in sein Gedächtniß zurückzurufen, dessen ge=
naue Bedeutung und Gebrauch er kennt? Wie viel
mehr versteht der Tathagata das Wesen aller Dinge;
er sieht in die Herzen der Menschen und liest ihre Ge=
danken. Er kennt die Entwicklung der Wesen in ihren
mühsamen Wanderungen und sieht ihr Ende vor=
her." 30

Der Jünger fragte weiter: „Welches sind die Dhya=
nas, durch welche wir hindurchgehen müssen, um Ab=
hijnya zu erlangen?" 31

Und Buddha erwiderte; „Es giebt vier Dhyanas.
Das erste Dhyana ist Zurückgezogenheit, in welcher du
deinen Sinn frei machen mußt von Sinnlichkeit; das
zweite Dhyana ist eine Seelenruhe, die mit Freude und
Wonne erfüllt; das dritte Dhyana ist ein Ergötzen an
an geistigen Dingen; das vierte Dhyana ist ein Zu=

[60. Kapitel]

stand voller Reinheit und Frieden, in welchem das Ge=
müth über alle Freude und alles Leid erhaben ist." ³²

Der Jünger sprach: „Habe Geduld mit mir, o Ge=
benedeiter, denn ich habe Glauben ohne Verständniß,
und ich suche die Wahrheit. Lehre mich, o Gesegneter,
o Tathagata, mein Herr und Meister, lehre mich den
Riddhipada." ³³

Und der Gebenedeite sprach: „Es giebt viererlei
Art, wie die Riddhi erlangt wird. 1. Hindere das Ent=
stehen böser Eigenschaften; 2. entferne von dir böse
Eigenschaften, welche entstanden sind; 3. schaffe Gutes,
das nicht vorhanden ist, und 4. vermehre das Gute, das
vorhanden ist. ³⁴

„Suche mit Aufrichtigkeit und harre aus in deinem
Suchen. Schließlich wirst du die Wahrheit finden." ³⁵

61. Der Lehrer unerkannt.

Der Gebenedeite sprach zu Ananda: ¹

„Es giebt verschiedene Arten von Versammlungen,
o Ananda; Versammlungen von Vornehmen, von
Brahmanen, von schlichten Hausvätern, von Bhikschus
und von anderen Wesen. Wenn ich je eine Versamm=
lung besuchte, wurde ich stets, ehe ich mich setzte, meiner
Zuhörerschaft gleich an Farbe und an Rede. Darauf
belehrte, belebte, erbaute und erfreute ich sie durch re=
ligiöse Unterweisung. ²

[61. Kapitel]

„Meine Lehre ist wie das Meer; sie besitzt dieselben
acht wunderbaren Eigenschaften.   3

„Das Meer und meine Lehre werden allmälig tiefer.
Beide bleiben bei aller Mannigfaltigkeit sich selbst gleich.
Beide werfen todte Körper aus auf das trockene Land.
Wie die großen Flüsse, wenn sie in das Ganze fallen,
ihre Namen verlieren und von nun an als das große
Meer gelten, so werden auch Mitglieder aller Kasten,
nachdem sie ihrem Ursprung entsagt und in den Sangha
eingetreten sind, Brüder und gelten als die Söhne des
Schakyamuni. Das Meer ist das Endziel aller Ströme
und des Regens aus den Wolken, und doch fließt es nie
über, noch wird es je leer; so umfaßt der Dharma viele
Millionen Menschen und nimmt doch weder zu noch ab.
Wie das große Meer nur einen Geschmack hat, den des
Salzes, so hat auch meine Lehre nur einen Geschmack,
den der Befreiung. Beide, das Meer und der Dharma,
sind voll von Kleinodien, Perlen und Edelgestein, und
und beide dienen mächtigen Wesen zum Wohnort.   4

„Dies sind die acht wunderbaren Eigenschaften, in
welchen meine Lehre dem Meere gleicht.   5

„Meine Lehre ist rein und macht keinen Unterschied
zwischen Vornehm und Gering, zwischen Reich und
Arm.   6

„Meine Lehre ist dem Wasser gleich, das Alles reinigt ohne Unterschied.   7

„Meine Lehre ist dem Feuer gleich, das alle Dinge
verzehrt, welche zwischen Himmel und Erde sind, groß
und klein.   8

[61. Kapitel]

„Meine Lehre ist dem Himmel gleich, denn es ist Raum, hinlänglicher Raum darin für die Aufnahme Aller, für Männer und Frauen, Knaben und Mädchen, für die Mächtigen und die Geringen. 9

„Aber als ich redete, erkannten sie mich nicht und sprachen: ‚Wer mag dies sein, der also redet? Ist es ein Mensch oder ein Gott?‘ Und nachdem ich sie durch religiöse Unterweisung erbaut, belebt und erfreut hatte, verschwand ich; aber sie erkannten mich auch dann nicht, als ich verschwunden war.“ 10

Gleichniſſe und Erzählungen.

62. Gleichniſſe.

Der Gebenedeite dachte bei ſich ſelbſt: „Ich habe die Wahrheit gelehrt, welche vortrefflich iſt am Anfang, vortrefflich in der Mitte und vortrefflich am Ende; ſie iſt herrlich in ihrem Geiſte und herrlich in ihrem Buchſtaben. Aber ſo einfach ſie iſt, vermögen die Leute ſie doch nicht zu verſtehen. Ich muß zu ihnen reden in ihrer eigenen Sprache; ich muß meine Gedanken ihren Gedanken anpaſſen. Die Menſchen ſind Kindern gleich und hören gerne Erzählungen. Ich will ihnen deshalb Geſchichten erzählen, um ihnen die Herrlichkeit des Dharma zu erklären. Wenn ſie die Wahrheit nicht zu faſſen vermögen in den abſtrakten Beweisführungen, durch welche ich ſie erreicht habe, ſo mögen ſie dieſelbe vielleicht verſtehen lernen, wenn ſie durch Gleichniſſe erläutert wird.“[1]

63. Das brennende Haus.

Es war einſt ein reicher Hausvater, der eine große, aber alte Wohnung beſaß; ihre Querbalken waren

von Würmern zerfreffen, ihre Stützen faul, ihr Dach
ausgetrocknet und leicht entzündbar. Und es trug fich
eines Tages zu, daß der Geruch von Feuer fich ver=
breitete. Der Hausvater rannte ins Freie und fah das
ganze Dach in Flammen. Er ward von Schrecken er=
griffen, denn er liebte feine Kinder fehr, und er wußte,
daß diefelben die drohende Gefahr nicht kannten und
in dem brennenden Gebäude umherliefen.   1

Der erschrockene Vater dachte bei fich felbft: „Was
foll ich thun? Die Kinder find unwiffend, und es wird
nutzlos fein, fie zu warnen. Wenn ich hineinlaufe, um
fie zu fangen und in meinen Armen herauszutragen,
fo werden fie davonlaufen, und während ich vielleicht
eines zu retten vermöchte, werden die anderen in den
Flammen umkommen." Plötzlich kam ihm ein Ge=
danke. „Meine Kinder lieben Spielzeug," dachte er,
„wenn ich ihnen Spielfachen von wunderbarer Pracht
verfpreche, werden fie auf mich hören."   2

Dann rief er laut: „Kinder, kommt heraus und
feht die Gefchenke, die euch euer Vater gebracht hat.
Hier find Spielfachen für euch, viel fchöner, als ihr fie
jemals gefehen habt. Kommt fchnell, ehe es zu fpät
ift!"   3

Und fiehe! die Kinder kamen in voller Eile aus
den brennenden Trümmern gelaufen. Das Wort
„Spielzeug" hatte die Aufmerkfamkeit ihrer Sinne er=
regt. Da kaufte ihnen der zärtliche Vater in feiner
Freude die koftbarften Spielfachen, und als fie die Zer=
ftörung des Haufes fahen, erkannten fie die gute Abficht

[63. Kapitel]

ihres Vaters und priesen die Weisheit, welche ihr Le=
ben gerettet hatte.   4

Der Tathâgata weiß, daß die Kinder der Welt die
bunten Flitter weltlicher Freuden lieben. Er beschreibt
ihnen die Seligkeit der Rechtschaffenheit, um ihre See=
len vom Verderben zu retten, und wird ihnen die gei=
stigen Schätze der Wahrheit geben.   5

64. Der Blindgeborene.

Ein Mann, der blindgeboren war, sprach: „Ich
glaube nicht an die Welt des Lichtes und der Bilder=
Erscheinung. Es giebt keine Farben, weder helle noch
dunkle. Es giebt weder Sonne, noch Mond, noch
Sterne. Niemand hat diese Dinge gesehen."   1

Seine Freunde wollten ihn eines Besseren belehren,
aber er hielt an seiner Ansicht fest. „Was ihr zu sehen
vermeint," wandte er ein, „sind Täuschungen. Wenn
es Farben gäbe, so wäre ich im Stande, dieselben zu
betasten und zu fühlen. Farben haben keinen Körper
und sind deshalb nicht wirklich."   2

Ein Arzt, der einst zu dem Blinden gerufen wurde,
mischte vier Arzneien und heilte ihn von seiner Krank=
heit.   3

Der Tathagata ist der Arzt, und die vier Arzneien
sind die vier edlen Wahrheiten.   4

65. Der verlorene Sohn.

Eines Hausvaters Sohn zog fort in ein fernes
Land, und während der Vater unermeßliche Reich=
thümer ansammelte, verarmte der Sohn mehr und
mehr. Da traf es sich, daß der Sohn in das Land kam,
wo sein Vater wohnte, und er bettelte um Nahrung
und Kleidung. Als der Vater ihn in seinem Elend
erblickte und sah, wie er zerlumpt und durch Armuth
heruntergekommen war, trug er seinen Dienern auf,
ihn herbeizurufen.   ¹

Als der Sohn den Palaft sah, zu dem er geführt
wurde, dachte er bei sich selbst: „Ich muß den Verdacht
eines Mächtigen erweckt haben, und er wird mich ins
Gefängniß werfen." Voller Furcht entfloh er, noch
ehe er seinen Vater gesehen hatte.   ²

Da sandte der Vater Boten aus nach seinem Sohne,
und derselbe ward ergriffen und zurückgebracht, trotz
Geschrei und Klagen. Aber der Vater wies seine Die=
ner an, glimpflich mit seinem Sohne zu verfahren, und
er ernannte einen Arbeiter von dem Rang und der
Bildung seines Sohnes, daß er den jungen Mann als
seinen Gehilfen auf dem Gute beschäftige. Und dem
Sohn gefiel seine neue Stellung.   ³

Von dem Fenster seines Palaftes beobachtete der
Vater seinen Sohn, und als er wahrnahm, daß der=
selbe ehrlich und arbeitsam war, beförderte er ihn
höher und höher.   ⁴

[65. Kapitel]

Nach mehreren Jahren ließ er seinen Sohn vor sich
kommen, rief alle seine Diener zusammen und enthüllte
ihnen das Geheimniß. Da ward der arme Mann
hocherfreut und voller Glückseligkeit über die Begeg=
nung mit seinem Vater.   5

Ganz allmälig müssen die Gemüther der Menschen
für die höheren Wahrheiten erzogen werden.   6

66. Der einfältige Fisch.

Ein Bhikschu, der große Schwierigkeiten hatte, seine
Sinne und Leidenschaften zu zügeln, war entschlossen,
den Orden zu verlassen, und bat deshalb den Gebene=
deiten, ihn von seinen Gelübden zu entbinden. Der
Gebenedeite sprach: 1

„Gieb Acht, mein Sohn, daß du nicht den Begierden
deines irregeleiteten Herzens zum Opfer fallest. Denn
ich erkenne, daß du in früheren Existenzen viel von den
üblen Folgen der Lust gelitten hast, und es sei denn,
daß du deine sinnlichen Begierden zu besiegen lernst,
wirst du noch in diesem Leben durch deine Thorheit
dem Verderben anheimfallen.   2

„Höre die Geschichte einer deiner früheren Existenzen
als Fisch an: 3

„Den Fisch sah man lustig im Flusse umherschwim=
men und mit seiner Gefährtin spielen. Während sie
vor ihm herschwamm, gewahrte sie plötzlich die Ma=
schen eines Netzes, doch entging sie der Gefahr, da sie

noch rechtzeitig herumſchlüpfte. Er aber war durch
ſeine Verliebtheit ſo geblendet, daß er begierig hinter
ihr herſchoß und gerade in die Oeffnung des Netzes
gerieth. Wie nun der Fiſcher das Netz emporzog, be=
klagte der Fiſch ſein trauriges Schickſal und ſprach:
,Dies iſt fürwahr die bittere Frucht meiner Thorheit!'
Der Fiſch wäre ſicher dem Tode verfallen geweſen,
wenn nicht Bodhiſattwa zufällig des Weges gekommen
wäre. Da er die Sprache des Fiſches verſtand, er=
barmte er ſich ſeiner. Er kaufte das arme Geſchöpf
und ſprach zu ihm: ,Mein guter Fiſch, wenn ich dich
nicht heute zufällig erblickt hätte, wäre dein Leben
verloren geweſen. Ich will dich retten, aber ſündige
hinfort nicht mehr.' Mit dieſen Worten warf er den
Fiſch wieder ins Waſſer.   4

„Verwende die Gnadenfriſt, welche dir in deiner
gegenwärtigen Exiſtenz gegeben iſt, zu deinem Beſten
und fürchte den Pfeil der Luſt, welcher dich ins Ver=
derben ſtürzen wird, wenn du deine Sinne nicht be=
wachſt.“   5

67. Der grauſame Kranich.

Ein Schneider, welcher Gewänder für die Brüder=
ſchaft anfertigte, hatte die Gewohnheit, ſeine Kunden zu
betrügen, und brüſtete ſich deshalb, klüger zu ſein als
andere Leute. Als er ſich aber einmal mit einem
Fremden in ein wichtiges Geſchäft einließ, fand er ſei=

nen Meister im Betrug und erlitt einen schweren Ver=
lust.   1

Und der Gebenedeite sprach: „Dies ist keine ver=
einzelte Erfahrung in dem Geschick des habgierigen
Schneiders; in anderen Existenzen erfuhr er ähnliche
Verluste, und indem er Andere zu betrügen trachtete,
richtete er sich schließlich selbst zu Grunde.   2

„Dieses selbe habgierige Wesen lebte vor langer
Zeit als ein Kranich in der Nähe eines Teiches, und
als die trockene Jahreszeit begann, sprach er zu den
Fischen im Teiche mit demüthiger Stimme: ,Seid ihr
nicht besorgt um euer zukünftiges Wohlergehen? Es
ist gegenwärtig sehr wenig Wasser und noch weniger
Nahrung in diesem Teich. Was werdet ihr thun,
wenn während dieser Dürre der ganze Teich austrocknen
sollte?'   3

„,Ja, fürwahr, was würden wir thun?' sagten die
Fische.   4

„Da antwortete der Kranich: ,Ich weiß einen schö=
nen, großen See, der niemals austrocknet. Wolltet ihr
nicht gerne in meinem Schnabel nach diesem See ge=
tragen werden?' Als die Fische nun anfingen, der
Ehrlichkeit des Kranich zu mißtrauen, schlug er ihnen
vor, einen von ihnen hinüberzuschicken nach dem See;
und ein großer Karpfen entschloß sich, um der anderen
willen das Wagniß zu unternehmen, worauf der Kra=
nich ihn zu dem schönen See hintrug und sicher wieder
zurückbrachte. Da schwand aller Zweifel, und die
Fische gewannen Vertrauen zu dem Kranich, und nun

[67. Kapitel]

nahm er einen Fiſch nach dem anderen aus dem Teich
und verzehrte ſie auf einem großen Warana-Baum.   5

„In dem Teich war auch ein Hummer, und als es
den Kranich gelüſtete, auch ihn zu verzehren, ſprach er
zu ihm: ‚Ich habe die Fiſche alle in einen ſchönen,
großen See getragen; komm mit, ich werde dich auch
hinbringen!‘   6

„‚Aber wie willſt du mich faſſen, um mich dorthin
zu bringen?‘ fragte der Hummer.   7

„‚Ich werde dich mit meinem Schnabel feſthalten,‘
ſagte der Kranich.   8

„‚Du wirſt mich fallen laſſen, wenn du mich auf dieſe
Weiſe trägſt; darum will ich nicht mit dir gehen!‘ erwiderte der Hummer.   9

„‚Du brauchſt dich nicht zu fürchten,‘ entgegnete der
Kranich, ‚ich werde dich den ganzen Weg ſehr feſt
halten.‘   10

„Da dachte der Hummer: ‚Wenn dieſer Kranich einmal einen Fiſch im Schnabel hat, ſo wird er ihn ganz
gewiß niemals in einen See ſetzen! Wenn er mich
wirklich in den See brächte, wäre es herrlich; aber
wenn er es nicht thut, werde ich ihm den Hals ab-
ſchneiden und ihn tödten!‘ Er ſprach alſo zu dem
Kranich: ‚Sieh hier, Freund, du wirſt nicht im Stande
ſein, mich feſt genug zu halten; aber wir Hummern
haben eine berühmte Art, uns feſtzuklammern. Wenn
du mir geſtatten willſt, mich an deinem Halſe mit meinen Scheeren zu halten, ſo will ich gerne mit dir
gehen.‘   11

[67. Kapitel]

„Der Kranich merkte nicht, daß der Hummer ihn
zu überliften trachtete, und gab seine Zuftimmung. Da
klammerte fich der Hummer mit den Scheeren, die feft
wie Schmiedezangen waren, an den Hals des Kranichs
an und rief: ‚Nun mach dich auf den Weg!‘   12

„Der Kranich nahm ihn in die Höhe und zeigte ihm
den See, wandte fich aber dann zurück nach dem Warana-
Baum. ‚Mein lieber Onkel!‘ schrie der Hummer, ‚der
See liegt dort, aber du fliegft in anderer Richtung!‘   13

„Da antwortete der Kranich: ‚Meinft du, ich sei
dein lieber Onkel? Mich dünkt, du willft mir zu verftehen geben, daß ich dein Sklave bin, der dich aufnehmen und hintragen muß, wohin es dir beliebt!
Sieh dir den Haufen von Fischgräten dort drüben unter
dem Warana-Baum an. Dich werde ich ebenso wie
die Fische verzehren!‘   14

„‚Ach! die Fische wurden aufgefressen durch ihre
eigene Thorheit,‘ antwortete der Hummer, ‚ich aber
werde mich nicht von dir tödten laffen. Im Gegentheil, ich werde dich vernichten. Denn du haft in deiner
Thorheit nicht bemerkt, daß ich dich überliftet habe.
Wenn wir fterben, werden wir beide zufammen fterben,
denn ich werde dir deinen Kopf abfchneiden und ihn
auf den Boden werfen.‘ Und indem er alfo sprach,
kniff er einen Augenblick des Kranichs Hals, den er
mit seinen Scheeren wie in einem Schraubftock hielt.   15

„Der Kranich schnappte nach Luft und Thränen lie-
fen ihm aus den Augen. In seiner Todesangft flehte

er: ‚O, mein Gebieter! Wahrlich, ich wollte dich nicht auffreffen! Schenke mir mein Leben!'   16

„‚Gut, denn! Fliege hinab und setze mich in den See,' erwiderte der Hummer.   17

„Und der Kranich flog zurück nach dem See, um den Hummer in den Schlamm ans Ufer zu setzen. Wie er nun dort ankam, schnitt der Hummer ihm den Hals so scharf durch, wie man den Stengel einer Lotosblume mit einem Jagdmeffer abtrennt, und schlüpfte dann in das Waffer."   18

Als der Tathagata diefe Erzählung beendet hatte, fügte er hinzu: „Nicht nur bei diefer Gelegenheit, fondern auch in anderen Exiftenzen wurde diefer Menfch in ähnlicher Weife überliftet."   19

68. Vier Arten von Verdienft.

Ein reicher Mann pflegte die Brahmanen der Nachbarfchaft häufig in fein Haus einzuladen, ihnen reiche Gefchenke zu machen und den Göttern große Opfer darzubringen.   1

Und der Gebenedeite fprach: „Wenn ein Menfch auch jeden Monat taufend Opfer darbringt und Gaben vertheilt ohne Unterlaß, fo fteht er doch dem nach, der, wenn auch nur von Zeit zu Zeit, den Segen der Rechtfchaffenheit zu verftehen trachtet."   2

Der allweife Buddha fuhr fort: „Es giebt vier Arten des Gebens: erftens, wenn die Gaben groß find und das Verdienft klein; zweitens, wenn die Gaben klein sind und das Verdienst klein; drittens, wenn die Gaben klein sind und das Verdienst groß, und viertens wenn die Gaben groß sind und auch das Verdienst groß. [3]

„Die erste Art ist die des verblendeten Mannes, der bei Schwelgereien und Festgelagen Leben zerstört, um den Göttern zu opfern. In diesem Falle sind die Gaben groß, aber das Verdienst ist klein. [4]

„Die Gaben sind klein und auch das Verdienst ist klein, wenn ein Mensch aus Habgier und bösem Herzen einen Theil dessen für sich behält, das er hingeben will. [5]

„Das Verdienst jedoch ist groß, während die Gabe klein ist, wenn ein Mensch sein Opfer aus Liebe darbringt und mit dem Verlangen, zu wachsen an Weisheit und an Güte. [6]

„Und endlich: die Gabe ist groß und das Verdienst ist groß, wenn ein reicher Mann in selbstlosem Geiste und mit der Weisheit eines Buddha Schenkungen macht und Anstalten gründet zum Besten der Menschheit, um den Geist seiner Mitmenschen zu erleuchten und ihnen in ihren Nöthen Hilfe zu gewähren." [7]

69. Das Licht der Welt.

In Kauschambi wohnte ein gewisser Brahmane, gewandt im Disputiren und wohl unterrichtet in den Wedas. Da er Niemand fand, den er im Wortgefecht

[69. Kapitel]

als ebenbürtig betrachtete, ſo pflegte er eine brennende
Fackel in der Hand zu tragen, und wenn er nach dem
Grunde dieſes ſeltſamen Gebahrens gefragt wurde,
antwortete er: „Die Welt iſt ſo finſter, daß ich eine
Fackel brauche, um ſie zu erhellen." [1]

Ein Schramana, der am Markte ſaß, hörte dieſe
Worte und ſprach: „Mein Freund, wenn deine Augen
zu blind ſind, um das allgegenwärtige Licht des Tages
zu ſehen, ſo nenne die Welt nicht finſter. Deine Fackel
trägt nichts dazu bei, die Herrlichkeit der Sonne zu er=
höhen, und deine gute Abſicht, den Verſtand Anderer
zu erleuchten, iſt ſo nutzlos wie ſie anmaßend iſt." [2]

Darauf fragte der Brahmane: „Wo iſt die Sonne,
von der du redeſt?" Und der Schramana erwiderte:
„Die Weisheit des Tathagata iſt die Sonne der Seelen.
Ihr Glanz iſt gleich herrlich bei Tag und bei Nacht.
Wes Glaube ſtark iſt, der wird des Lichtes auf dem
Wege zum Nirwana nicht ermangeln; und dort wird
er ewige Seligkeit erwerben." [3]

70. Ueppiges Leben.

Während Buddha in der Nachbarſchaft von Schra=
waſti ſeine Lehre zur Bekehrung der Welt predigte,
kam ein ſehr reicher Mann, der an vielen Beſchwerden
litt, zu ihm mit gefalteten Händen und ſprach: „Welt=
geehrter Buddha, verzeihe mir meinen Mangel an
Achtungsbezeugung, wenn ich dich nicht begrüße, wie

ich sollte, aber ich leide sehr durch Fettsucht, Schlaffheit
und andere Uebel, so daß ich mich nicht ohne Schmerz
bewegen kann." 1

Als der Tathagata sah, mit welchem Luxus der
Mann umgeben war, fragte er ihn: „Möchtest du
gerne den Grund deiner Leiden wissen?" Und als der
reiche Mann bereit war, den Grund zu erfahren,
sprach der Gebenedeite: „Fünferlei sind die Ursachen,
welche den Zustand hervorbringen, über den du klagst:
schwelgerische Mahlzeiten, Liebe zum Schlaf, Ver=
gnügungssucht, Trägheit im Denken und Mangel an
Beschäftigung. Uebe dich in Selbstbeherrschung bei
Mahlzeiten und nimm Pflichten auf dich, welche deine
Fähigkeiten üben und dich deinen Mitmenschen nützlich
machen. Wenn du diesen Rath befolgst, wirst du dein
Leben verlängern." 2

Der reiche Mann behielt diese Worte Buddhas in
seinem Herzen, und nachdem er einige Zeit darauf die
Leichtigkeit seines Körpers und seine jugendliche Be=
hendigkeit wieder erlangt hatte, kehrte er ohne Rosse
und Dienerschaft zu dem Gebenedeiten zurück und
sprach: „Meister, du hast meine körperlichen Ge=
brechen geheilt, nun komme ich, um Erleuchtung mei=
ner Seele zu suchen." 3

Und der Gebenedeite sprach: „Der Weltmensch
pflegt seinen Körper, aber der Weise sorgt für seine
Seele. Wer nur der Befriedigung seiner Begierden lebt,
bereitet sich sein eigenes Verderben; aber wer auf dem

[70. Kapitel]

Pfade der Rechtſchaffenheit wandelt, wird beides er=
langen, die Erlöſung ſeiner Seele und die Verlängerung
ſeines Lebens."   4

71. Ausbreitung des Segens.

Als einſt Annabhara, der Sklave Sumanas, das
Gras auf der Wieſe gemäht hatte, ſah er einen Schra=
mana mit ſeiner Schüſſel betteln. Und er warf ſein
Bündel Gras auf die Erde, lief in das Haus und
brachte ihm den Reis, der für ſeine eigene Mahlzeit
beſtimmt war.   1

Der Schramana aß den Reis und dankte dem Geber
mit Worten religiöſen Troſtes.   2

Die Tochter Sumanas, welche von einem Fenſter
aus den Vorgang beobachtet hatte, rief aus: „Gut!
Annabhara, gut! ſehr gut!"   3

Wie Sumana, Annabharas Herr, die Worte ſeiner
Tochter hörte, fragte er, was ſie damit meine. Als er
hörte, was Annabhara gethan und daß er für ſeine
Gabe Worte des Troſtes von dem Schramana em=
pfangen habe, ging er hin zu ſeinem Sklaven und bot
ihm Geld an, daß er den Segen mit ihm theile.   4

„Mein Herr," ſprach Annabhara, „erlaube mir zu=
erſt den ehrwürdigen Mann zu fragen." Und er ging
hin zu dem Schramana und ſprach: „Mein Herr bittet
mich, den Segen, der mir durch meine Gabe geworden,
indem ich dir meinen Reis gab, mit ihm zu theilen.
Räthſt du mir, daß ich es thun ſoll?"   5

[71. Kapitel]

Der Schramana antwortete durch ein Gleichniß. Er sprach: „In einem Dorfe, das hundert Häuser zählte, brannte ein einziges Licht. Da kam ein Nach= bar mit seiner Lampe und zündete sie daran an, und auf diese Weise wurde das Licht von Haus zu Haus mitgetheilt und die Helligkeit in dem Dorfe wurde ver= mehrt. So kann das Licht der Religion ausgebreitet werden, ohne den ärmer zu machen, der es mittheilt. Laß auch den Segen deiner Gabe sich ausbreiten und theile ihn Anderen mit." ⁶

Annabhara kehrte zurück in das Haus seines Herrn und sprach zu ihm: „Ich lasse dich, o Herr, Antheil nehmen an dem Segen meiner Gabe. Geruhe denselben anzunehmen." ⁷

Sumana nahm ihn an und bot seinem Sklaven eine Summe Geldes, aber Annabhara erwiderte: „Nicht doch, mein Herr; wenn ich dein Geld annehme, so könnte es scheinen, als hätte ich dir meinen Antheil verkauft. Segen kann aber nicht verkauft werden; ich bitte dich, ihn als ein Geschenk anzunehmen." ⁸

Der Meister erwiderte: „Bruder Annabhara, von diesem Tage an sollst du frei sein. Lebe mit mir zu= sammen als mein Freund und nimm von mir ein Ge= schenk an als ein Zeichen meiner Hochachtung." ⁹

72. Der Thor.

Ein reicher Brahmane, vorgerückt in Jahren, hatte sich, uneingedenk der Unbeständigkeit irdischer Dinge

und in Erwartung eines langen Lebens, ein großes
Haus gebaut.   ¹

Buddha ſandte Ananda zu dem reichen Brahmanen,
um ihm die vier erhabenen Wahrheiten und den acht=
fachen Pfad der Erlöſung zu verkünden.   ²

Der Brahmane zeigte Ananda ſein Haus und er=
klärte ihm den Zweck der vielen Räumlichkeiten, aber
Anandas Unterweiſung in der Lehre Buddhas ſchenkte
er kein Gehör.   ³

Ananda ſprach: „Es iſt die Gewohnheit der Thoren
zu ſagen: ‚Ich habe Kinder und Reichthum.‘ Wer
alſo ſpricht, iſt nicht einmal Herr ſeiner ſelbſt; wie
kann er den Beſitz von Kindern, Reichthümern und
Dienern beanſpruchen? Vielerlei ſind die Sorgen der
weltlich Geſinnten, aber wer verblendet iſt, gedenkt
nicht einmal der Wechſelfälle der Zukunft.“   ⁴

Kaum hatte Ananda ihn verlaſſen, da traf den alten
Mann der Schlag, und er fiel todt nieder. Und Buddha
ſprach zur Unterweiſung derer, welche bereit waren zu
lernen: „Ein Thor, wenn er auch in Geſellſchaft der
Weiſen lebt, verſteht nichts von der wahren Lehre, wie
der Löffel die Suppe nicht ſchmeckt. Er denkt nur an
ſich ſelbſt und, den Rath guter Rathgeber nicht achtend,
iſt er nicht im Stande, ſich ſelbſt zu retten.“   ⁵

73. Die Rettung in der Wüſte.

Ein Jünger des Gebenedeiten, welcher voll Kraft
und Eifer für die Wahrheit war, hatte ein Gelübde

gethan, sich in der Einsamkeit stillen Betrachtungen
hinzugeben; aber in einem Augenblick der Schwäche
brach er dasselbe. Und er sprach zu sich selbst: „Der
Meister sagte, daß es verschiedene Arten von Menschen
giebt; ich muß der niedrigsten Klasse angehören, und
ich fürchte, daß es in diesem Leben für mich weder
einen Pfad, noch Früchte giebt. Was nützt ein Leben
in der Waldeinsamkeit, wenn ich nicht im Stande bin,
selbst durch ununterbrochene Anstrengung, die Einsicht
der Betrachtung zu gewinnen, welcher ich mich hin=
gegeben habe?" Und er verließ die Einsamkeit und
kehrte zum Jetawana zurück.   1

Als die Brüder ihn sahen, sprachen sie zu ihm:
„Du hast Unrecht gethan, o Bruder, dein Gelübde auf=
zugeben." Und sie brachten ihn vor den Meister.   2

Als der Gebenedeite die Brüder sah, sprach er:
„Ihr bringt diesen Bruder gegen seinen Willen hier=
her. Was hat er gethan?"   3

„Herr, dieser Bruder zeigt sich nicht würdig, Mit=
glied des Ordens zu sein, da er das auf sich genommene
Gelübde nicht erfüllt hat."   4

Da sprach der Meister zu ihm: „Ist es wahr, daß
du den Versuch, dein Gelübde zu erfüllen, aufgegeben
hast?"   5

„Es ist wahr, o Gebenedeiter!" war die Antwort.6

Der Meister sprach: „Dieses, dein gegenwärtiges
Leben ist eine Zeit der Gnade. Wenn es dir jetzt nicht
gelingt, die Seligkeit zu erreichen, so mußt du in späte=
ren Existenzen Gewissensbisse erleiden. Wie ging es

[73. Kapitel]

zu, Bruder, daß du dich ſo unbeſtändig erwieſen haſt? Du warſt doch in früheren Exiſtenzen voller Feſtigkeit. Durch deine Willenskraft allein fanden die Begleiter und Ochſen von fünfhundert Wagen Waſſer in der ſandigen Wüſte und wurden gerettet. Wie kommt es, daß du jetzt deine Verſuche aufgiebſt?" [7]

Durch dieſe Worte wurde jener Bruder wieder neu geſtärkt in ſeinem Entſchluſſe. Aber die Bhikſchus baten den Gebenedeiten und ſprachen: „Herr, erzähle uns, wie das zuging." [8]

„So hört denn, ihr Bhikſchus," ſprach der Gebene= deite, und als alle geſpannt waren, die Erzählung zu hören, offenbarte er ihnen, was durch den Wechſel der Geburt verborgen wird. [9]

Als noch Brahmadatta in Kaſchi regierte, wurde Bodhiſattwa in der Familie eines Kaufmanns ge= boren. Er wuchs heran und zog umher mit fünf= hundert Wagen, um Handel zu treiben. [10]

Eines Tages kam er in eine Wüſte, die viele Mei= len breit war. Der Sand war ſo fein, daß man ihn in der geſchloſſenen Fauſt nicht feſthalten konnte. Nach Sonnenaufgang wurde er ſo heiß wie glühende Holz= kohlen, ſo daß Niemand darauf gehen konnte. Wer durch die Wüſte reiſen mußte, nahm deshalb Holz, Waſſer, Oel und Reis in Wagen mit ſich und reiſte während der Nacht. Bei Tagesanbruch aber ſchlugen die Reiſenden ein Zelt auf und lagerten ſich, und nach= dem ſie ihre Mahlzeit früh zu ſich genommen, ver= brachten ſie den Tag im Schatten. Beim Sonnnen=

[73. Kapitel]

untergang nahmen sie ihr Abendmahl zu sich, und
sobald der Boden abgekühlt war, spannten sie ihre
Ochsen an und fuhren weiter. Das Reisen glich einer
Fahrt über das Meer: man mußte einen Führer
haben, der mittelst seiner Kenntniß der Sterne die Karawane glücklich auf die andere Seite brachte. ¹¹

In dieser Weise kreuzte der Kaufmann unserer
Geschichte die Wüste. Als er neunundfünfzig Meilen
zurückgelegt hatte, dachte er bei sich selbst: „In der
nächsten Nacht werden wir aus diesem Sande hinaus-
kommen," und nach dem Abendessen hieß er die Wagen
anspannen und fuhr weiter. Der Führer hatte auf
dem vordersten Wagen Kissen zurechtlegen lassen und
legte sich nieder, indem er die Sterne betrachtete und
die Richtung angab, wohin man fahren sollte. Aber
da er durch Mangel an Ruhe während des langen
Marsches erschöpft war, schlief er ein und wurde nicht
gewahr, daß die Ochsen sich gewendet hatten und denselben Weg wieder zurückgingen, auf dem sie gekommen
waren. ¹²

Die Ochsen gingen die ganze Nacht hindurch, und
als der Führer kurz vor Morgendämmerung erwachte
und der Sterne ansichtig wurde, rief er aus: „Haltet
die Wagen an! Haltet die Wagen an!" Der Tag
graute eben, und die Wagen wurden in einer Reihe
aufgestellt. Da riefen die Männer aus: „Dies ist ja
dasselbe Lager, das wir gestern verließen! Unser Holz
und Wasser ist ganz zu Ende! Wir sind verloren!"
Und sie spannten die Ochsen aus, schlugen die Zelte

[23. Kapitel]

auf und legten sich voller Verzagtheit nieder, ein Jeder
unter seinen Wagen. Aber Bodhisattwa sprach zu sich
selbst: „Wenn ich den Muth verliere, so werden alle
diese Menschen umkommen," und er ging umher, so
lange der Morgen noch kühl war. Da erblickte er einen
Büschel Kusagras und dachte: „Dieses Gras kann nur
dadurch wachsen, daß es Wasser von unten anzieht." [13]

Und er ließ sich einen Spaten bringen und hieß
seine Leute an dieser Stelle graben, und sie gruben
sechzig Klafter tief. Da stieß der Spaten auf Fels, und
sie gaben die Arbeit in Verzweiflung auf. Aber Bo=
dhisattwa dachte bei sich: „Unter diesem Felsen muß
Wasser sein," und indem er sich in die Grube hinab=
ließ, beugte er sich nieder, legte sein Ohr auf den Stein
und horchte. Da hörte er Wasser gurgeln, und er stieg
wieder auf und rief seinen Diener. „Mein Sohn,"
sagte er, „die Andern verzweifeln; wenn du jetzt auch
den Muth sinken läßt, so sind wir alle verloren. Sei
darum unverzagt. Nimm diesen Hammer, steige hinab
und schlage kräftig auf den Felsen." [14]

Der junge Mann gehorchte, und obschon die An=
dern jede Hoffnung aufgegeben hatten, ging er doch mit
festem Entschlusse hinab und schlug auf den Stein.
Der Fels spaltete sich und versperrte nicht mehr den
Strom. Und das Wasser stieg empor, bis es die Höhe
eines Palmbaumes in der Grube erreicht hatte. Und
Alle tranken von dem Wasser und badeten darin. Sie
kochten ihren Reis, aßen und fütterten die Ochsen. Als
die Sonne unterging, steckten sie eine Fahne bei dem

[73. Kapitel]

Brunnen auf und zogen an den Ort ihrer Bestimmung.
Dort verkauften sie ihre Waare mit gutem Gewinn
und kehrten in ihre Heimath zurück. Als sie starben,
schieden sie, ein jeder nach seinen Thaten, aus diesem
Leben. Und Bodhisattwa war wohlthätig und ver=
richtete manche tugendhafte Handlung, und als er starb,
schied auch er nach seinen Thaten aus dem Leben.   15

Nachdem der Meister seine Geschichte beendet hatte,
zeigte er den Zusammenhang, indem er zum Schluß
sagte: „Der Herr der Karawane war Bodhisattwa,
der zukünftige Buddha; der junge Mann aber, welcher
nicht verzweifelte, sondern den Stein entzwei schlug und
seinen Mitreisenden Wasser gab, war dieser Bruder
ohne Ausdauer, und die anderen Männer waren die
Begleiter Buddhas."   16

74. Buddha der Säemann.

Als Bharadwaja, ein reicher Brahmane, sein Ernte=
dankfest feierte, kam der Gebenedeite des Weges mit
seinem Almosennapf in der Hand, um sich Nahrung
reichen zu lassen.   1

Einige der Leute waren ehrerbietig, aber der Brah=
mane wurde zornig und sprach: „O Schramana, es
würde dir besser anstehen, an die Arbeit zu gehen, als
zu betteln. Ich pflüge und säe, und nachdem ich ge=
pflügt und gesäet habe, esse ich. Wenn du desgleichen
thätest, so würdest auch du zu essen haben."   2

[74. Kapitel]

Und der Tathagata antwortete ihm und sprach:
„O Brahmane, auch ich pflüge und fäe, und nachdem
ich gepflügt und gefäet, effe ich." [3]

„Giebst du dich für einen Landmann aus?" ent=
gegnete der Brahmane. „Wo sind denn deine Ochsen?
Wo ist der Same und der Pflug?" [4]

Der Gebenedeite sprach: „Glaube ist der Same, den
ich fäe; gute Werke sind der Regen, der ihn befeuchtet;
Weisheit und Bescheidenheit sind der Pflug; mein
Geist ist der Zügel; ich lege die Hand an die Hand=
habe des Gesetzes; ernstes Wollen ist die Peitsche, die
ich gebrauche, und Anstrengung ist mein Zugstier.
Ich pflüge, um das Unkraut der Täuschung zu zer=
stören. Die Ernte, welche dann aus dem Samen her=
vorgeht, ist das unsterbliche Leben des Nirwana, und
dadurch endet alles Leiden." [5]

Da goß der Brahmane Reismilch in ein goldenes
Gefäß und bot sie dem Gebenedeiten dar, indem er
sprach: „Der Lehrer der Menschheit genieße von dieser
Reismilch, denn der ehrwürdige Gautama pflügt eine
Furche, welche die Frucht der Unsterblichkeit trägt." [6]

75. Unrein.

Als Bhagawant sich zu Schrawasti in dem Jeta=
wana aufhielt, ging er aus mit seiner Almosenschüssel,
um sich Nahrung reichen zu laffen, und näherte sich dem
Hause eines Brahmanenpriesters, als gerade die Opfer=

flamme auf dem Altar brannte. Und der Priester sprach: „Bleibe fern, o Mönch! Bleibe fern, o du elender Schramana, du bist unrein!"   1

Der Gebenedeite entgegnete: „Wer ist unrein?   2

„Unrein ist, wer zornig ist und Haß hegt; wer gott= los ist und heuchlerisch; wer dem Irrthum huldigt und voller Betrug ist.   3

„Unrein ist der Streitsüchtige, der Habsüchtige; wer sündige Begierden hat; wer neidisch, gottlos und schamlos ist; wer sich nicht scheut, Sünden zu begehen.   4

„Nicht durch die Geburt wird der Mensch unrein, nicht durch die Geburt wird der Mensch zum Brah= manen; durch Handlungen wird der Mensch unrein, durch Handlungen wird er zum Brahmanen."   5

76. Das Mädchen am Brunnen.

Ananda, der Lieblingsjünger Buddhas, wurde von dem Gebenedeiten mit einem Auftrag ausgeschickt, und als er an einem Brunnen in der Nähe eines Dorfes vorüberging, sah er Prakriti, ein Mädchen der Ma= tanga=Kaste, und bat sie um einen Trunk Wasser.   1

Und Prakriti sprach: „O Brahmane, ich bin zu niedrig und unwürdig, dir Wasser zum Trinken zu reichen; bitte mich nicht um einen Dienst, daß deine Heiligkeit nicht befleckt werde, denn ich bin von niederer Kaste."   2

Und Ananda sprach: „Ich frage nicht nach deiner

Kaste, sondern bitte dich um Wasser." Und das Herz
des Matanga-Mädchens hüpfte vor Freude, und sie
gab Ananda zu trinken.   3

Ananda dankte ihr und ging seines Weges; aber
sie folgte ihm von ferne.   4

Und als sie vernommen, daß Ananda ein Jünger
des Gautama Schakyamuni war, kam das Mädchen
zu dem Gebenedeiten und rief aus: „Hilf mir, o Herr,
und laß mich wohnen, wo Ananda, dein Jünger,
wohnt, so daß ich ihn schauen mag und ihm dienen,
denn ich liebe Ananda."   5

Und der Gebenedeite verstand die Gefühle ihres
Herzens, und er sprach: „Prakriti, dein Herz ist voller
Liebe, aber du verstehst deine eigenen Empfindungen
nicht. Nicht Ananda ist es, den du liebst, sondern seine
Güte. Mache dir darum die Güte, welche er dir erzeigt
hat, zu eigen, und in der Demuth deines Standes übe
sie gegen Andere.   6

„Wahrlich, die Großmuth eines Königs, wenn er
gütig ist gegen einen Sklaven, ist ein großes Verdienst;
aber größer ist das Verdienst des Sklaven, wenn er
das Unrecht, das er erleidet, übersieht und Güte und
Wohlwollen gegen alle Menschen übt. Er wird seine
Unterdrücker nicht mehr hassen, und wenn er sich auch
ihrer Anmaßung nicht erwehren kann, wird er dennoch
aus Barmherzigkeit ihre Hoffahrt und ihr übermüthiges
Benehmen bemitleiden.   7

„Selig bist du, Prakriti, denn obschon du eine Ma-
tanga bist, wirst du doch ein Vorbild für vornehme
                                              [76. Kapitel]

Männer und vornehme Frauen sein. Du bist von nie=
derer Kaste, aber Brahmanen werden von dir lernen.
Weiche nicht von dem Pfad der Gerechtigkeit und Recht=
schaffenheit ab, so wirst du den fürstlichen Glanz von
Königinnen auf dem Throne überstrahlen." 8

77. Der Friedensstifter.

Zwei Königreiche waren im Begriff, sich zu be=
kriegen, weil sie sich gegenseitig den Besitz eines Ufer=
deiches streitig machten. 1

Und als Buddha die Könige mit ihren Heeren zum
Kampfe bereit sah, bat er sie, ihm die Ursache ihres
Streites mitzutheilen. Nachdem er die Klagen auf bei=
den Seiten angehört, sprach er: 2

„Ich höre, daß der Damm für einige von euren
Leuten großen Werth besitzt; hat, er abgesehen davon,
an sich irgend einen Werth?" 3

„Er hat an und für sich gar keinen Werth," war die
Antwort. Der Tathagata fuhr fort: „Wenn ihr nun
einander bekämpft, ist es nicht sicher, daß viele von
euren Leuten getödtet werden und ihr selbst, o Könige,
in Gefahr stehet, euer Leben zu verlieren?" 4

Und sie sprachen: „Wahrlich, es ist gewiß, daß
Viele getödtet werden, und unser eigenes Leben steht
in Gefahr." 5

„Hat aber nun das Leben von Menschen an und
für sich weniger Werth, als ein Erdhügel?" fragte
Buddha. 6

[77. Kapitel]

„Nein," ſagten die Könige, „das Leben von Menſchen, und vor Allem das Leben von Königen, iſt unſchätzbar." ⁷

Da ſprach der Gebenedeite: „Wollt ihr alſo das, was unſchätzbar iſt, gegen das einſetzen, was an ſich keinen Werth hat?" ⁸

Der Grimm der beiden Herrſcher verflog, und ſie glichen ihre Streitigkeit auf friedliche Weiſe aus. ⁹

78. Der hungrige Hund.

Zu Buddhas Zeiten gab es einen großen König, der ſein Volk bedrückte und von ſeinen Unterthanen gehaßt wurde; als aber der Tathagata in ſein Reich kam, hatte der Tyrann ein großes Verlangen, ihn zu ſehen. Er ging deshalb zu dem Gebenedeiten und fragte ihn: „O Schakyamuni, vermagſt du dem König eine Lehre zu geben, welche ihn beluſtigt und gleichzeitig belehrt?" ¹

Der Gebenedeite ſprach: „Ich will dir das Gleichniß von dem hungrigen Hunde erzählen: ²

„Als einſt ein Tyrann das Volk bedrückte, erſchien Gott Indra als Jäger auf Erden, begleitet von dem Dämon Matali in der Geſtalt eines großen Hundes. Jäger und Hund gingen in den Palaſt, und der Hund heulte ſo fürchterlich, daß die Grundveſten des Palaſtes erbebten. Der Tyrann ließ den Jäger vor ſeinen Thron kommen und erkundigte ſich nach dem Grunde

des schrecklichen Geheuls. Der Jäger sprach: ‚Der
Hund ist hungrig,‘ woraufhin der erschrockene König
befahl, daß ihm Futter gebracht werde. Aber alles
Futter, das in der königlichen Vorrathskammer für ihn
bereitet wurde, verschwand schnell in dem Rachen des
Hundes, und noch heulte er unheildrohend. Man ließ
mehr Futter bringen, und die sämmtlichen königlichen
Vorrathskammern wurden geleert, aber vergeblich. Da
ward der Tyrann voll Verzweiflung und fragte:
‚Kann denn nichts den Heißhunger dieser schrecklichen
Bestie stillen?‘ ‚Nichts,‘ antwortete der Jäger, ‚nichts
als vielleicht das Fleisch seiner Feinde.‘ Und wer sind
seine Feinde?‘ fragte der Tyrann besorgt. Der Jäger
entgegnete: ‚Der Hund wird heulen, so lange es noch
hungrige Leute im Königreich giebt, und seine Feinde
sind die, welche Ungerechtigkeit üben und die Armen
bedrücken.‘ Der Bedrücker des Volkes erinnerte sich seiner Uebelthaten, und Reue erfaßte ihn. Zum ersten
Male in seinem Leben fing der Tyrann an, der Lehre
der Gerechtigkeit Gehör zu schenken.“   3

Nachdem der Gebenedeite seine Erzählung beendet
hatte, wandte er sich an den König, der erbleicht war,
und sprach zu ihm: 4

„Der Tathagata vermag die Ohren der Mächtigen
zu öffnen. Wenn du, großer König, den Hund bellen
hörst, so gedenke der Lehre Buddhas, und du magst noch
lernen, das Ungethüm zu befriedigen.“   5

[78. Kapitel]

79. Der Tyrann.

Brahmadatta, der König, sah einst die Gemahlin eines Kaufmannes, ein schönes Weib, und eine heftige Leidenschaft für sie erfaßte ihn. Er ließ heimlich ein köstliches Kleinod in den Wagen des Kaufmannes legen, um eine Sache gegen ihn zu haben. Das Kleinod wurde vermißt, man suchte und fand es. Als der Kaufmann unter der Anklage des Diebstahls verhaftet war, gab der König sich den Anschein, als schenke er der Vertheidigung große Aufmerksamkeit, und gab unter heuchlerischen Betheuerungen seines Bedauerns den Befehl zur Hinrichtung, während die Frau dem königlichen Harem überwiesen wurde.   [1]

Brahmadatta entschloß sich, der Hinrichtung in Person beizuwohnen, da ihm solche Schauspiele Vergnügen bereiteten; aber als der Verurtheilte einen Blick voll Mitleid auf seinen niederträchtigen Richter warf, erleuchtete ein Strahl der Weisheit Buddhas den von Leidenschaft umwölkten Sinn des Königs; und als der Scharfrichter das Schwert zum tödtlichen Streich erhob, empfand Brahmadatta, daß die Seele des Kaufmanns in sein eigenes Herz einzog, und es schien ihm, als sähe er sich selbst auf dem Block.   [2]

„Halt ein, Scharfrichter!" schrie Brahmadatta, „es ist der König, den du tödtest!"   [3]

Es war zu spät. Der Scharfrichter hatte sein blutiges Werk vollbracht.   [4]

[79. Kapitel]

Der König fiel zurück in Ohnmacht, und als er wieder erwachte, war ein Wandel über ihn gekommen. Er hatte aufgehört, der grausame Gewaltherrscher zu sein und führte hinfort ein Leben der Heiligkeit und Aufrichtigkeit. ⁵

O ihr, die ihr Mord und Raub begehet! Der Schleier Mayas liegt über euren Augen! Wenn ihr die Dinge zu sehen vermöchtet, wie sie sind und nicht wie sie scheinen, so würdet ihr euren eigenen Seelen nicht länger Schaden und Schmerz zufügen. Ihr sehet nicht ein, daß ihr für eure Uebelthaten büßen müßt, denn was ihr säet, das werdet ihr ernten. ⁶

80. Wasawadatta.

Eine Buhlerin der Stadt Mathura, Namens Wasawadatta, erblickte zufällig den Upagupta, Buddhas Jünger, einen hochgewachsenen und schönen Jüngling, und sie entbrannte in Liebe zu ihm. Wasawadatta übersandte dem jungen Mann eine Einladung, aber derselbe erwiderte: „Die rechte Zeit ist noch nicht gekommen, daß Upagupta Wasawadatta besuchte." ¹

Die Buhlerin war erstaunt über die Antwort. Sie schickte wiederum nach ihm und ließ ihm sagen: „Wasawadatta will Liebe von Upagupta und nicht Gold." Doch Upagupta gab dieselbe dunkle Antwort und ging nicht hin. ²

Bald darauf hatte Wasawadatta ein Liebesverhältniß mit dem königlichen Oberwerkmeister, und zu der-

[80. Kapitel]

selben Zeit kam ein reicher Kaufmann nach Mathura,
welcher sich in Wasawadatta verliebte. Da sie seinen
Reichthum sah und die Eifersucht ihres anderen Lieb-
habers fürchtete, tödtete sie den Oberwerkmeister und
verbarg seine Leiche unter einem Düngerhaufen.   3

Als der Oberwerkmeister verschwunden war, suchten
ihn seine Verwandten und Freunde und fanden seinen
Leichnam. Wasawadatta aber wurde vor den Richter
geführt und verurtheilt, mit abgeschnittenen Gliedern
auf einen Begräbnißplatz geworfen zu werden.   4

Wasawadatta war ein leidenschaftliches Mädchen
gewesen, aber gütig gegen ihre Dienerschaft. Darum
folgte ihr eine von ihren Mägden, um ihr in ihrer
Pein zu dienen und die Krähen fern zu halten.   5

Nun war die rechte Zeit für Upagupta gekommen,
Wasawadatta zu besuchen.   6

Als er kam, befahl Wasawadatta ihrer Magd, ihre
Gliedmaßen zusammen zu tragen und unter einem
Tuch zu verbergen. Upagupta begrüßte die Unglückliche freundlich, doch sie sprach trotzig: „Einst war dieser
Körper duftig wie die Lotosblume, und ich bot dir
meine Liebe an. In jenen Tagen war ich bedeckt mit
Perlen und feinen Gewändern. Nun bin ich verstüm-
melt durch den Scharfrichter und mit Schmutz und Blut
bedeckt."   7

„Schwester," sprach der junge Mann, „ich komme
nicht zu dir meines Vergnügens halber. Es geschieht,
um dir eine edlere Schönheit zu geben, als die, welche
du verloren hast.   8

[80. Kapitel]

„Ich sah mit meinen Augen den Tathagata auf
Erden wandeln nnd den Menschen seine wunderbare
Lehre verkünden. Aber während du, von Versuchungen
umgeben, dich nach weltlichen Freuden sehntest und von
der Leidenschaft bethört warst, würdest du den Worten
der Sittlichkeit kein Gehör geschenkt haben. Du würdest
der Lehren des Tathagata nicht geachtet haben, denn
dein Herz war verkehrt und du setztest dein Vertrauen
in den Trug deiner vergänglichen Reize.   9

„Die Reize einer schönen Gestalt sind trügerisch und
führten dich in Versuchungen, welche sich für dich zu
stark erwiesen. Es giebt aber eine Schönheit, welche
nicht verwelkt, und wenn du nur dein Ohr der Lehre
unseres Herrn, des Buddha, leihen willst, so wirst du
den Frieden finden, welchen du in der ruhelosen Welt
sündiger Freuden nicht erlangen konntest."   10

Wasawadatta wurde ruhig, und eine geistige Freude
linderte ihre körperlichen Qualen; denn wo viel Leiden
ist, da ist auch großes Glück.   11

Und nachdem Wasawadatta ihre Zuflucht zu dem
Buddha, dem Dharma und dem Sangha genommen,
starb sie in frommer Ergebung.   12

81. Die Hochzeit zu Jambunada.

Zu Jambunada lebte ein Mann, welcher sich ver-
mählen wollte, und er dachte bei sich selbst: „Möchte
doch Buddha, der Gebenedeite, bei der Hochzeit zugegen
sein."   1

[81. Kapitel]

Als der Gebenedeite am Vorabend der Hochzeit an
seinem Hause vorüberging, begegnete er ihm, und wie
der Allwiſſende den ſtillen Wunſch in dem Herzen des
Bräutigams las, willigte er ein, zur Hochzeit zu kom=
men.   2

Der Heilige erſchien mit vielen Bhikſchus, und der
Gaſtgeber, deſſen Mittel beſchränkt waren, empfing ſie,
ſo gut er konnte, und ſprach: „Iß, o Herr, nach Herzens=
luſt, ſammt deinem ganzen Gefolge!"   3

Während die heiligen Männer aßen, nahmen die
Speiſen und Getränke nicht ab, und der Gaſtgeber
dachte bei ſich ſelbſt: „Wie wunderbar iſt dies; ich
würde genug gehabt haben für meine Verwandten und
Freunde; ich wollte, ich hätte ſie eingeladen."   4

Sobald der Gaſtgeber alſo dachte, traten ſeine Ver=
wandten und Freunde in das Haus, und obſchon der
Speiſeſaal in dem Haus klein war, ſo fanden ſie doch
Raum darin. Sie ſetzten ſich und aßen, und es gab
mehr als genug für alle.   5

Der Gebenedeite freute ſich, ſo viele Gäſte fröhlich
zu ſehen, und er erquickte und erbaute ſie mit Worten
der Wahrheit. Er ſprach: 6

„Das größte Glück, das ein ſterblicher Menſch zu
denken vermag, iſt das Band der Ehe, welches zwei
liebende Herzen verbindet. Aber es giebt noch ein
größeres Glück: das Erfaſſen der Wahrheit. Der Tod
trennt Mann und Weib, aber der Tod wird dem nichts
anhaben, der ſich der Wahrheit angetraut hat.   7

„Freiet deshalb die Wahrheit und lebet mit ihr in

heiliger Ehe. Der Mann, welcher seine Gattin liebt
und sich nach bleibender Verbindung mit ihr sehnt,
muß ihr treu sein, wie die Wahrheit selbst, so wird sie
sich auf ihn verlassen und ihn ehren und ihm dienen.
Und die Gattin, welche ihren Gatten liebt und sich nach
bleibender Verbindung mit ihm sehnt, muß ihm treu
sein wie die Wahrheit selbst, so wird er sein Vertrauen
in sie setzen, sie ehren und für sie sorgen.   Wahrlich, ich
sage euch, ihre Ehe wird Heiligkeit und Glückseligkeit
sein; und die Kinder werden den Eltern gleichen und
Zeugen ihres Glückes werden.   8

„Laßt keinen Mann allein stehen, laßt jeden in heiliger Liebe der Wahrheit vermählt sein.   Und wenn
Mara, der Zerstörer, kommt, um die sichtbaren Formen
eures Wesens zu trennen, so werdet ihr in der Wahrheit weiterleben, und ihr werdet Theil haben am ewigen Leben, denn die Wahrheit ist unsterblich."   9

Und unter den Gästen war keiner, der nicht in seinem Geiste gestärkt worden wäre und die Süßigkeit
eines Lebens der Rechtschaffenheit erkannt hätte; und
sie nahmen ihre Zuflucht zu dem Buddha, dem Dharma
und dem Sangha.   10

82. Der entflohene Dieb.

Als der Gebenedeite seine Jünger ausgesandt hatte,
wanderte er allein von Ort zu Ort, bis er nach Uruwilwa kam.   1

Auf seinem Wege setzte er sich nieder in einem
[82. Kapitel]

Wäldchen, um auszuruhen. Es begab ſich aber, daß
in der Nähe eine Geſellſchaft von dreißig Freunden mit
ihren Frauen lagerte, und während ſie ſich vergnügten,
wurde ein Theil ihrer Sachen geſtohlen.   2

Da brach die ganze Geſellſchaft auf, um den Dieb
zu ſuchen, und als ſie den Gebenedeiten unter einem
Baume ſitzen ſahen, begrüßten ſie ihn und ſprachen:
„Sage, Herr, haſt du den Dieb hier vorbeikommen
ſehen mit unſeren Sachen?"   3

Und der Gebenedeite ſprach: „Was dünkt euch beſſer,
daß ihr den Dieb findet, oder euch ſelbſt?" Und die
Jünglinge riefen aus: „Daß wir uns ſelbſt finden!"   4

„Nun denn," ſprach der Gebenedeite, „ſo ſetzt euch
nieder und ich werde euch die Wahrheit predigen."   5

Und die ganze Geſellſchaft ſetzte ſich nieder, und ſie
lauſchten aufmerkſam den Worten des Gebenedeiten.
Und nachdem ſie die Wahrheit erfaßt, prieſen ſie die
Lehre und nahmen ihre Zuflucht zu Buddha.   6

83. Im Reiche des Yamaraja.

Ein Brahmane, ein religiöſer Mann und hingebend
in ſeinen Zuneigungen, aber ohne tiefe Weisheit, hatte
einen vielverſprechenden Sohn, der in ſeinem ſiebenten
Jahre von einer tödtlichen Krankheit befallen wurde
und ſtarb. Der unglückliche Vater vermochte ſich nicht
zu faſſen; er warf ſich nieder auf den Leichnam und
lag dort wie todt.   1

Die Verwandten kamen und begruben das todte
Kind, und als der Vater wieder zu sich kam, war er so
maßlos in seinem Schmerz, daß er sich wie ein Wahn=
sinniger geberdete. Er weinte nicht mehr, sondern
wanderte fort und fragte nach der Wohnung Yama=
rajas, des Königs des Todes, um ihn demüthig zu bit=
ten, sein Kind ins Leben zurückkehren zu laffen.   ²

Als er zu einem großen Brahmanentempel gekom=
men war, unterzog sich der trauernde Vater gewiffen
religiöfen Gebräuchen und schlief ein. Während er nun
in seinen Träumen weiter wanderte, kam er zu einem
tiefen Bergpaß, wo er einer Anzahl Schramanas be=
gegnete, welche die höchste Weisheit erlangt hatten.
„Ihr lieben Herren," sprach er, „könnt ihr mir nicht
sagen, wo die Wohnung des Yamaraja ist?" Und sie
fragten ihn: „Guter Freund, warum willst du es wif=
fen?" Darauf erzählte er ihnen seine traurige Geschichte
und erklärte ihnen sein Vorhaben. Sich seiner Selbst=
täufchung erbarmend, sprachen die Schramanas: „Kein
Sterblicher vermag den Ort zu erreichen, wo Yama=
raja herrscht, aber etwa vierhundert Meilen weiter
weftlich liegt eine große Stadt, wo viele gute Geifter
wohnen; an jedem achten Tage des Monats befucht
Yamaraja den Ort, und dort kannst du ihn fehen und
ihn, den König des Todes, um eine Gnade bitten."   ³

Der Brahmane freute sich über diefe Nachricht und
ging hin in die Stadt und fand Alles, wie die Schra=
manas ihm gesagt hatten. Vorgelaffen vor den Yama=
raja, trug er dem Furchterregenden seine Bitte vor und

[83. Kapitel]

erhielt von ihm diesen Bescheid: „Dein Sohn lebt ge=
genwärtig in dem östlichen Garten, wo er sich ergötzt;
gehe dorthin und heiße ihn dir folgen." ⁴

Da sprach der glückliche Vater: „Wie kommt es,
das mein Sohn im Paradiese lebt, ohne auch nur ein
einziges gutes Werk gethan zu haben?" Yamaraja
erwiderte: „Er hat die himmlische Seligkeit erlangt,
nicht weil er gute Werke gethan, sondern weil er im
Glauben und in der Liebe zu dem Herrn und Meister,
dem herrlichen Buddha, gestorben ist. Buddha spricht:
‚Das Herz der Liebe und des Glaubens breitet sich aus,
wie ein wohlthuender Schatten, von der Welt der Men=
schen zu der Welt der Götter.‘ Dieser herrliche Spruch
ist wie das Siegel auf eines Königs Freibrief." ⁵

Der glückliche Vater eilte an den Ort und sah sein
geliebtes Kind mit anderen Kindern spielen, alle ver=
klärt durch den Frieden eines himmlischen Lebens. Er
lief hin zu seinem Knaben und rief aus, während ihm
Thränen die Wangen hinunterliefen: „Mein Sohn,
mein Sohn, erinnerst du dich meiner nicht? Ich bin
dein Vater, der mit liebender Sorgfalt über dir wachte
und dich pflegte während deiner Krankheit. Kehre mit
mir nach Hause zurück in das Land der Lebendigen."
Aber der Knabe widersetzte sich, um zu seinen Spiel=
gefährten zurückzukommen, und tadelte ihn, daß er
solche ungebührliche Ausdrücke gebrauche wie ‚Vater‘
und ‚Sohn‘. „In meinem gegenwärtigen Zustande,"
sprach er, „kenne ich keine solchen Worte, denn ich bin
frei von Täuschung." ⁶

[83. Kapitel]

Daraufhin verließ ihn der Brahmane, und als er von seinem Traum erwachte, gedachte er des gebenedei-ten Meisters der Menschheit, des großen Buddha, und beschloß, zu ihm zu gehen, ihm seinen Kummer zu ent-decken und Trost zu suchen.   7

Als der Brahmane nach dem Jetawana kam, er-zählte er seine Geschichte und wie sein Knabe ihn nicht wieder erkannt und sich geweigert habe, mit ihm nach Hause zu gehen.   8

Und der Weltgeehrte sprach: „Wahrlich, du bist in Selbsttäuschung befangen. Wenn der Mensch stirbt, so wird sein Leib in seine Elemente aufgelöst, aber der Geist wird nicht begraben. Er führt ein höheres Le-ben, in welchem alle auf irdische Verhältnisse bezüg-lichen Benennungen, wie Vater, Sohn, Weib, Mutter, ihren Sinn verlieren, ebenso wie ein Reisender seine Wohnung nicht mehr braucht, wenn er weiter reist. Die Menschen kümmern sich am meisten um das, was vergeht, aber das Ende des Lebens kommt schnell und fegt wie eine Feuerwoge das Zeitliche in einem Augen-blick hinweg. Sie gleichen dem Blinden, der zum Hüter einer brennenden Lampe gesetzt ist. Ein weiser Mann, der die Vergänglichkeit weltlicher Beziehungen erkennt, zerstört die Ursache des Kummers und entrinnt dem tosenden Mahlstrom der Leiden. Religiöse Weisheit erhebt den Menschen über die Freuden und Schmerzen der Welt und giebt ihm ewigen Frieden."   9

Der Brahmane bat den Gebenedeiten um die Er-laubniß, in die Gemeinschaft der Bhikschus eintreten

[83. Kapitel]

zu dürfen, damit er die himmliſche Weisheit erlange, welche allein einem bekümmerten Herzen Troſt zu ge= ben vermag.   10

84. Kriſcha Gautami.

Es war einmal ein reicher Mann, deſſen Gold ſich plötzlich in Aſche verwandelte. Da legte er ſich zu Bett und weigerte ſich, Nahrung zu ſich zu nehmen. Ein Freund, der hörte, daß er krank ſei, beſuchte den reichen Mann und erfuhr die Urſache ſeines Grames. Und der Freund ſprach: „Du haſt keinen guten Gebrauch von deinem Reichthum gemacht. Als du ihn auf= häufteſt, war er nicht beſſer als Aſche. Höre nun mei= nen Rath. Breite Matten aus in dem Bazaar, häufe die Aſche darauf und gieb dir den Anſchein, als handel= teſt du damit."   1

Der reiche Mann that, wie ihm ſein Freund geſagt hatte, und als ſeine Nachbarn ihn fragten: „Warum verkaufſt du Aſche?" ſagte er: „Ich biete meine Waaren zum Verkauf aus."   2

Nach einiger Zeit kam ein junges Mädchen vorbei, Namens Kriſcha Gautami, eine Waiſe und ſehr arm. Als ſie des reichen Mannes im Bazaar anſichtig wurde, ſprach ſie: „Herr, warum häufſt du Gold und Silber zum Verkauf auf?"   3

Der reiche Mann ſprach: „Willſt du ſo gütig ſein, mir das Gold und Silber herzureichen?" Und Kriſcha

Gautami nahm eine Handvoll Asche auf, und, siehe da! sie verwandelte sich wieder in Gold.   4

Weil Krischa Gautami das Auge geistiger Erkennt-niß besaß und den wirklichen Werth der Dinge er-kannte, gab sie der reiche Mann seinem Sohne zum Weibe und sprach: „Bei Vielen ist Gold nicht besser als Asche, aber bei Krischa Gautami wird Asche zu reinem Golde."   5

Der einzige Sohn, den Krischa Gautami hatte, wurde krank und starb. Da trug sie das todte Kind in ihrem Schmerze zu allen Nachbarn und bat sie um Arznei, und die Leute sprachen: „Sie hat ihren Ver-stand verloren. Der Knabe ist todt."   6

Nach längerer Zeit begegnete Krischa Gautami einem Manne, der auf ihre Bitte antwortete: „Ich kann dir keine Arznei für dein Kind geben, aber ich kenne einen Arzt, der es thun wird."   7

Die junge Frau sprach: „Bitte, Herr, sage mir, wer es ist." Und der Mann antwortete: „Gehe hin zu Schakyamuni, dem Buddha."   8

Krischa Gautami begab sich zu Buddha und rief: „Herr und Meister, gieb mir die Arznei, welche meinen Knaben heilt."   9

Buddha antwortete: „Ich brauche dazu eine Hand-voll Senfkörner." Und als die junge Frau in ihrer Freude versprach, dieselben zur Stelle zu bringen, fügte Buddha hinzu: „Die Senfkörner müssen aus einem Hause genommen werden, in welchem Niemand ein

Kind, oder einen Mann, oder Eltern, oder einen Freund
verloren hat."   10

Die arme Krifcha Gautami ging nun von Haus zu
Haus, und die Leute hatten Mitleid mit ihr und fagten:
„Hier find Senfkörner; nimm fie hin!" Wenn fie aber
fragte: „Ift in eurer Familie ein Sohn, oder eine
Tochter, oder Vater oder Mutter geftorben?" ant=
worteten fie ihr: „Ach, der Lebenden find wenige, der
Todten viel. Erinnere uns nicht an unferen tiefften
Schmerz." Und es gab kein Haus, in dem nicht Je=
mand geftorben war.   11

Krifcha Gautami wurde matt und hoffnungslos,
und fie fetzte fich nieder an der Seite des Weges und
beobachtete die Lichter der Stadt, wie fie aufflackerten
und wieder erlofchen. Zuletzt herrfchte Dunkelheit über=
all. Da lernte Krifcha Gautami das Schickfal der Men=
fchen verftehen und dachte: „Wie felbftfüchtig bin ich
in meinem Schmerz. Der Tod ift Allen gemein; in
diefem Thal des Elendes giebt es jedoch einen Pfad,
auf dem der wandelt, welcher der Unfterblichkeit wegen
alle Selbftfucht aufgegeben hat."   12

Und indem fie die Selbftfucht der Liebe zu ihrem
Kinde überwand, ließ Krifcha Gautami den todten
Körper im Walde beerdigen. Sie kehrte zu Buddha
zurück und nahm ihre Zuflucht zu ihm. Im Dharma
fand fie Troft, denn der Dharma ift ein Balfam, wel=
cher die Schmerzen unferer bekümmerten Herzen lin=
dert.   13

Und Buddha fprach: 14

[84. Kapitel]

„Das Leben der Sterblichen in dieser Welt ist voll
Kümmerniß, flüchtig und voller Leiden. Wer geboren
ist, muß sterben, und es giebt kein Mittel, dem Schicksal
zu entrinnen. Das Alter naht und dann der Tod. Das
ist das Loos lebender Wesen.   15

„Wie die reifen Früchte leicht abfallen, so sind die
Sterblichen, sobald sie geboren sind, stets der Gefahr
ausgesetzt, zu sterben.   16

„Das Leben der Sterblichen gleicht den irdenen Gefäßen, die der Töpfer macht. Ihr Ende ist, daß sie zerbrechen.   17

„Jung und Alt, Thörichte und Weise fallen dem
Grabe anheim; alle sind dem Tode unterworfen.   18

„Der Vater kann den Sohn nicht retten, und die
Verwandten nicht ihre Verwandten, noch der Freund
den Freund.   19

„Während die Angehörigen das Sterbelager um-
stehen und wehklagen, wird Einer nach dem Anderen
dahingerafft, wie Ochsen, die zur Schlachtbank geführt
werden.   20

„So ist die Welt mit Tod und Verwesung behaftet;
aber die Weisen, welche die Bedingungen des Daseins
kennen, grämen sich nicht.   21

„Ganz anders, wie man es sich vorgestellt hat, sind
oft die Ereignisse des Lebens, wenn sie wirklich eintreten. Aber das ist der Lauf der Welt.   22

„Weder durch Weinen, noch durch Grämen wird
Jemand den Frieden des Gemüthes erlangen; im Gegentheil wird sein Leid dadurch noch vermehrt. Er

[84. Kapitel]

wird sich krank und bleich machen, aber die Todten werden durch seine Klagen nicht gerettet. [23]

„Die Menschen gehen dahin, und ihr Schicksal nach dem Tode ist ihren Thaten gemäß. [24]

„Ja, wenn ein Mensch auch hundert Jahre alt wird, oder selbst mehr, so wird er doch endlich von den Seinigen getrennt werden und aus der Welt scheiden. [25]

„Wer Frieden sucht, sollte den Pfeil des Jammers, der Klage und des Grams herausziehen. [26]

„Wer den Pfeil herausgezogen hat und ruhig geworden ist, wird Seelenfrieden erlangen; wer allen Gram überwunden hat, wird frei werden von Gram und selig sein." [27]

85. Das Ueberschreiten des Stromes.

An einem tiefen und breiten Fluß südlich von Schrawasti lag ein Dorf von fünfhundert Häusern. Die Einwohner desselben hatten die frohe Botschaft von der Erlösung noch nicht vernommen und waren tief in Weltlichkeit und weltlichen Bestrebungen befangen. [1]

Bedacht auf die Erlösung der Menschen, entschloß sich der weltgeehrte Buddha, in das Dorf zu gehen und den Leuten zu predigen. Er ging also an das Ufer des Flusses und setzte sich nieder unter einem Baum. Als die Dorfbewohner die Herrlichkeit seiner Erscheinung sahen, näherten sie sich ihm mit Ehrfurcht, aber als er predigte, glaubten sie ihm nicht. [2]

[85. Kapitel]

Schariputra, der in Schrawasti zurückgeblieben war,
empfand ein Verlangen, den Herrn zu sehen und ihn
predigen zu hören. Er folgte dem Gebenedeiten, und
als er an den Fluß kam, wo das Wasser tief und die
Strömung stark war, sprach er zu sich selbst: „Dieser
Strom soll mich nicht abhalten, den Gebenedeiten zu
schauen." Und er ging über das Wasser, näherte sich
dem Meister und begrüßte ihn.   3

Die Leute des Dorfes waren erstaunt, Schariputra
zu sehen, und wunderten sich, wie er über den Fluß ge=
kommen war, wo weder eine Brücke, noch eine Fähre
war, und wie er über das Wasser zu gehen vermochte,
ohne unterzusinken.   4

Und Schariputra erwiderte: „Ich lebte in Un=
wissenheit, bis ich die Stimme Buddhas hörte. Da ich
mich sehnte, die Lehre der Erlösung zu hören, kam ich
über den Fluß und ging auf seinen bewegten Wassern,
weil ich Glauben hatte. Glauben, und nichts Anderes,
setzte mich in den Stand, es zu thun, und nun bin ich
hier in des Meisters beseligender Gegenwart."-   5

Der Weltgeehrte fügte hinzu: „Schariputra, du hast
wohl geredet. Ein Glaube wie der deinige allein kann
die Welt retten und über den reißenden Strom der
Seelenwanderung trockenen Fußes ans andere Ufer
leiten."   6

Und der Gebenedeite ermahnte die Dorfbewohner,
immer vollkommener zu werden in der Besiegung des
Leides und die Fesseln abzuschütteln, damit sie lernten,

[85. Kapitel]

den Strom der Weltlichkeit zu überſchreiten und Ret=
tung vom Tode zu erlangen.   7

Die Dorfbewohner vernahmen die Worte des Ta=
thagata; ſie wurden mit Freuden erfüllt, und im Glau=
ben an die Lehre des Gebenedeiten nahmen ſie ihre
Zuflucht zu ſeinem Namen.   8

86. Der kranke Bhikſchu.

Ein alter Bhikſchu von grämlichem Gemüth wurde
von einer Krankheit befallen, deren Anblick und Geruch
ſo ekelerregend waren, daß Niemand ſich ihm nähern
wollte, um ihm in ſeinem Elend beizuſtehen. Und es
begab ſich, daß der Weltgeehrte nach dem Wihara kam,
wo der unglückliche Mann lag. Als er von dem Fall
hörte, befahl er, daß warmes Waſſer bereitet werde,
und ging in das Gemach des Kranken, um mit eigener
Hand der Wunden desſelben zu warten. Und er ſprach
zu ſeinen Jüngern: 1

„Der Tathagata kam in dieſe Welt, um den Armen
ein Freund, den Unbeſchützten ein Beiſtand, den Kran=
ken ein Pfleger zu ſein, Gläubigen wie Ungläubigen.
Er kam, um den Blinden das Augenlicht zu geben und
Erleuchtung den Seelen der Irregeführten, um für die
Rechte der Waiſen und Altersſchwachen einzuſtehen und
um hierin Anderen ein Beiſpiel zu geben. Das iſt die
Vollendung ſeines Werkes, und alſo erreicht er das
große Ziel des Lebens, wie die Flüſſe, welche ſich in
dem Meer verlieren.“   2

[86. Kapitel]

Und der Weltgeehrte pflegte den kranken Bhikschu, so lange er am Orte weilte. [3]

Der Statthalter der Stadt kam zu Buddha, um ihm Verehrung zu erweisen, und als er von den Diensten hörte, welche der Herr in dem Wihara verrichtete, fragte er den Gebenedeiten über das frühere Leben des kranken Bhikschus, und Buddha sprach: [4]

„Einst lebte ein gottloser König, welcher von seinen Unterthanen alles erpreßte, was er aus ihnen heraus= bekommen konnte; und er befahl einem seiner Be= amten, einen Mann von hoher Stellung zu geißeln, der ihn wegen seiner Tyrannei zur Rede gestellt hatte. Der Beamte gehorchte in gefühlloser Gleichgiltigkeit. Als aber das Opfer des königlichen Zornes um Gnade bat, empfand er Mitleid und ließ die Geißel nur schwach auf ihn niederfallen. Der König aber wurde als De= wadatta wiedergeboren, welchen alle seine Nachfolger verließen, weil sie nicht länger willens waren, seine Strenge zu ertragen, und er starb elend und voller Reue. Der gefühllose Beamte ist der kranke Bhikschu, welcher seinen Brüdern in dem Wihara oft Aergerniß gegeben hatte und deshalb ohne Hilfe gelassen wurde in seiner Noth. Der hochgestellte Mann aber, der ge= geißelt wurde, war Bodhisattwa; er wurde als der Tathagata wiedergeboren. Es ist nun mein Loos, dem unglücklichen Mann in seinem Leiden beizustehen zum Lohne dafür, daß er Erbarmen empfand." [5]

Und der Weltgeehrte redete diese Worte: „Wer dem Sanftmüthigen Schmerz zufügt, oder den Unschuldigen

[86. Kapitel]

fälfchlich befchuldigt, wird eine der zehn großen Plagen
ererben. Aber wer gelernt hat, mit Geduld zu leiden,
wird gereinigt, und er wird das erwählte Werkzeug
werden zur Linderung der Leiden der Welt." 6

Als der kranke Bhikfchu diefe Worte vernahm,
wandte er fich zu Buddha und bekannte fein reizbares
Temperament. Er that Buße, und mit einem von
Sünden gereinigten Herzen erzeigte er dem Herrn Verehrung. 7

Die letzten Tage.

Als der Gebenedeite auf dem Berge, genannt die Geyerspitze, bei Rajagriha wohnte, plante Ajataschatru, der König von Magadha, welcher an der Stelle Bimbisaras regierte, einen Angriff auf die Wriji, und er sprach zu Warschakara, seinem Kanzler: „Ich werde die Wriji ausrotten, obschon sie mächtig sind. Ich werde die Wriji vernichten, ich werde ihren gänzlichen Untergang herbeiführen! Eile du nun, o Brahmane, und gehe hin zu dem Gebenedeiten; erkundige dich in meinem Namen nach seinem Wohlbefinden und theile ihm meine Absicht mit. Bewahre wohl im Gedächtniß, was der Gebenedeite sagen mag, und theile es mir mit, denn die Buddhas reden nichts Unwahres." [1]

Als Warschakara, der erste Minister, den Gebenedeiten begrüßt und seine Botschaft ausgerichtet hatte, stand der ehrwürdige Ananda hinter dem Gebenedeiten und fächelte ihn, und der Gebenedeite sprach zu ihm: „Hast du vernommen, Ananda, daß die Gemeinden der Wriji sich zahlreich und häufig versammeln?" [2]

[87. Kapitel]

„So habe ich vernommen, o Herr," antwortete er. [3]

Der Gebenedeite sprach: „So lange sich die Gemein-den der Wriji zahlreich und häufig versammeln, o Ananda, darf von ihnen erwartet werden, daß sie nicht zu Grunde gehen, sondern daß ihr Staatswesen ge-deihen wird. So lange sie zusammenkommen in Einig-keit, so lange sie ihre Aeltesten ehren, so lange sie die Frauen achten, so lange sie an der Religion festhalten und alle gebührenden Gebräuche beobachten, so lange sie den heiligen Schutz, Vertheidigung und Unterhalt gewähren, darf von ihnen erwartet werden, daß sie nicht zu Grunde gehen, sondern daß ihr Staatswesen gedeihen wird." [4]

Dann wandte sich der Gebenedeite an Warschakara und sprach: „Als ich mich in Waischali aufhielt, o Brahmane, lehrte ich den Wriji die Bedingungen der Wohlfahrt; und so lange sie wohl unterrichtet sind, so lange sie auf dem rechten Pfade bleiben, so lange sie Rechtschaffenheit üben, müssen wir erwarten, daß sie nicht zu Grunde gehen, sondern daß ihr Staatswesen gedeiht." [5]

Sobald des Königs Bote fortgegangen war, ließ der Gebenedeite die Brüder, welche in der Umgebung von Rajagriha waren, in den Versammlungssaal kom-men und sprach also: [6]

„Ich will euch die Bedingungen der Wohlfahrt eines Gemeinwesens lehren, o Bhikschus. Merket wohl auf, und ich will reden: [7]

„So lange, o Bhikschus, wie die Brüder wohlbesuchte

[82. Kapitel]

und häufige Gemeinde-Versammlungen abhalten, in
Einigkeit zusammenkommen, in Einigkeit zusammen=
stehen und in Einigkeit die Angelegenheiten des Sangha
besorgen, so lange, o Brüder, sie nichts von sich thun,
was die Erfahrung als gut bewiesen, und nur ein=
führen, was wohl erprobt ist, so lange ihre Aeltesten
Gerechtigkeit üben, so lange die Brüder ihre Aeltesten
achten, ehren und versorgen und ihren Worten Gehör
schenken, so lange die Brüder nicht von Begierden be=
herrscht sind, sondern sich der Segnungen der Religion
erfreuen, so daß gute und heilige Männer zu ihnen
kommen und unter ihnen in Frieden wohnen, so lange
die Brüder sich nicht der Trägheit und dem Müßiggang
hingeben, so lange die Brüder sich in der siebenfachen
höheren Weisheit geistiger Thätigkeit üben, in Wahr=
heitsliebe, Thatkraft, Herzensfreudigkeit, Bescheidenheit,
Selbstbeherrschung, ernster Betrachtung und Seelen=
frieden, so lange wird der Sangha nicht verfallen, son=
dern gedeihen.   8

„Darum, o Bhikschus, seid voll des Glaubens, be=
scheidenen Herzens, fürchtet die Sünde, seid begierig zu
lernen, stark in Thatkraft, thätig im Geiste und voller
Weisheit."   9

88. Aufrichtigkeit.

Während der Gebenedeite sich auf der Geyerspitze
aufhielt, besprach er mit den Brüdern das Wesen eines
[88. Kapitel]

aufrichtigen Lebenswandels; und er predigte darüber
an vielen Orten des Landes: 1

„Groß ist die Frucht und groß der Gewinn ernster
Betrachtung, wenn dieselbe in Aufrichtigkeit geschieht. 2

„Groß ist die Frucht und groß der Gewinn des Ver=
standes, wenn derselbe ernster Betrachtung entspringt. 3

„Der Geist, der von Verstand umfriedet ist, wird frei
von den großen Uebeln der Sinnlichkeit, der Selbstsucht,
der Täuschung und der Unwissenheit." 4

89. Der Glaube Schariputras.

Der Gebenedeite ging mit einer großen Anzahl
Brüder nach Nalanda und wohnte dort in einem
Mango=Hain.   1

Da kam der ehrwürdige Schariputra zu dem Ge=
benedeiten, begrüßte ihn und setzte sich ihm ehrerbietig
zur Seite. Alsdann sprach er: „Solchen Glauben an
den Gebenedeiten habe ich, o Herr, daß es mich dünkt,
nie gab es Einen, der, so weit die höhere Weisheit in
Betracht kommt, größer oder weiser war als der Ge=
benedeite." 2

Der Gebenedeite erwiderte: „Groß und kühn sind
die Worte deines Mundes, Schariputra: wahrlich, du
bist in einen Lobgesang ausgebrochen! Gewiß hast du
alle die Gebenedeiten gekannt, welche in den früheren
Zeitaltern heilige Buddhas gewesen sind?" 3

„Nicht doch, o Herr!" sprach Schariputra. 4

[89. Kapitel]

Und der Herr fuhr fort: „So hast du wohl alle die
Gebenedeiten erblickt, welche in Zukunft heilige Bud=
dhas sein werden?"   5

„Nicht doch, o Herr!"   6

„So kennst du aber doch wenigstens mich, o Schari=
putra, als den heiligen Buddha, welcher jetzt lebt, und
hast meinen Geist durchdrungen."   7

„Nicht einmal das, o Herr!"   8

„Du siehst also, Schariputra, daß du die Herzen der
heiligen Buddhas weder der Vergangenheit noch der
Zukunft kennst. Warum also sind deine Worte so groß
und kühn? Warum brichst du in einen solchen Lob=
gesang aus?"   9

„O Herr! Ich kenne nicht die Herzen der Buddhas,
weder derer, die gewesen sind, noch derer, die jetzt sind
oder kommen sollen. Ich kenne nur den Ursprung des
Glaubens. Denk dir, o Herr, daß ein König eine
Grenzstadt hat, stark in ihren Grundvesten, stark in
ihren Wällen und mit einem einzigen Thor; und der
König hält dort einen Wächter, geschickt, erfahren und
weise, um alle Feinde abzuweisen und alle Freunde
einzulassen. Da mag es wohl sein, daß dieser bei Be=
sichtigung aller Zugänge zur Stadt nicht im Stande
ist, alle Ecken und Risse in den Befestigungen zu ent=
decken, wo ein so kleines Geschöpf wie eine Katze hin=
durchschlüpfen kann. Aber alle größeren lebenden We=
sen, welche zur Stadt ein= oder ausgehen, müssen durch
das Thor. Nur so ist es, o Herr, daß ich den Ursprung
des Glaubens kenne. Ich weiß, daß die heiligen

[89. Kapitel]

Buddhas der Vergangenheit alle Luft abgelegt haben,
alles Uebelwollen, alle Trägheit, allen Stolz und allen
Zweifel; daß sie alle die Irrthümer kannten, welche
die Menschen schwach machen; daß sie ihre Seelen
übten in der vierfachen geistigen Thätigkeit und in der
siebenfachen höheren Weisheit, und zum vollen Genuß
der Erleuchtung gelangten. Ich weiß, daß dies auch
bei den heiligen Buddhas der Zukunft der Fall sein
wird. Und ich weiß, daß es jetzt so ist bei dem Ge=
benedeiten, dem heiligen Buddha der Gegenwart." ¹⁰

„Groß ist dein Glaube, o Schariputra," erwiderte
der Gebenedeite, „sorge aber dafür, daß derselbe fest
gegründet sei." ¹¹

90. Pataliputra.

Nachdem der Gebenedeite sich so lange in Nalanda
aufgehalten hatte, wie ihm geziemend dünkte, begab er
sich nach Pataliputra, der Grenzstadt von Magadha.
Und als die Jünger zu Pataliputra seine Ankunft er=
fuhren, luden sie ihn nach dem Hospiz ein. Und der
Gebenedeite legte seine Gewänder an, nahm seinen
Napf und ging mit den Brüdern nach dem Hospiz.
Dort wusch er seine Füße, ging in den Saal und setzte
sich vor den mittleren Pfeiler mit dem Angesicht nach
Osten. Nachdem die Brüder ebenfalls ihre Füße ge=
waschen hatten, gingen auch sie in den Saal und setzten
sich um den Gebenedeiten herum an die westliche Wand,

mit dem Antlitz nach Often. Und nachdem die Jünger
von Pataliputra ihre Füße gewaschen hatten, betraten
auch sie den Saal und nahmen ihre Sitze dem Gebene=
deiten gegenüber ein an der östlichen Wand, mit dem
Angeficht gegen Westen.   1

Dann redete der Gebenedeite die versammelte Ge=
meinde von Pataliputra an und sprach: 2

„Fünffach, o Hausväter, ist der Schaden des Uebel=
thäters durch seinen Mangel an Rechtschaffenheit. Zum
Ersten fällt der Uebelthäter, welcher der Rechtschaffen=
heit ermangelt, in große Armuth durch seine Trägheit;
zum Zweiten verbreitet sich sein schlechter Ruf; zum
Dritten zeigt er Zaghaftigkeit und Befangenheit, wo
er auch erscheint, sei es in Gesellschaft von Brahmanen,
oder Vornehmen, oder Hausvätern, oder Schramanas;
zum Vierten ist er voller Angst, wenn er stirbt, und
schließlich bleibt in seiner Seele die Unruhe und die
Unglückseligkeit zurück, wenn der Körper nach dem
Tode in seine Elemente aufgelöst wird. Wo auch im=
mer sein Karma fortdauert, da wird Leiden und Elend
sein. Dies, o Hausväter, ist der fünffache Schaden des
Uebelthäters!   3

„Fünffach, o Hausväter, ist der Gewinn dessen, der
Gutes thut, durch seine Uebung in der Rechtschaffen=
heit. Erstens erwirbt sich der, welcher Gutes thut,
Güter durch seinen Fleiß; zweitens verbreitet sich sein
guter Ruf; drittens tritt er, wo er sich auch zeigt, sei es
in der Gesellschaft von Brahmanen, oder Vornehmen,
oder Hausvätern, oder Schramanas, mit Sicherheit und

[90. Kapitel]

Selbstvertrauen auf; viertens stirbt er ohne Angst, und schließlich beharrt seine Seele nach dem Tode, wenn der Körper in seine Elemente aufgelöst wird, in einem glückseligen Zustande. Wo immer auch sein Karma fortdauert, da wird himmlische Seligkeit und Friede sein. Dies, o Hausväter, ist der Gewinn dessen, der Gutes thut." ⁴

Nachdem der Gebenedeite seine Jünger bis spät in die Nacht hinein durch religiöse Erbauung belehrt, angeregt und erfreut hatte, entließ er sie, indem er sprach: „Die Nacht ist hereingebrochen, o Hausväter. Es ist an der Zeit, daß ihr thut, was euch gut dünkt." ⁵

„So sei es, Herr!" antworteten die Jünger von Pataliputra. Sie erhoben sich von ihren Sitzen, verbeugten sich gegen den Gebenedeiten, und indem sie zu ihrer Rechten an ihm vorübergingen, verließen sie den Saal. ⁶

Während der Gebenedeite sich in Pataliputra aufhielt, sandte der König von Magadha einen Boten zu dem Statthalter von Pataliputra, daß er Befestigungen zur Sicherheit der Stadt errichte. ⁷

Und als der Gebenedeite die Arbeiter an der Arbeit sah, sagte er die zukünftige Größe der Stadt voraus und sprach: „Diejenigen, welche die Festung bauen, handeln, als ob sie sich mit höheren Mächten berathen hätten. Denn diese Stadt Pataliputra wird ein Wohnplatz sein für geschäftige Leute und ein Mittelpunkt zum Austausch aller Arten von Waaren. Aber drei Gefahren schweben über Pataliputra: die des Feuers, die des Wassers und die der Zwietracht." ⁸

[90. Kapitel]

Als der Statthalter diese Voraussagung der Zukunft
von Pataliputra vernahm, freute er sich sehr und
nannte das Stadtthor gegen den Ganges, durch welches
Buddha gegangen war, das Gautama-Thor. ⁹

Inzwischen kamen die Leute, welche an den Ufern
des Ganges wohnten, in großer Zahl herbei, um dem
Herrn der Welt zu huldigen, und Viele baten ihn,
ihnen die Ehre zu erweisen, in ihren Kähnen überzu=
setzen. Aber der Gebenedeite erwog die große Anzahl
der Gondeln und ihre Schönheit und wollte keine Par=
teilichkeit zeigen, indem er die Einladung von Einem
annahm und dadurch alle Anderen zurücksetzte. Er
überschritt deshalb den Fluß ohne Kahn und gab so zu
verstehen, daß die Fähre der Asketik und die bunten
Schiffe religiösen Formelwesens nicht stark genug seien,
um den Stürmen des Meeres der Samsara zu wider=
stehen, während die Weisheit das sicherste Fahrzeug ist,
um das Ufer des Nirwana zu erreichen. ¹⁰

Und wie das Stadtthor nach dem Namen des
Tathagata genannt ward, so nannte das Volk den Ort
dieses Ueberganges über den Fluß die Gautama=
furt. ¹¹

91. Der Spiegel der Wahrheit.

Der Gebenedeite begab sich nach dem Dorfe Nadika
mit vielen Brüdern, wo er in dem aus Backstein er=
bauten Gemeindehause einkehrte. Und der ehrwürdige
Ananda ging zu dem Gebenedeiten und nannte ihm

[91. Kapitel]

die Namen der Brüder und Schwestern, welche gestorben waren. Besorgt über ihr Schicksal nach dem
Tode, befragte er ihn, ob sie in Thieren, oder in der
Hölle, oder als Gespenster, oder in irgend einem Ort
der Qual wiedergeboren seien.   1

Der Gebenedeite antwortete und sprach: 2

„Wer nach der völligen Zerstörung der drei Bande,
der Lust, der Habgier und der Selbstsucht, aus dem Leben scheidet, braucht den Zustand nach dem Tode nicht
zu fürchten. Er wird in keinem Zustand der Qual
wiedergeboren; seine Seele wird nicht als ein Karma
von Uebelthaten oder Sünde fortdauern, sondern ist der
schließlichen Erlösung gewiß.   3

„Wenn er stirbt, wird nichts von ihm zurückbleiben
als seine guten Gedanken, seine rechtschaffenen Handlungen und die Seligkeit, welche der Wahrheit und Gerechtigkeit entstammt. Wie alle Flüsse endlich das ferne
Meer erreichen müssen, so werden die Seelen derer,
die frei geworden sind von den Banden der Welt, in
höheren Zuständen wiedergeboren und fahren fort,
ihrem Ziel nachzustreben, welches das Meer der Wahrheit ist, der ewige Frieden des Nirwana.   4

„Wiewohl es nicht befremdend ist, Ananda, daß
alle Wesen sterben müssen, machen sich die Menschen
doch Sorgen über den Tod und ihr Schicksal nach dem
Tode. Daß du dich aber danach erkundigst, und nachdem du die Wahrheit erfahren, noch der Todten wegen
besorgt bist, das ist ermüdend für den Gebenedeiten.
Ich will dir deshalb den Spiegel der Wahrheit lehren: 5

[91. Kapitel]

„,Für mich ist die Hölle zerstört und es giebt für
mich keine Wiedergeburt als Thier, oder Gespenst, oder
an irgend einem Ort der Qual. Ich bin bekehrt; ich
kann nicht mehr in einem Zustand des Leidens wiedergeboren werden und meine schließliche Erlösung ist
sicher.' ⁶

„Was ist nun der Spiegel der Wahrheit, Ananda?
Es ist das Bewußtsein, daß der erwählte Jünger in
dieser Welt Glauben an Buddha hat; er erkennt in
dem Gebenedeiten den Heiligen und völlig Erleuchteten,
der weise ist, gerecht und selig, der die Welt durchschaut
und erhaben ist, der die irrenden Herzen der Menschen
zügelt, und er verehrt ihn als den Lehrer von Göttern
und Menschen, den gebenedeiten Buddha. ⁷

„Es ist ferner das Bewußtsein, daß der Jünger
Glauben setzt in die Wahrheit; er weiß, daß die Wahrheit von dem Gebenedeiten verkündet worden ist zum
Heile der Welt, daß dieselbe nicht vergeht, daß sie Alle
willkommen heißt, daß sie zu der Erlösung führt, die
die Weisen erlangt, ein Jeglicher durch seine eigenen
Bemühungen. ⁸

„Und endlich ist es das Bewußtsein, daß der Jünger Glauben hat an den Orden; er setzt Vertrauen in
die Wirksamkeit einer Verbindung solcher Männer und
Frauen, deren Bestreben es ist, auf dem edlen achtfachen
Pfad zu wandeln. Er hält die Gemeinde Buddhas,
der Rechtschaffenen, der Aufrichtigen, der Gerechten,
der Gesetzliebenden, für würdig der Achtung, der Gastfreundschaft, der Gaben und der Verehrung, und

[9\. Kapitel]

glaubt, daß sie das große Saatfeld des Verdienstes ist
für die Welt; daß sie die Tugenden besitzt, welche die
Guten lieben, die makellosen Tugenden, fest, unbefleckt
und untadelhaft, die Tugenden, welche die Menschen
wahrhaft frei machen und welche gepriesen werden von
den Weisen, die Tugenden, welche weder durch irdische
noch himmlische Lebensgier entstellt sind, welche nicht
auf Werkgerechtigkeit beruhen, sondern das Herz erheben und heiligen. [9]

„Dies ist der Spiegel der Wahrheit, der den gerade-
sten Weg zur Erleuchtung zeigt, welcher das gemein-
same Ziel aller lebenden Wesen ist. Wer den Spiegel
der Wahrheit besitzt, ist frei von Furcht; er wird Trost
finden in den Drangsalen des Lebens, und sein Leben
wird ein Segen sein für alle seine Mitgeschöpfe." [10]

92. Ambapali.

Darauf begab sich der Gebenedeite mit einer großen
Anzahl Brüder nach Waischali und hielt sich dort in
dem Hain der Buhlerin Ambapali auf. Und er sprach
zu den Brüdern: „Ein Bruder, o Bhikschus, sei wachsam und ernst. Während ein Bruder in der Welt ist,
soll er das Leid überwinden, welches den Begierden des
Leibes, der Sinneslust und den Irrthümern von Trug-
schlüssen entspringt. Was ihr auch thun möget, handelt
stets mit voller Ueberlegung. Seid wachsam, ob ihr
geht oder steht, ob ihr schlaft oder wacht, ob ihr eßt
oder trinkt, ob ihr redet oder schweigt." [1]

[92. Kapitel]

Als Ambapali vernahm, daß der Gebenedeite gekommen sei und sich in ihrem Mango-Hain aufhalte,
kam sie in einem Wagen soweit gefahren, wie die Ge=
gend für Wagen zugänglich war. Dort stieg sie aus
und begab sich zu Fuß zu dem Gebenedeiten, zu dessen
Füßen sie sich ehrerbietig niedersetzte. Wie eine weise
Frau ausgeht, ihre religiösen Pflichten zu erfüllen, so
erschien sie in einem einfachen Kleide ohne Schmuck,
aber schön anzuschauen.   2

Und der Gebenedeite dachte bei sich selbst: „Dieses
Weib bewegt sich in weltlichen Kreisen und steht bei
Königen und Prinzen in Gunst; dennoch ist ihr Herz
gesammelt und ruhig. Jung an Jahren, reich, um=
geben von Vergnügungen, ist sie doch ernst und fest.
Dies ist fürwahr selten in der Welt. Die Frauen sind
in der Regel arm an Weisheit und stecken tief in Eitel=
keit; sie aber, obschon sie von Ueppigkeit umgeben ist,
hat die Weisheit eines Meisters erworben; sie hat ihre
Lust an Frömmigkeit und ist wohl fähig, die Wahrheit
in ihrem ganzen Umfange zu empfangen."   3

Als sie sich gesetzt hatte, belehrte, erbaute und er=
freute sie der Gebenedeite durch religiöse Reden.   4

Und indem sie der Wahrheit zuhörte, erhellte sich ihr
Antlitz mit Freude. Dann erhob sie sich und sprach zu
dem Gebenedeiten: „Möchte mir der Gebenedeite die
Ehre erweisen, sammt den Brüdern morgen in meinem
Hause zu speisen?" Und der Gebenedeite gab schwei=
gend seine Zustimmung.   5

Als nun die Licchawi, eine reiche Familie von fürst=

[92. Kapitel]

lichem Geschlecht, hörten, daß der Gebenedeite nach
Waischali gekommen sei und sich in dem Hain der
Ambapali aufhalte, bestiegen sie ihre prächtigen Wagen
und machten sich mit ihrem Gefolge auf den Weg zu
dem Gebenedeiten. Und die Licchawi waren prachtvoll
gekleidet in Gewänder von glänzenden Farben und ge=
schmückt mit köstlichen Juwelen.   6

Ambapali aber fuhr ganz nahe an die jungen
Licchawi=Prinzen heran, Achse an Achse, Rad an Rad
und Joch an Joch, und die Licchawi sprachen zu Am=
bapali: „Warum fährst du so nahe an uns heran,
Ambapali?“   7

„Soeben habe ich,“ sprach sie, „den Gebenedeiten
sammt den Brüdern auf morgen zur Mahlzeit einge=
laden.“   8

Und die Prinzen antworteten: „Ambapali, über=
laffe uns diese Ehre für ein Hunderttausend!“   9

„Und wenn ihr mir ganz Waischali mit all dem
ihm zugehörigen Lande bötet, so würde ich doch eine so
große Ehre nicht aufgeben!“   10

Darauf gingen die Licchawi nach dem Hain Amba=
palis.   11

Als der Gebenedeite die Licchawi von ferne kommen
sah, wandte er sich zu den Brüdern und sprach: „O
Brüder, jetzt sollten die unter euch, welche nie die Göt=
ter gesehen, diese Gesellschaft der Licchawi betrachten,
denn sie sind glänzend gekleidet wie Unsterbliche.“ 12

Und als sie so weit gefahren waren, wie die Gegend
für Wagen zugänglich ist, stiegen die Licchawi aus und

[92. Kapitel]

gingen zu Fuß zu dem Gebenedeiten und setzten sich
ehrerbietig zu seinen Füßen ihm zur Seite nieder. Und
als sie sich gesetzt hatten, belehrte, erbaute und erfreute
sie der Gebenedeite durch religiöse Reden.   13

Dann wandten sie sich an den Gebenedeiten und
sprachen: „Möchte der Gebenedeite uns die Ehre erweisen, morgen sammt den Brüdern in unserem Palast
zu speisen?"   14

„Ihr Herren," sprach der Gebenedeite, „ich habe
versprochen, morgen mein Mittagsmahl bei Ambapali
einzunehmen."   15

Da erhoben sich die Licchawi von ihren Sitzen, indem sie die Worte des Gebenedeiten billigten, und ihn
zu ihrer Rechten lassend, verabschiedeten sie sich von
ihm. Als sie aber nach Hause gekommen waren, hoben
sie ihre Hände auf und sprachen: „Ein Weib der Welt
hat es uns zuvor gethan; uns ist eine Dirne vorgezogen
worden!"   16

Nachdem die Nacht vergangen war, bereitete Ambapali in ihrer Wohnung süßen Reis und Kuchen und
ließ dem Gebenedeiten durch einen Boten ankündigen
und sagen: „Die Stunde, o Herr, ist gekommen, und
das Mahl ist bereitet!"   17

Und der Gebenedeite legte am frühen Morgen seine
Gewänder an, nahm seinen Napf und ging mit den
Brüdern in die Wohnung Ambapalis. Als sie dahin
gekommen waren, setzten sie sich nieder auf die Sitze,
welche für sie zugerichtet waren; und Ambapali setzte
dem Orden, mit Buddha an der Spitze, den süßen Reis

[92. Kapitel]

und die Kuchen vor und bediente sie, bis sie sich weiger=
ten, mehr zu nehmen.   18

Nach Beendigung der Mahlzeit ließ Ambapali
einen niedrigen Schemel bringen, setzte sich zur Seite
des Gebenedeiten nieder und sprach: „Herr, ich schenke
dieses Haus dem Orden der Bhikschus, deren Haupt
Buddha ist." Der Gebenedeite nahm das Geschenk an;
und nachdem er Ambapali durch religiöse Rede belehrt,
erbaut und erfreut hatte, erhob er sich von seinem Sitze
und ging von dannen.   19

93. Buddhas Abschiedspredigt.

Nachdem der Gebenedeite, so lange es ihm gefiel,
in dem Hain Ambapalis geblieben war, begab er sich
nach Benuwa, unweit Waischali. Dort redete er zu
den Brüdern und sprach: „O Bhikschus, nehmet ihr
eure Wohnung während der Regenzeit in der Nähe
von Waischali, jeder an dem Ort, wo seine Freunde
und Bekannte wohnen. Ich werde die Regenzeit hier
in Benuwa zubringen."   1

Als nun die Regenzeit begann, befiel den Gebene=
deiten eine schwere Krankheit, welche ihn dem Tode
nahe brachte, und heftige Schmerzen peinigten ihn.
Aber der Gebenedeite ertrug sie ohne Klage und be=
wahrte Bewußtsein und Selbstbeherrschung.   2

Da dachte der Gebenedeite: „Es wäre unrecht, wenn
ich aus diesem Leben schiede, ohne eine Anrede an die

[93. Kapitel]

Brüder zu halten, ohne Abschied von dem Orden zu
nehmen. Ich will mit Willenskraft diese Krankheit
unterdrücken und am Leben festhalten, bis die rechte
Zeit gekommen ist." ³

Und der Gebenedeite unterdrückte mit festem Wil=
len die Krankheit und hielt am Leben fest, bis die Zeit,
welche er bestimmte, gekommen sein würde. Und die
Krankheit ließ nach. ⁴

Der Gebenedeite fing an, sich zu erholen, und als
er sich wieder wohl fühlte, ging er hinaus aus dem
Wihara und ließ sich auf einem Sitz nieder, der im
Freien bereitet war. Und der ehrwürdige Ananda, be=
gleitet von vielen Jüngern, näherte sich dem Gebene=
deiten, und nachdem er ehrfurchtsvoll einen Sitz ihm
zur Seite eingenommen, sprach er: „Ich habe gesehen,
o Herr, wie der Gebenedeite bei guter Gesundheit war,
und wieder habe ich gesehen, wie der Gebenedeite zu
leiden hatte. Und obschon beim Anblick der Krankheit
des Gebenedeiten mein Leib schwach wurde wie ein
Wurm, obschon es vor meinen Augen dunkelte und
mein Geist umnachtet war, fand ich doch einen gewissen
Trost in dem Gedanken, daß der Gebenedeite nicht hin=
scheiden würde, bis er Verfügungen für den Orden
hinterlassen hat." ⁵

Und der Gebenedeite antwortete dem Ananda und
sprach: ⁶

„Was erwartet der Orden denn von mir, Ananda?
Ich habe die Wahrheit verkündet, ohne einen Unter=
schied zwischen offener und geheimer Lehre zu machen,
[93. Kapitel]

denn hinsichtlich der Wahrheit, o Ananda, kennt der
Tathagata nicht die geschlossene Fauft eines Lehrers,
die gewiffe Dinge zurückhält. [7]

„Allerdings, o Ananda, wenn Jemand den Ge=
danken hegt: ‚Ich bin der Führer der Brüderschaft,'
oder: ‚Der Orden ist auf mich angewiesen,' so sollte er
in Dingen, die den Orden betreffen, vor seinem Tode
Verfügungen treffen. Der Tathagata hegt aber nicht
die Absicht, o Ananda, der Führer der Brüderschaft zu
sein oder den Orden von sich abhängig zu machen. [8]

„Warum also sollte der Tathagata Verfügungen
für den Orden hinterlassen? [9]

„Ich bin nun betagt geworden, o Ananda, und
habe ein hohes Alter erreicht; meine Reise nähert sich
dem Ende, ich bin an der Grenze meines Lebens an=
gelangt. Ich zähle bereits achtzig Jahre. [10]

„Ebenso wie ein alter Wagen nur mit Mühe vor=
wärts gezogen wird, so kann der Körper des Tathagata
blos durch große Sorgfalt in seiner Thätigkeit erhalten
werden. [11]

„Nur dann, Ananda, wenn der Tathagata sich nicht
mit Aeußerlichkeiten beschäftigt und die Seele in fromme
Betrachtung vertieft, kommt sein Leib zur Ruhe. [12]

„Seid darum Leuchten für euch selbst, o Ananda.
Verlasset euch auf euch selbst und verlasset euch nicht
auf äußere Hilfe. [13]

„Haltet fest an der Wahrheit, als einer Leuchte.
Suchet die Erlösung nur in der Wahrheit. Suchet bei
Keinem Hilfe als bei euch selbst. [14]

[93. Kapitel]

„Und wie kann, o Ananda, ein Bruder sich selbst
eine Leuchte sein, sich nur auf sich selbst verlassen und
nicht auf äußere Hilfe? Wie kann er an der Wahrheit
festhalten als seiner Leuchte und die Erlösung in der
Wahrheit allein suchen?   15

„Ein Bruder, der im Leibe wohnt, o Ananda, soll
den Leib also achten, daß er durch Eifer, Nachdenken
und Selbstbeherrschung, noch während er in der Welt
ist, das Leiden überwindet, das aus den Begierden des
Leibes entspringt.   16

„Während er sinnlichen Empfindungen unterworfen
ist, soll er die Empfindungen also achten, daß er durch
Eifer, Nachdenken und Selbstbeherrschung, während er
in der Welt ist, das Leiden überwindet, welches den
Empfindungen entspringt.   17

„Und ebenso wenn er denkt, urtheilt oder fühlt, soll
er seine Gedanken also achten, daß er durch Eifer,
Nachdenken und Selbstbeherrschung, noch während er
in der Welt ist, das Leiden der Begierden überwindet,
welche den Vorstellungen oder dem Gefühl entsprin=
gen.   18

„Wer jetzt und nach meinem Tod sich selbst eine
Leuchte sein wird, wer sich auf sich selbst verläßt und
nicht auf äußere Hilfe, aber an der Wahrheit festhält
als seiner Leuchte und seine Erlösung allein in der
Wahrheit sucht, der, o Ananda, wird die allerhöchste
Stufe erlangen! Ihr müßt aber bemüht sein, zu ler=
nen."   19

[93. Kapitel]

94. Buddha verkündet seinen Tod.

Der Tathagata sprach zu Ananda: „In vergangenen Jahren, o Ananda, nahte Mara, der Böse, dem
heiligen Buddha drei Mal, um ihn zu versuchen.   1

„Als Bodhisattwa den Palast verließ, stand Mara
unter dem Thor und hielt ihn auf. ‚Gehe nicht von
hinnen, o Herr,‘ sprach Mara, ‚in sieben Tagen von
jetzt wird dir das Rad des Königthums erscheinen und
dich zum Herrn der vier Welttheile und zweitausend
umliegenden Inseln machen. Deshalb bleibe, o Herr.‘   2

„Bodhisattwa entgegnete: ‚Wohl‘ weiß ich, daß mir
das Rad des Königthums erscheinen wird, aber ich
sehne mich nicht nach königlicher Gewalt. Ich werde
Buddha werden, und die ganze Welt wird jauchzen vor
Freude.‘   3

„Wiederum, o Ananda, nahte sich der Böse dem Tathagata, als er nach Uebung strengster Selbstabtödtung
seinen Körper gebadet hatte und eben den Nairanjana-
fluß verließ. Mara sprach: ‚Du bist von Fasten ermattet, und der Tod ist dir nahe. Von welchem Nutzen
sind deine Bemühungen? Entschließe dich zu leben,
so wirst du im Stande sein, gute Werke zu thun.‘   4

„Da gab ihm der Gebenedeite zur Antwort: ‚O du
Freund der Trägen, o du Ruchloser! Zu welchem
Zweck bist du gekommen?   5

„‚Laß das Fleisch sich verzehren, wenn nur der Geist
ruhiger wird und die Selbstbeherrschung zunimmt.   6

[94. Kapitel]

„‚Was ist das Leben in dieser Welt? Der Tod in
der Schlacht ist besser, als leben und besiegt werden.' ⁷

„Und Mara verließ den Tathagata, indem er sprach:
‚Sieben Jahre lang bin ich dem Gebenedeiten auf
Schritt und Tritt gefolgt, fand aber keinen Fehl an
dem Erleuchteten.' ⁸

„Zum dritten Male, o Ananda, nahte sich der Ver=
sucher dem Gebenedeiten, als er unter dem Ayagrodha=
Baum der Schäfer an dem Ufer des Nairanjana=Flusses
ruhte, gleich nachdem er die höchste Erleuchtung er=
langt hatte. Als Mara, der Böse, an den Ort kam,
wo der Gebenedeite war, und neben ihm stand, redete
er ihn mit diesen Worten an: ‚Gehe nun ins Nirwana
ein, o Herr! Möge der Gebenedeite geruhen zu sterben!
Jetzt ist die Zeit, daß der Gebenedeite in das Nirwana
eingehe!' ⁹

„Und als Mara also geredet hatte, sprach der Ge=
benedeite: ‚Ich werde nicht eher sterben, o Böser, bis
sowohl den Brüdern und Schwestern des Ordens, als
auch den weltlichen Jüngern beider Geschlechter die
Lehre gepredigt ist, bis sie weise und wohl geübt sind,
gut unterrichtet und erfahren in der Schrift, bis sie ge=
lernt haben, alle größeren und geringeren Pflichten zu
erfüllen, gerecht im Leben zu sein und nach den Vor=
schriften zu wandeln, bis sie fähig sein werden, auch
Anderen Unterweisung in der Lehre zu geben, den
Dharma zu predigen, zu begründen, darzulegen, bis
ins Kleinste zu erläutern und klar zu machen, bis sie
fähig sein werden, falsche Lehren, welche Andere auf=

[94. Kapitel]

stellen, zu überwinden und zu widerlegen und auf diese
Weise die wunderwirkende Wahrheit überall auszu=
breiten! Ich werde nicht sterben, bis die reine Religion
der Wahrheit erfolgreich, angesehen und weit verbreitet
sein wird in ihrem ganzen Umfange, mit einem Wort,
bis sie unter den Menschen wohl verkündet sein wird!' [10]

„Also nahte sich mir Mara in vergangenen Jahren.
Und nun, Ananda, kam Mara, der Böse, heute wieder
zu mir. Er stand mir zur Seite und redete mich wieder
mit denselben Worten an: ‚Gehe nun ins Nirwana
ein, o Herr.' Und als er so gesprochen hatte, o Ananda,
antwortete ich ihm und sprach: ‚Freue dich, die endliche
Auflösung des Tathagata wird sich binnen Kurzem
vollziehen.' " [11]

Und der ehrwürdige Ananda redete den Gebenedei=
ten an und sprach: „Geruhe, o Herr, bei uns zu blei=
ben, o du Gebenedeiter, zum Wohl und Besten des
Volkes, aus Mitleid für die Welt, zum Heile und Ge=
winn der Menschheit!" [12]

Da sprach der Gebenedeite: „Laß es nun genug
sein, Ananda, dringe nicht mit Bitten in den Tatha=
gata!" [13]

Und wieder, zum zweiten Male, flehte der ehrwür=
dige Ananda den Gebenedeiten mit denselben Worten
an, länger am Leben zu bleiben. Und der Gebenedeite
gab ihm dieselbe Antwort. [14]

Und wiederum, zum dritten Male, flehte der ehr=
würdige Ananda den Gebenedeiten mit denselben Wor=

ten an, länger zu leben, und der Gebenedeite sprach:
„Hast du Glauben, Ananda?"   15

Und Ananda antwortete: „Ich habe Glauben, o
Herr!"   16

Und der Gebenedeite sah die zitternden Augenlider
des Ananda und las in dem Herzen seines geliebten
Jüngers den tiefen Schmerz desselben, und wiederum
fragte er: „Hast du wirklich Glauben, Ananda?"   17

Und Ananda sprach: „Ich habe Glauben, o
Herr!"   18

Da fuhr der Gebenedeite fort: „Wenn du Glauben
hast, o Ananda, an die Weisheit des Tathagata, wes=
halb denn quälst du den Tathagata selbst zum dritten
Male? Habe ich dir nicht früher erklärt, daß es in der
ureigensten Natur der Dinge begründet ist, daß wir uns
von dem, was uns nahe und theuer ist, trennen und es
verlassen müssen? Wie wäre es mir denn möglich, o
Ananda, zu bleiben, wenn Alles, was geboren ist, oder
ins Dasein gebracht wird und besteht, in sich selber
die eingeborene Nothwendigkeit der Wiederauflösung
trägt? Wie wäre es denn möglich, daß dieser mein
Körper nicht aufgelöst würde? Das kann nicht sein!
Ich, o Ananda, habe dieses sterbliche Sein abgeschüttelt,
von mir gethan, ihm entsagt, es verworfen und auf=
gegeben."   19

Und der Gebenedeite sprach zu Ananda: „Gehe
nun hin, Ananda, und versammle in der Halle alle
Brüder, welche in der Nähe von Waischali wohnen."   20

Darauf begab sich der Gebenedeite in die Halle, setzte
[94. Kapitel]

sich nieder auf die Matte, welche für ihn ausgebreitet
war, redete die Brüder an und sprach: 21

„O Brüder, ihr, denen die Wahrheit verkündet worden ist, nachdem ihr dieselbe nun völlig bemeistert habt,
übet sie, denket weiter darüber nach und verbreitet sie
allenthalben, daß die wahre Religion dauern und fort-
während erhalten werden möge, daß sie bleiben möge,
zum Wohl und Besten der Menschheit, aus Barmherzigkeit für die Welt und zum Heile und Gewinn
aller lebenden Wesen.   22

„Sterndeuterei, Wahrsagerei, Verkündigung von
glücklichen oder unglücklichen Ereignissen nach Zeichen,
Vorherbestimmungen von Gut oder Böse, alle diese
Dinge sind verboten.   23

„Wer seinem Herzen freien Lauf läßt, ohne es zu
zügeln, wird das Nirwana nicht erlangen; deshalb
müssen wir das Herz im Zaume halten, uns von den
Aufregungen der Welt fern halten und die Ruhe des
Gemüthes suchen.   24

„Esset eure Nahrung, um euren Hunger zu stillen,
und trinket, um euren Durst zu löschen. Befriedigt die
Bedürfnisse des Lebens wie der Schmetterling, welcher
den Honig aus der Blüthe saugt, ohne deren Duft oder
Gewebe zu zerstören.   .   25

„Weil wir die vier Wahrheiten nicht verstanden
und nicht erfaßt hatten, o Brüder, mußten wir so lange
irre gehen und auf diesem ermüdenden Pfade der
Seelenwanderung wandeln, ihr und ich, bis wir die
Wahrheit gefunden.   26

[94. Kapitel]

„Uebet die ernsten Betrachtungen, welche ich euch gelehrt. Harret aus in dem großen Kampfe wider die Sünde. Wandelt fest und sicher auf den Wegen der Heiligkeit. Seid stark in sittlicher Kraft. Schärft die Organe eurer geistigen Sinne. Wenn die siebenfache Weisheit euren Geist erleuchtet, werdet ihr den edlen achtfachen Pfad finden, welcher zum Nirwana führt. [27]

„Sehet, o Brüder, die endliche Auflösung des Tathagata wird binnen Kurzem stattfinden. Ich ermahne euch nun und sage: Alle zusammengesetzten Dinge müssen ein gewisses Alter erreichen und wieder aufgelöst werden. Suchet ihr das, was bleibt, und schaffet eure Seligkeit mit Fleiß." [28]

95. Tschunda, der Schmied.

Und der Gebenedeite begab sich nach Pawa. [1]

Als Tschunda, der Schmied, vernahm, daß der Gebenedeite nach Pawa gekommen sei und sich in seinem Mango=Hain aufhalte, kam er zu Buddha und lud ihn ehrfurchtsvoll ein, sammt den Brüdern sein Mahl bei ihm einzunehmen. Und Tschunda bereitete Reiskuchen und getrocknetes Eberfleisch. [2]

Als nun der Gebenedeite die Nahrung zu sich genommen hatte, welche von Tschunda, dem Schmied, zubereitet worden war, fiel er in eine schwere Krankheit, die ihn dem Tode nahe brachte und ihm heftige Schmerzen bereitete. Aber der Gebenedeite ertrug sie ohne Klage und mit Selbstbeherrschung. [3]

[95. Kapitel]

Und der Gebenedeite wandte sich zu dem ehrwürdi=
gen Ananda und sprach: „Komm, Ananda, und laß
uns nach Kuschinagara gehen." ⁴

Auf dem Wege dahin wurde der Gebenedeite müde,
und er ging von der Straße ab, um am Fuße eines
Baumes auszuruhen, und sprach: „Ich bitte dich,
Ananda, mein Gewand zusammenzulegen und auszu=
breiten. Ich bin matt und will eine Weile ruhen!" ⁵

„Sei es so, o Herr!" sprach der ehrwürdige Ananda;
und er legte das Gewand vierfach zusammen und brei=
tete es auf die Erde aus. ⁶

Der Gebenedeite ließ sich nieder, und als er sich ge=
setzt hatte, wandte er sich an den ehrwürdigen Ananda
und sprach: „Ich bitte dich, Ananda, bringe mir etwas
Wasser. Ich bin durstig, und möchte trinken." ⁷

Als der Gebenedeite dies gesagt, sprach der ehr=
würdige Ananda: „Eben erst, Herr, sind fünfhundert
Wagen hindurchgegangen und haben das Wasser ge=
trübt; nicht weit von hier, o Herr, ist aber ein Fluß,
dessen Wasser klar und angenehm ist; und es ist leicht,
zu demselben hinabzusteigen. Dort mag der Gebene=
deite nicht nur Wasser trinken, sondern auch seine Glie=
der erfrischen." ⁸

Zum zweiten Male wandte sich der Gebenedeite an
den ehrwürdigen Ananda und sprach: „Ich bitte dich,
Ananda, bringe mir etwas Wasser. Ich bin durstig
und möchte trinken." ⁹

Und zum zweiten Male sprach der ehrwürdige
Ananda: „Laß uns zum Flusse gehen." ¹⁰

[95. Kapitel]

Da wandte sich der Gebenedeite zum dritten Male
an den ehrwürdigen Ananda und sprach: „Ich bitte
dich, Ananda, bringe mir etwas Wasser. Ich bin
durstig und möchte trinken."   11

„Sei es so, o Herr!" sprach der ehrwürdige Ananda,
dem Gebenedeiten zustimmend, und er nahm ein Gefäß
und stieg hinab an den Bach. Und siehe da! als der
ehrwürdige Ananda den Bach erreichte, welcher von
den Rädern aufgewühlt und schmutzig geworden war,
floß das Wasser klar und hell und war völlig frei von
Schlamm. Und Ananda dachte: „Wie wunderbar und
staunenswerth ist doch die Macht und Kraft des Tathagata!"   12

Ananda brachte dem Herrn das Wasser in dem Ge-
fäß und sprach: „Der Gebenedeite nehme das Gefäß.
Der Glückselige trinke das Wasser. Der Lehrer der
Menschen und Götter stille seinen Durst."   13

Und der Gebenedeite trank von dem Wasser.   14

Nun ging um diese Zeit auf der Landstraße, welche
von Kuschinagara nach Pawa führt, ein Mann niederer Kaste, Namens Pukkascha, ein junger Malla und
ein Schüler des Arada Kalama, vorbei.   15

Als Pukkascha, der junge Malla, den Gebenedeiten
am Fuße des Baumes sitzen sah, ging er zu ihm, begrüßte ihn und setzte sich ihm ehrfurchtsvoll zur Seite.
Da unterwies, erbaute und erfreute ihn der Gebenedeite
durch religiöse Reden.   16

Erweckt und erfreut durch die Worte des Gebenedeiten, rief Pukkascha, der junge Malla, einem Manne,

[95. Kapitel]

der gerade des Weges kam, zu und sprach: „Bringe
mir, ich bitte dich, mein guter Mann, zwei Gewänder
von golddurchwirktem Tuche, wohl zubereitet und fertig
zum Gebrauch." [17]

„Sei es so, o Herr!" sprach der Mann, Pukkascha
zustimmend; und er brachte ihm zwei Gewänder von
golddurchwirktem Tuche, wohl zubereitet und fertig
zum Gebrauch. [18]

Und der Malla Pukkascha schenkte die zwei Gewänder dem Gebenedeiten und sprach: „Herr, diese
Gewänder von glänzendem, golddurchwirktem Tuche
sind fertig zum Gebrauch. Möge der Gebenedeite mir
die Gunst erzeigen, dieselben von meiner Hand anzunehmen!" [19]

Da sprach der Gebenedeite: „Pukkascha, hülle mich
in das eine und Ananda in das andere Gewand." [20]

Und des Tathagata Körper erschien glänzend wie
eine Flamme, und er war über alle Beschreibung
schön. [21]

Und der ehrwürdige Ananda sprach zu dem Gebenedeiten: „Wie wunderbar ist es, o Herr, und wie
erstaunlich, daß die Farbe der Haut des Gebenedeiten
so hell ist und so glänzend. Als ich dieses Gewand von
glänzendem Golde um den Leib des Gebenedeiten legte,
siehe, da war es mir, als ob es allen Glanz verloren
hätte!" [22]

Der Gebenedeite sprach: „Zwei Zeiten sind es, zu
welchen die Erscheinung eines Tathagata hell wird und
überaus strahlend. In der Nacht, Ananda, in welcher

[95. Kapitel]

der Tathagata die höchste und vollkommenste Einsicht
erlangt, und in der Nacht, in welcher er endlich jener
gänzlichen Auflösung entgegen geht, in welcher von
diesem irdischen Sein nicht das Geringste zurückbleibt." [23]

Und der Gebenedeite wandte sich an den ehrwürdigen
Ananda und sprach: „Es könnte Jemand, o Ananda,
in Tschunda, dem Schmied, Gewissensbisse erwecken, indem er zu ihm spricht: ‚Es ist übel für dich, o Tschunda,
und ein Schaden, daß der Tathagata starb, nachdem er
seine letzte Mahlzeit von deinen Vorräthen genossen.‘
Alle solche Gewissensbisse, o Ananda, die Tschunda, der
Schmied haben könnte, sollten beschwichtigt werden, indem man zu ihm sagt: ‚Es ist gut für dich, o Tschunda,
und ein Gewinn, daß der Tathagata starb, nachdem er
seine letzte Mahlzeit von deinen Vorräthen zu sich genommen. Aus dem eigenen Munde des Gebenedeiten,
o Tschunda, habe ich es vernommen, von seinen eigenen Lippen habe ich diese Botschaft: „Zwei Speiseopfer
tragen gleiche Früchte und bringen größeren Gewinn,
als alle anderen: das Speiseopfer, welches ein Tathagata annimmt, wenn er vollkommene Erleuchtung erlangt hat, und das, welches er annimmt, wenn er dahin geht in die gänzliche Auflösung, welche von diesem irdischen Sein gar nichts zurückläßt — diese beiden
Speiseopfer tragen gleiche Früchte und bringen größeren
Gewinn als alle anderen. Tschunda, der Schmied, hat
sich ein Karma erworben, das ihm Länge des Lebens,
gute Wiedergeburt, gutes Glück, guten Namen, das
Erbtheil des Himmels, großes Vermögen und große

[95. Kapitel]

Macht sichert."' Also, Ananda, sollten etwaige Ge=
wissensbisse in Tschunda, dem Schmied, beschwichtigt
werden." 24

Dann sprach der Gebenedeite, der die Nähe des
Todes empfand, diese Worte: „Wer da giebt, der wird
wahren Gewinn haben. Wer sich selbst bezwingt, wird
frei von Leidenschaft. Der Gerechte thut die Sünde von
sich; und durch das Ausreißen der Lust, der Bitterkeit
und der Täuschung erreichen wir Nirwana." 25

96. Maitreya.

Der Gebenedeite begab sich mit einer großen An=
zahl von Brüdern nach dem Schala=Hain der Mallas,
dem Upawartana von Kuschinagara auf dem jenseiti=
gen Ufer des Flusses Hiranyawati, und als er dort an=
gelangt war, wandte er sich an den ehrwürdigen
Ananda und sprach: „Ich bitte dich, o Ananda, mir
das Lager zu bereiten mit dem Kopfende nach Norden,
unter den beiden Schala=Bäumen. Ich bin matt und
möchte mich niederlegen." 1

„Sei es so, o Herr!" erwiderte der ehrwürdige
Ananda, und er bereitete ein Lager mit dem Kopfende
nach Norden, zwischen den beiden Schala=Bäumen.
Und der Gebenedeite legte sich nieder, und er bewahrte
Besinnung und Selbstbeherrschung. 2

Es standen damals die beiden Schala=Bäume zu
ungewöhnlicher Zeit in Blüthe, und himmlische Weisen

erfüllten die Luft zu Ehren des Nachfolgers der Bud=
dhas früherer Zeiten. Und Ananda wunderte sich, daß
dem Gebenedeiten solche Huldigung zu Theil wurde.
Aber der Gebenedeite sprach: „Nicht durch solche Er=
eignisse, o Ananda, wird der Gebenedeite richtig ge=
ehrt, heilig gehalten oder ausgezeichnet. Jedoch wenn
ein Bruder, oder eine Schwester, oder fromme Laien,
Männer sowohl wie Frauen, unausgesetzt ihre grö=
ßeren und geringeren Pflichten erfüllen und den Vor=
schriften des Dharma gemäß wandeln, dann wird der
Tathagata richtig ausgezeichnet, heilig gehalten und
durch die würdigste Huldigung verehrt. Seid deshalb
treu in der Erfüllung der größeren und geringeren
Pflichten, o Ananda, und wandelt den Vorschriften
des Dharma gemäß. So nur könnt ihr den Meister
ehren." ³

Da ging der ehrwürdige Ananda hinein in den
Wihara, lehnte gegen den Thürpfeiler und weinte bei
dem Gedanken: „Ach! noch bin ich nur ein Lernender,
welcher seine Vollkommenheit erst zu schaffen hat; und
der Meister ist im Begriff, mich zu verlassen — er, der
so gütig ist." ⁴

Und der Gebenedeite rief die Brüder zu sich und
sprach: „Wo, o Brüder, ist Ananda?" ⁵

Und einer der Brüder ging hin und rief Ananda.
Und Ananda kam und sprach zu dem Gebenedeiten:
„Tiefe Dunkelheit herrschte auf Erden, denn die Weis=
heit fehlte; die Welt empfindender Wesen fühlte ihren
Weg im Dunkeln, weil es kein Licht gab; da kam der

[96. Kapitel]

Tathagata und zündete die Lampe der Weisheit an,
und nun wird sie wieder erlöschen, ehe das Licht sich
recht verbreitet hat." ⁶

Und der Gebenedeite sprach zu dem ehrwürdigen
Ananda, als er ihm zur Seite saß: ⁷

„Genug, Ananda! Mache dir keine Unruhe; weine
nicht. Habe ich dir nicht schon bei früheren Gelegen=
heiten gesagt, daß es in der ureigensten Natur der Dinge
selbst liegt, daß wir von dem, was uns lieb und werth
ist, getrennt werden, und daß wir es verlassen müssen? ⁸

„Der Thor hegt den Dünkel des Selbst, der Weise
aber erkennt, daß die Vorstellung vom Selbst grund=
los ist. Er hat deshalb eine richtige Vorstellung von
der Welt und folgert daraus, daß alle Verbindungen,
welche das Leid angehäuft, wieder aufgelöst werden,
daß aber die Wahrheit bleibt. ⁹

„Warum sollte ich diesen Leib aus Fleisch erhalten,
wenn doch der Leib des vortrefflichen Gesetzes fort=
dauern wird? Ich bin bereit! Nachdem ich meinen
Zweck erfüllt und das Werk, das mir vorgesetzt ist, ge=
than habe, sehne ich mich nach Ruhe! Dies ist das
Eine, das noth thut. ¹⁰

„Lange Zeit, o Ananda, bist du mir nahe gewesen
in Gedanken und Werken der Liebe, einer Liebe, welche
nie wankt und über alles Maß geht. Du hast wohl
daran gethan, o Ananda! Bleibe ernst in deinem Stre=
ben, und du wirst bald frei sein von den großen Uebeln
der Sinnlichkeit, der Selbsttäuschung und der Unwissen=
heit!" ¹¹

[96. Kapitel]

Ananda unterdrückte seine Thränen und sprach zu dem Gebenedeiten: „Wer wird uns lehren, wenn du hingegangen bist?" 12

Und der Gebenedeite erwiderte: „Ich bin nicht der erste Buddha, der auf diese Erde kam, noch werde ich der letzte sein. Ich kam, um euch die Wahrheit zu lehren, und ich habe das Reich der Wahrheit auf Erden gegründet. Gautama Siddhartha wird sterben, aber Buddha wird leben, denn Buddha ist die Wahrheit, und die Wahrheit kann nicht sterben. Wer an die Wahrheit glaubt und ihr gemäß lebt, ist mein Jünger, und ich werde ihn lehren. Die Wahrheit wird ausgebreitet werden, und das Königreich der Wahrheit wird zunehmen während etwa fünfhundert Jahren. Dann werden Wolken des Irrthums eine Zeit lang das Licht verdunkeln, und wenn die Zeit gekommen ist, wird ein anderer Buddha erstehen, und dieser wird dieselbe ewige Wahrheit offenbaren, welche ich euch gelehrt habe." 13

Ananda sprach: „Woran sollen wir ihn aber erkennen?" 14

Der Gebenedeite erwiderte: „Der Buddha, der nach mir kommen wird, wird Maitreya heißen, welches verdolmetschet ist: „Sein Name ist Milde." 15

97. Buddhas Tod.

Die Mallas sammt ihren Frauen, Jünglingen und Jungfrauen gingen mit Gram und Betrübniß in ihrem

[97. Kapitel]

Herzen nach dem Upawartana, dem Schala-Hain der Mallas, und begehrten den Gebenedeiten zu schauen, um des Segens theilhaftig zu werden, den die Gegenwart des Heiligen gewährt. [1]

Und der Gebenedeite redete sie an und sprach: [2]

„Wer den Weg sucht, muß sich anstrengen und mit Fleiß streben. Es genügt nicht, daß ihr mich geschaut habt! Wandelt so, wie ich es euch geboten habe; macht euch frei von dem bestrickenden Netz des Leides. Wandelt auf dem Pfade mit festem Entschluß. [3]

„Ein kranker Mensch mag gesunden durch die heilende Kraft der Arznei und kann befreit werden von allen seinen Leiden, ohne daß er den Arzt erblickt hat. [4]

„Wer nicht thut, was ich geboten habe, sieht mich vergeblich. Leibliches Schauen bringt keinen Gewinn. Wer hingegen weit entfernt von dem Orte wohnt, wo ich bin, aber einen rechtschaffenen Wandel führt, ist mir allezeit nahe. [5]

„Ein Mensch, der an meiner Seite lebt, ohne den Dharma zu befolgen, ist ferne von mir; wer aber den Dharma befolgt, wird sich immerdar der beseligenden Gegenwart des Tathagata erfreuen.“ [6]

Da kam der Bhikschu Subhadra nach dem Schala-Hain der Mallas und sprach zu dem ehrwürdigen Ananda: „Ich habe von Brüdern, welche bejahrt und erfahren sind, vernommen, daß Tathagatas hin und wieder, aber höchst selten, als heilige Buddhas in der Welt erscheinen. Nun wird gesagt, daß heute in der letzten Nachtwache das endliche Hinscheiden des Schra-

[97. Kapitel]

mana Gautama stattfinden wird. Meine Seele ist voll
Ungewißheit, aber ich habe Vertrauen zu dem Schramana Gautama und hege die Zuversicht, daß er im
Stande sein wird, die Wahrheit so darzulegen, daß ich
von meinen Zweifeln befreit werde. O, daß es mir
vergönnt würde, den Schramana Gautama zu sehen!" 7

Nachdem er also geredet hatte, sprach der ehrwürdige
Ananda zu dem Bhikschu Subhadra: „Laß es genug
sein, Freund Subhadra. Bemühe den Tathagata nicht.
Der Gebenedeite ist sehr matt."   8

Der Gebenedeite aber, der die Unterredung mit dem
Bhikschu Subhadra hörte, rief den ehrwürdigen Ananda
zu sich und sprach: „Ananda, verbiete dem Subhadra
nicht, hereinzukommen, sondern gestatte ihm, den Tathagata zu sehen. Was auch Subhadra fragen mag,
das wird er mit Verständniß fragen, und nicht, um
mich zu belästigen, und was ich ihm auch zu antworten
habe, das wird er schnell erfassen."   9

Da sprach der ehrwürdige Ananda zu Subhadra,
dem Bhikschu: „Tritt ein, Freund Subhadra, denn
der Gebenedeite gestattet dir, ihn zu sprechen."   10

Als der Gebenedeite den Subhadra mit Worten der
Weisheit und des Trostes unterwiesen, erbaut und erfreut hatte, sprach Subhadra zu dem Gebenedeiten: 11

„Glorreicher Herr! Glorreicher Herr! Ueber Alles
erhaben sind die Worte deines Mundes, über Alles erhaben! Was zerstört war, stellst du wieder her. Was
verborgen war, offenbarest du. Der Thatagata zeigt
dem Verirrten den rechten Weg. Er bringt Licht in die

[97. Kapitel]

Finſterniß, ſo daß wer Augen hat zu ſehen, ſehen kann. Die Wahrheit iſt mir nun gezeigt worden, und ich nehme meine Zuflucht zu dem Gebenedeiten, zu ſeiner Lehre und zu ſeinem Orden. Möge der Gebenedeite mich annehmen als einen Jünger und wahren Gläu=bigen von dieſem Tage an, ſo lange mein Leben währt." [12]

Und zu dem ehrwürdigen Ananda ſprach Subhadra, der Bhikſchu: „Groß iſt dein Gewinn, Freund Ananda, und groß iſt dein Glück, daß du ſo viele Jahre hin=durch geheiligt wurdeſt mit der Weihe der Jünger=ſchaft in dieſem Orden, durch die Hand des Meiſters ſelbſt!" [13]

Nun wandte ſich der Gebenedeite an den ehrwürdi=gen Ananda und ſprach: „Es könnte ſein, daß in Eini=gen von euch der Gedanke entſteht: ‚Das Wort des Meiſters iſt zu Ende, wir haben keinen Lehrer mehr!‘ Aber ſo, o Ananda, ſollt ihr es nicht anſehen. Es iſt wohl wahr, daß ich hinfort keinen Leib mehr haben werde, denn alles zukünftige Leid iſt für immer abge=than. Aber wenn Gautama Siddhartha nicht mehr unter euch weilt, bleibt Buddha. Wenn ich hingegan=gen ſein werde, laſſet die Wahrheit, welche ich ver=kündet habe, ſammt den Ordensregeln euer Lehrer ſein. Nach meinem Abſcheiden, o Ananda, darf der Orden, wenn er es für recht erachtet, alle die kleineren und nebenſächlichen Vorſchriften aufheben." [14]

Darauf redete der Gebenedeite die Brüder an und ſprach: „Es mag in dem Herzen dieſes oder jenes

[97. Kapitel]

Bruders ein Zweifel oder Mißverständniß herrschen
über den Buddha, oder die Wahrheit, oder den Pfad.
Sehet zu, daß ihr euch nicht nachher vorwerfen müßt:
‚Wir haben den Gebenedeiten nicht befragt, als wir
ihn noch von Angesicht zu Angesicht sahen. Fragt des=
halb jetzt, o Brüder; fragt ohne Rückhalt.“   15

Und die Brüder schwiegen.   16

Da sprach der ehrwürdige Ananda zu dem Gebene=
deiten: „Wahrlich, ich glaube, daß in dieser ganzen
Versammlung nicht ein einziger Bruder Zweifel hegt
oder in Mißverständniß befangen ist über den Buddha,
die Wahrheit und den Pfad!“   17

Der Gebenedeite erwiderte: „Du hast aus der Fülle
deines Glaubens gesprochen, o Ananda. Ich, der Ta=
thagata, aber weiß es bestimmt, daß in dieser ganzen
Versammlung nicht ein einziger Bruder einen Zweifel
hegt oder in Mißverständniß über den Buddha, die
Wahrheit und den Pfad befangen ist! Alle diese Brü=
der sind bekehrt und ihre endliche Erlösung ist gewiß.“   18

Dann wandte sich der Gebenedeite an die Brüder
und sprach: „Da ihr nun, o Jünger, den Dharma ver=
steht und den Grund alles Leidens und den Pfad der
Erlösung kennt, werdet ihr sprechen: ‚Wir achten den
Meister, und aus Verehrung für den Meister reden
wir also?‘ “   19

Die Brüder antworteten: „Das werden wir nicht,
o Herr!“   20

Und der Heilige fuhr fort: 21

„Von allen Geschöpfen, welche in Unwissenheit

[97. Kapitel]

leben, eingeschlossen und beschränkt gleichsam wie in einem Ei, habe ich zuerst die Schale des Irrthums zerbrochen und als der Erste im All die höchste und allgemeine Buddhaschaft erlangt. Darum, ihr Jünger, bin ich der Aelteste unter allen Wesen und der Edelste. 22

„Was ihr aber redet, o Jünger, ist es nicht das, was ihr selbst erkannt, selbst gesehen und selbst erfahren habt?" 23

Ananda und die Brüder antworteten: „So ist es, o Herr." 24

Und nochmals fing der Gebenedeite zu reden an: „Merket nun, o Brüder," sprach er, „ich ermahne euch und spreche: ‚Zerfall haftet an allen zusammengesetzten Dingen, aber die Wahrheit wird ewig bleiben! Schaffet eure Seligkeit mit Fleiß!'" Dies war das letzte Wort des Tathagata. Dann fiel er in einen Zustand tiefer Verzückung, und nachdem er das Bewußtsein verloren, schied er sanft von hinnen. 25

Als der Gebenedeite in das Nirwana einging, erhob sich bei seinem Hinscheiden ein mächtiges Erdbeben, und die Donner des Himmels brachen los. Die unter den Brüdern, welche noch nicht frei waren von Leidenschaften, streckten ihre Arme aus und weinten, oder fielen auf den Boden und riefen: „Zu früh ist der Gebenedeite gestorben! Zu früh ist der Selige aus dem Leben geschieden! Zu früh ist das Licht der Welt erloschen!" 26

Da ermahnte der ehrwürdige Anuruddha die Brüder und sprach: „Genug, meine Brüder! Weinet nicht

[97. Kapitel]

und klaget nicht! Hat nicht der Gebenedeite uns früher
erklärt, daß es in der ureigensten Natur der Dinge
liegt, daß wir von dem, was uns nahe und theuer ist,
getrennt werden und daß wir es verlassen müssen?
Alles, was geboren ist und ins Dasein tritt, alle leben=
den Gebilde, tragen naturgemäß die Nothwendigkeit
der Wiederauflösung in sich. Wie wäre es darum mög=
lich, daß der Leib des Tathagata nicht aufgelöst werden
sollte? Das kann nicht sein! Wer frei von Leidenschaft
ist, wird den Verlust ruhig und mit Selbstbeherrschung
tragen, eingedenk der Wahrheit, welche der Gebenedeite
uns gelehrt hat."   27

Und der ehrwürdige Anuruddha und der ehrwürdige
Ananda verbrachten den übrigen Theil der Nacht in
religiösem Gespräch.   28

Dann sprach der ehrwürdige Anuruddha zu dem
ehrwürdigen Ananda: „Bruder Ananda, gehe nun hin
und benachrichtige die Mallas von Kuschinagara und
sprich zu ihnen: „Der Gebenedeite ist dahingegangen;
thuet darum, was euch recht dünkt!"   29

Und als die Mallas diese Worte vernommen hatten,
wurden sie traurig und schmerzerfüllt.   30

Dann sandten die Mallas von Kuschinagara Weih=
rauch und Blumengewinde und ließen alle Musiker
der Stadt zusammen kommen. Und die Mallas nah=
men den Weihrauch und die Blumengewinde und alle
Musikinstrumente nebst fünfhundert Gewändern und
gingen nach dem Schala=Hain, wo der Leichnam des
Gebenedeiten lag. Dort verbrachten sie den Tag dem

[97. Kapitel]

Gebenedeiten zu Ehren unter Tänzen, mit Hymnen=
gesang und Musik. Sie machten Baldachine aus ihren
Gewändern, flochten Kränze und hingen sie daran.
Dann verbrannten sie die Ueberreste des Gebenedeiten
feierlich, wie sie es mit dem Leichnam eines Königs der
Könige gethan haben würden. [31]

Als der Scheiterhaufen brannte, verhüllten Sonne
und Mond ihren Glanz, die friedlichen Flüsse rings=
umher schwollen an zu reißenden Strömen, die Erde
erbebte, und die mächtigen Forste erzitterten wie Espen=
laub, während Blüthen und Blumen, wiewohl es nicht
Blüthezeit war, zu Boden fielen wie ein ausgebreiteter
Regen, so daß ganz Kuschinagara kniehoch mit Man=
dara=Blüthen bestreut war, welche vom Himmel nieder=
regneten. [32]

Als die Verbrennungs=Feierlichkeit vorüber war,
sprach Dewaputra zu der Volksmenge, welche um den
Scheiterhaufen versammelt war: [33]

„Sehet, o Brüder, die irdischen Ueberreste des Ge=
benedeiten sind aufgelöst, aber die Wahrheit, welche er
uns gelehrt, lebt fort in unserer Seele und reinigt uns
von aller Sünde. [34]

„So lasset uns denn hinausgehen in die Welt, voller
Mitleid und Barmherzigkeit wie unser großer Meister,
und allen lebenden Wesen die vier erhabenen Wahr=
heiten und den achtfachen Pfad der Gerechtigkeit ver=
künden, so daß alle Menschen endliche Erlösung er=
langen, indem sie ihre Zuflucht zu Buddha nehmen,
zu dem Dharma und zu dem Sangha." [35]

[97. Kapitel]

Und als der Gebenedeite in das Nirwana einge=
gangen war und die Mallas seinen Leichnam feierlich
verbrannt hatten, wie es ihm als dem großen König
der Könige gebührte, kamen Abgesandte von allen Län=
dern, welche zu der Zeit seine Lehre angenommen hat=
ten, um einen Antheil von seinen Reliquien zu be=
anspruchen. Und die Reliquien wurden in acht Theile
getheilt, und es wurden acht Schreine erbaut, um sie
zu erhalten. Ein Schrein wurde von den Mallas er=
baut und sieben andere von den sieben Königen der
Völker, welche ihre Zuflucht zu Buddha genommen
hatten. [36]

[92. Kapitel]

Schluß.

---

98. Die dreifache Persönlichkeit Buddhas.

Als der Gebenedeite in das Nirwana eingegangen war, versammelten sich die Jünger und berath= schlagten, was zu thun sei, um den Dharma rein zu er= halten und gegen die verderblichen Einflüsse von Irr= lehren zu schützen. ¹

Und Upali erhob sich und sprach: ²

„Unser großer Meister pflegte den Brüdern zu sagen: ‚O Bhikschus! Nachdem ich Nirwana erlangt habe, müßt ihr den Dharma verehren und ihm gehorchen. Sehet den Dharma als euren Meister an. Der Dharma ist einem Lichte gleich, das in der Finsterniß leuchtet und den Weg weist; auch ist er einem köstlichen Kleinode gleich, das zu gewinnen ihr keine Mühe scheuen dürft, und ihr müßt bereit sein, jedes Opfer dafür zu bringen, selbst euer eigenes Leben, wenn es nöthig ist. Gehorchet der Lehre, die ich euch geoffenbaret habe; folget ihr mit Fleiß und betrachtet sie in keiner Weise als von mir verschieden.‘ ³

„Dies waren die Worte des Gebenedeiten. ⁴

„Die Lehre also, welche Buddha uns als ein köst=
liches Erbe hinterlassen hat, ist nun der Leib des Ta=
thagata. Lasset uns deshalb die Lehre verehren und
heilig halten. Was nutzt es, Schreine für Reliquien zu
errichten und doch den Geist der Lehren des Meisters
zu vernachlässigen?"   5

Und Anuruddha erhob sich und sprach: 6

„Lasset uns eingedenk sein, o Brüder, daß Gautama
Siddhartha die sichtbare Erscheinung der Wahrheit war.
Er war der Heilige, der Vollkommene, der Gebenedeite,
weil die ewige Wahrheit ihre Wohnung in seinem
Leibe genommen hatte. Der große Schakyamuni ist
die leibliche Menschwerdung der Wahrheit, denn er ist
es, der uns die Wahrheit geoffenbaret hat.   7

„Der Tathagata hat uns gelehrt, daß die Wahrheit
vorhanden war, ehe er in diese Welt geboren wurde,
und daß sie bestehen wird, nachdem er in die Seligkeit
des Nirwana eingegangen ist.   8

„Der Tathagata sprach: 9

„,Der Gebenedeite ist die Wahrheit, und solcher=
gestalt ist er allgegenwärtig und ewig, ausgerüstet mit
unzähligen Vorzügen, über aller Menschennatur stehend
und unaussprechlich an Heiligkeit.'   10

„Nicht diese oder jene Vorschrift des Dharma ist
Buddha; Buddha ist die Wahrheit — die Wahrheit,
die ewig ist, allgegenwärtig, unveränderlich und über
Alles herrlich und erhaben.   11

„Viele Vorschriften des Dharma sind vorübergehend
und wurden gegeben, weil sie der Gelegenheit ent=

[98. Kapitel]

sprachen und nöthig waren für augenblickliche Bedürfnisse. Die Wahrheit aber ist nicht vorübergehend. [12]

„Die Wahrheit ist weder willkürlich, noch Ansichts-
sache; die Wahrheit kann untersucht werden, und wer
die Wahrheit ernstlich sucht, wird sie finden. [13]

„Die Wahrheit ist dem Blinden verborgen, aber
wer das Auge des Geistes besitzt, sieht die Wahrheit.
Die Wahrheit ist das Wesen Buddhas, und die Wahrheit bleibt der endgiltige Prüfstein, an dem wir falsche
und wahre Lehren unterscheiden. [14]

„Lasset uns deshalb die Wahrheit verehren; lasset
uns die Wahrheit erforschen und sie bekennen, und lasset uns der Wahrheit gehorchen. Die Wahrheit ist
Buddha, unser Meister, unser Lehrer, unser Herr.“ [15]

Und Kaschyapa erhob sich und sprach: [16]

„Wahrlich, ihr habt wohl gesprochen, o Brüder.
Auch besteht keine Meinungsverschiedenheit über unsere
Religion. Denn der Gebenedeite besitzt eine dreifache
Persönlichkeit, und jede derselben ist von gleicher Wich-
tigkeit für uns. [17]

„Es giebt den Dharma-Kaya, den Nirmana-Kaya
und den Sambhoga-Kaya. [18]

„Buddha ist die Alles übertreffende Wahrheit, ewig,
allgegenwärtig, unveränderlich. Das ist der Sambhoga-
Kaya, welcher ein Zustand vollkommener Seligkeit ist.[19]

„Buddha ist der allliebende Lehrer, der die Gestalt
derer annimmt, welche er lehrt. Dieses ist der Nirmana-Kaya, der Körper, in welchem er erscheint. [20]

„Buddha ist der allgesegnete Bringer der Religion.

[98. Kapitel]

Er ist das Wesen des Sangha und die Bedeutung der
Gebote, welche er uns in seinem heiligen Worte, dem
Dharma, hinterlassen. Dieses ist der Dharma=Kaya,
der Körper des vortrefflichsten Gesetzes.   21

„Wenn Buddha uns nicht als Gautama Schakya=
muni erschienen wäre, wie könnten wir die heiligen
Ueberlieferungen seiner Lehre haben? Und wenn die
zukünftigen Geschlechter nicht die heiligen Ueberliefe=
rungen hätten, wie könnten sie etwas von dem großen
Schakyamuni wissen? Und weder wir noch Andere
würden eine Kenntniß haben von der vortrefflichen
Wahrheit, welche ewig ist, allgegenwärtig und unver=
änderlich.   22

„Lasset uns deshalb die Ueberlieferungen hoch achten
und verehren, und lasset uns das Gedächtniß des Gau=
tama Schakyamuni heilig halten, auf daß wir die
Wahrheit finden. Wes geistiges Auge offen ist, wird
die Wahrheit erkennen, denn die Erkenntniß der Wahr=
heit ist dieselbe für Jeden, der das Verständniß eines
Buddha hat."   23

Dann beschlossen die Brüder, eine Versammlung
nach Rajagriha zu berufen, um die reinen Lehren des
Gebenedeiten niederzulegen, die heiligen Schriften zu
sammeln und zu vergleichen und Regeln festzustellen,
welche zukünftigen Geschlechtern ein Quell der Be=
lehrung sein sollten.   24

99. Der Zweck des Daseins.

Als in den Wirbeln werdender Welten die ersten festen Gestalten der Sonne, der Erde und des Mondes erschienen, bewegte sich die Wahrheit in dem Welten= staub und erfüllte das All mit flammendem Licht. Aber es war kein Auge vorhanden, das Licht zu sehen, kein Ohr, der Wahrheit zu lauschen, kein Geist, ihre Bedeutung zu erkennen; und in der unermeßlichen Räumen des Seins fand sich keine Stätte, wo die Wahr= heit in all ihrer Herrlichkeit wohnen konnte.   [1]

Als im Laufe weiterer Entwicklung der Dinge die Zeit erfüllet war, entstand Empfindung; und Sinnes= wahrnehmung kam zum Vorschein. Eine neue Welt des Seelenlebens trat ins Dasein, voller Sehnen, mit mächtigen Leidenschaften und voll unbesiegbarer Wil= lenskraft. Da spaltete sich die Welt in Freude und Schmerz, Selbst und Nichtselbst, Freund und Feind, Haß und Liebe. Die Wahrheit webte durch die Welt der Empfindung, aber trotz des unerschöpflichen Reich= thums ihrer Gestaltungen gab es keine Stätte, wo die Wahrheit in all ihrer Herrlichkeit wohnen konnte.   [2]

Und die Vernunft erschien auf dem Kampfplatz des Lebens. Die Vernunft begann die natürlichen Triebe des Selbst zu leiten; sie ergriff das Scepter der Welt und unterjochte die rohe Kraft der Thiere und die Macht der Elemente. Aber der Flamme des Hasses schien die Vernunft nur mehr Brennstoff zuzuführen

und den Aufruhr der widerstrebenden Leidenschaften
noch zu vermehren. Brüder erschlugen Brüder, um die
Lust eines flüchtigen Augenblicks zu befriedigen. Die
Wahrheit suchte ein Heim in dem Reich der Vernunft,
aber in all ihren Bezirken fand sich keine Stätte, wo die
Wahrheit in all ihrer Herrlichkeit wohnen konnte.   3

So zog die Vernunft, als die Helferin des Selbst,
alle lebenden Wesen mehr und mehr in die Netze der
Lust, des Hasses und des Neides, und aus der Lust, dem
Haß und dem Neid entsprangen die Uebel der Sünde.
Die Menschen erlagen den Lasten des Lebens, bis der
Erlöser erschien, der große Buddha, der heilige Lehrer
der Menschen und Götter.   4

Und Buddha lehrte der Menschheit den rechten Ge
brauch des Empfindens und die rechte Anwendung der
Vernunft. Er lehrte die Dinge zu sehen, wie sie sind,
ohne Täuschung; und die Menschen lernten, im Einklang mit der Vernunft zu handeln. Er lehrte Gerechtigkeit und verwandelte so die vernünftigen Geschöpfe
in menschliche Wesen, gerecht, gütig und treu. Und
nun ward endlich eine Stätte gefunden, wo die Wahrheit in all ihrer Herrlichkeit wohnen konnte, und diese
Stätte ist die Seele des Menschen.   5

Buddha, o Gebenedeiter, o Heiliger, o Vollkommener, du hast die Wahrheit geoffenbaret auf Erden und
das Reich der Wahrheit gegründet.   6

Im Raum ist keine Stätte für die Wahrheit, obschon er ohne Grenzen ist.   7

In der Empfindung ist nicht Raum für die Wahr-

[99. Kapitel]

heit, weder in ihren Freuden noch in ihren Schmerzen;
Empfindung ist der erste Schritt zur Entfaltung der
Wahrheit, aber es ist keine Stätte darin für die Wahr=
heit, wiewohl sie mit der flammenden Gluth der Schön=
heit und des Lebens leuchtet.　　　　　　　　　　8

Auch ist kein Raum für die Wahrheit in bloßer
Vernünftigkeit. Vernünftigkeit ist ein zweischneidiges
Schwert und dient sowohl den Zwecken der Liebe wie
den Zwecken des Hasses. Vernünftigkeit ist der Boden,
in dem die Wahrheit wurzelt. Keine Wahrheit kann
erlangt werden ohne Vernunft. Nichtsdestoweniger fin=
det sich in bloßer Vernünftigkeit, obschon sie das Mittel
ist, welches die Dinge dieser Welt bemeistert, keine Stätte
für die Wahrheit.　　　　　　　　　　9

Der Thron der Wahrheit ist Sittlichkeit und Liebe,
Gerechtigkeit und Wohlwollen sind seine Zierden.　　10

Sittlichkeit ist die Stätte, wo die Wahrheit wohnt,
und hier in den Seelen der Menschen, welche nach der
Verwirklichung der Sittlichkeit streben, ist Raum für
eine reiche und immer reichere Offenbarung der Wahr=
heit.　　　　　　　　　　11

Dies ist das Evangelium des Gebenedeiten. Dies
ist die Offenbarung des Erleuchteten. Dies ist das Ver=
mächtniß des Heiligen.　　　　　　　　　　12

Wer die Wahrheit annimmt und sein Vertrauen in
die Wahrheit setzt, nimmt seine Zuflucht zu Buddha,
dem Dharma und dem Sangha.　　　　　　　　　　13

Nimm uns auf, o Buddha, als deine Jünger von
diesem Tage an, so lange das Leben währt.　　　　14

[99. Kapitel]

Tröste, o heiliger Lehrer, du Allbarmherziger und Allliebender, die Bekümmerten und Beladenen, erleuchte die Irrenden und laß uns alle zunehmen an Verständ= niß und an Heiligkeit.   15

Die Wahrheit ist das letzte Ziel alles Lebens, und die Welten entstehen, auf daß die Wahrheit kommen und darin wohnen möge.   16

Wer es versäumt, der Wahrheit nachzustreben, hat den Zweck des Lebens verfehlt.   17

Selig ist, wer in der Wahrheit ruht, denn alle Dinge werden vergehen, aber die Wahrheit bleibet ewiglich.   18

Die Welt ist für die Wahrheit eingerichtet, aber falsche Gedanken mißdeuten den wahren Zustand der Dinge und erzeugen Irrthümer.   19

Irrthümer kann man nach Belieben gestalten; des= halb sind sie angenehm anzuschauen, aber sie sind unbe= ständig und lassen den Samen des Unheils aufsprießen.   20

Der Wahrheit kann nicht eine beliebige Gestalt ge= geben werden. Die Wahrheit ist ein und dieselbe; sie ist unwandelbar.   21

Die Wahrheit ist über die Macht des Todes er= haben; sie ist allgegenwärtig, ewig und über Alles herrlich.   22

Täuschungen, Irrthümer und Lügen sind die Töch= ter Maras; und es ist ihnen große Macht gegeben, die Seelen der Menschen zu verführen und sie auf dem Pfad der Sünde irre zu leiten.   23

Das Wesen der Täuschungen, Irrthümer und Lügen ist Tod; und die Sünde ist der Weg zum Verderben.   24

[99. Kapitel]

Täuschungen, Irrthümer und Lügen sind großen
bunten Fahrzeugen gleich, deren Balken faul und
wurmstichig sind. Wer sich ihnen anvertraut, wird
Schiffbruch leiden.   25

Es giebt Viele, welche sagen: „Komm, Irrthum,
sei du mein Führer," und wenn sie in den Maschen der
Selbstsucht, der Lust und der bösen Begierden gefangen
sind, so nimmt das Elend seinen Anfang.   26

Und doch sehnt sich alles Leben nach der Wahrheit.
Wahrheit allein kann uns von unseren Krankheiten
heilen und unserer Ruhelosigkeit Frieden geben.   27

Die Wahrheit ist das Wesen des Lebens, denn die
Wahrheit überdauert den Leib. Die Wahrheit ist ewig
und wird bestehen, selbst wenn Himmel und Erde ver=
gehen.   28

Es giebt nicht viele verschiedene Wahrheiten in der
Welt, denn die Wahrheit ist zu allen Zeiten und an
jedem Orte ein und dieselbe.   29

Die Wahrheit lehrt uns den erhabenen achtfachen
Pfad der Sittlichkeit, und der Pfad ist gerade und für
den, der die Wahrheit liebt, leicht zu finden. Selig ist,
wer darauf wandelt.   30

100. Allen Buddhas Preis.

Alle Buddhas sind wunderbar und herrlich.
Ihres Gleichen ist nicht auf Erden.
Sie offenbaren uns den Pfad des Lebens,
Und ehrfurchtsvoll begrüßen wir ihr Erscheinen.   1

[100. Kapitel]

Alle Buddhas lehren dieselbe Wahrheit,
Und die Wahrheit weist den Irrenden den Weg.
Die Wahrheit ist unsere Hoffnung und unser Trost.
Dankbar begrüßen wir ihr unbegrenztes Licht.   [2]

Alle Buddhas sind Eins in ihrem Wesen:
Ihr Wesen durchwebt alle Formen des Daseins;
Es heiligt die Bande, welche alle Seelen verbinden,
Und in seiner Seligkeit finden wir unsere letzte Zuflucht.[3]

[100. Kapitel]

Was ist Buddhismus?

1. Darlegung seiner Hauptlehren.

1. Buddhismus ist die Religion der Erlösung vom Uebel durch Erleuchtung.

2. Erleuchtung bedeutet Erkenntniß der Wahrheit, und die Wahrheit muß durch sorgfältige Untersuchung gefunden werden. Erleuchtung lehrt, daß das Gesetz von Ursache und Wirkung in der moralischen Welt nicht weniger unverbrüchlich ist, als in der physischen, und daß jede böse Handlung böse Folgen und jede gute Handlung gute Folgen nach sich zieht. Wir ernten, was wir säen, entweder in dieser oder in einer anderen Existenz. Durch Erleuchtung erkennen wir, daß das Hauptübel, in der That das einzig absolute Uebel, moralische Schlechtigkeit ist, die in ihrem letzten Grunde auf Selbstsucht beruht. Selbstsucht entsteht durch den Dünkel der falschen Vorstellung „Ich bin"; aber dieser Dünkel verfliegt unter dem heilsamen Einfluß der Erleuchtung. Erleuchtung lehrt uns die Zusammengehörigkeit alles Lebens, und wir lernen, unser Selbst in Anderen wiederzufinden. Dadurch erweckt sie eine allumfassende Güte gegen Alles, was da lebt, und eine tiefwurzelnde Barmherzigkeit mit jedem leidenden Wesen. Somit ist die Wahrheit wie eine Leuchte. Sie offenbart uns das

gute Gesetz religiösen Lebens und zeigt uns den edlen Pfad der Sittlichkeit, welcher zum Nirwana führt.

3. Das Nirwana (d. h. das gänzliche Verlöschen der Selbstsucht, so daß die Wahrheit mit richtigen Vorstellungen und hohen Idealen in der Seele Wohnung nehme), ist die Erlösung vom Uebel und die höchste Seligkeit.

4. Wer vollkommene Erleuchtung erlangt hat, so daß er ein Lehrer der Menschheit geworden, wird von den Buddhisten Buddha, d. h. der Erleuchtete, genannt.

5. Die Buddhisten verehren Gautama Siddhartha als Buddha, weil er zuerst die Wahrheit offenbart hat, welche sich nun schon über zwei Jahrtausende als ein unaussprechlicher Segen für viele hundert Millionen leidender Menschen erweist.

2. Erläuterungen.

Um einige der verbreitetsten Mißverständnisse zu beseitigen, fügen wir folgende Erläuterungen bei:

1. Der Buddhismus hat keine Dogmen im Sinne der christlichen Glaubenssätze. Seine Lehren stützen sich nicht auf Offenbarung im Sinne der christlichen Offenbarung. Es steht jedem Buddhisten frei, für sich selbst die Thatsachen zu untersuchen, von denen die buddhistischen Lehren abgeleitet werden. Buddha hatte keine andere Offenbarung als die Erfahrung, welche jedem menschlichen Wesen zu Theil wird. Er hatte aber eine tiefere Einsicht in die Natur der Dinge; er vermochte die Ursache des Uebels besser zu ergründen als irgend ein anderer Mensch und fand das Heilmittel dagegen.

2. Im Buddhismus ist es unmöglich, daß Religion und Wissenschaft einander widerstreiten. Es stimmt mit Buddhas Mahnungen überein, alles anzunehmen, was sich durch gründliche wissenschaftliche Prüfung als

wahr erweist. Buddha hat sich darauf beschränkt, nur
die Wahrheiten zu verkünden, welche zur Erlösung un=
erläßlich sind. Dabei ist es bemerkenswerth, daß die
moderne Psychologie, wie sie von den fortgeschritten=
sten Vertretern abendländischer Wissenschaft jetzt aus=
gearbeitet wird, Buddhas Lehre von der Seele bestätigt.

3. Es wird gewöhnlich behauptet, der Buddhismus
leugne die Existenz der Seele. Diese Behauptung ist
richtig oder falsch, je nach dem Sinne, in welchem das
Wort „Seele" gebraucht wird. Der Buddhismus be=
streitet die Existenz eines eigenen Selbst oder Ichwesens.
Das Ich des Menschen ist nicht ein Seelensubstratum,
welches Gefühle, Gedanken und Bestrebungen hat; son=
dern die Gefühle, Gedanken und Bestrebungen selbst
sind die Seele. In diesem Sinne leugnet der Buddhis=
mus ein metaphysisches Seelenwesen hinter der Seele,
aber nicht die fühlende, denkende und strebende Seele
selbst. Die Existenz der Seele in diesem letzteren Sinne
zu leugnen, würde eine Verneinung der unmittelbarsten
und zuverlässigsten Erfahrungs=Thatsachen sein.

4. Der Buddhismus stellt nicht die Lehre von der
Vernichtung der Seele im Augenblick des Todes auf,
sondern lehrt dem Gesetz des Karma gemäß die Fort=
dauer der Seele vermittelst der im Leben begangenen
Thaten. Es giebt unter den Buddhisten verschiedene
Ansichten und Theorien über das Gesetz des Karma
und die Wiederverkörperung der Seele. Doch sind die=
selben meist nur verschiedene Arten, dieselbe Wahrheit
symbolisch auszudrücken. Sollten sie aber einander
widersprechen, so muß nach buddhistischen Grundsätzen
diese Frage, wie alle anderen Probleme, durch vor=
urtheilsfreie Untersuchung der Thatsachen an Hand der
besten uns zu Gebote stehenden wissenschaftlichen Me=
thoden festgestellt werden.

5. Ferner wird gewöhnlich behauptet, der Buddhis=
mus leugne die Existenz Gottes. Das ist wahr oder
nicht wahr, je nach der Auffassung des Gottesbegriffes.
Die Buddhisten glauben an keinen persönlichen Gott,
der ein individuelles Ichwesen ist; doch erkennen sie
an, daß die christliche Gottesidee eine wichtige Wahr=
heit enthält, welche freilich im Buddhismus einen voll=
kommneren Ausdruck findet. Der Buddhismus lehrt,
daß Amitabha, der Urquell des Lichts und das eigent=
liche Wesen Buddhas, d. h. dasjenige, welches Erleuch=
tung giebt und dessen Erkenntniß Nirwana ist, allgegen=
wärtig und ewig ist. Es ist das, was der Wirklichkeit
die Gestalt eines harmonischen Ganzen gewährt. Es
zeigt sich in der Gesetzmäßigkeit des Alls, die in gewissem
Sinne übernatürlich ist, weil sie die unerläßliche Be=
dingung aller Natur ist. Es ist das absolut Allgemeine,
welches wir in den formalen Wissenschaften, insbeson=
dere der Logik, Mathematik und dem Causalgesetz als
schlechthin nothwendig erkennen. Als solches ist es die
Bedingung nicht nur der wirklichen, sondern überhaupt
jeder möglichen Welt. Seine Gegenwart erst macht die
Welt erkennbar; daher ist es die Voraussetzung der
Wissenschaft und das ewige Urbild der Wahrheit. Vor
allen Dingen ist es auch der reale Urgrund des guten
Gesetzes der Religion und bildet die höchste Autorität
sittlichen Lebens.

6. Buddhismus ist nicht Pessimismus. Es ist
wahr, daß der Buddhismus das Vorhandensein des
Uebels anerkennt; aber er hält sich nicht mit Klagen
darüber auf, sondern zeigt der Menschheit den Weg
des Entrinnens. Der Buddhismus predigt nicht Ver=
nichtung, sondern Erlösung; er lehrt nicht Tod, son=
dern Leben; er verlangt nicht Selbstertödtung, sondern
rechte Lebensweise; sein schon in diesem Leben erreich=

bares Ziel ist Nirwana, d. h. Erleuchtung, Ablegen der
Selbstsucht und sittliches Streben.

7. Das Christenthum ist dem Buddhismus in vielen
Punkten ähnlich. Die Ethik Christi ist wahrhaft er=
hebend und erinnert die Buddhisten an die erhabenen
Lehren Buddhas. Aber während die christliche Ethik
unvermittelt dasteht und thatsächlich auf außerweltliche
Offenbarung zurückgeführt wird, erscheint die buddhi=
stische Moral als natürliche Folge der buddhistischen
Weltanschauung. Die Buddhisten verhalten sich ab=
lehnend gegen die Dogmen des Christenthums, sofern
dieselben im Widerspruch mit der Wissenschaft stehen.

Quellen und Parallelen.

Das Evangelium Buddhas Kapitel und Vers	Quellen	Parallelen
1 3 Buddha steigt vom Himmel nieder. (Ausgelassen.)	E A { L V .... { rGya, III–V .... }	{ Klopstock's „Messias", { Gesang I
4	Fo, Vers 1–147	
4, 6	B St, Seite 64	{ Markus VII, 32, 37 { Matthäus XI, 5
4, 9	Fo, Vers 22–24	Matthäus II, 1
4, 12	Fo, Vers 39–40	Lukas II, 36
4, 17	R B 150; R H B 52	Pseudo-Matthäus, 23
4, 27	Fo, Vers 147	Lukas II, 52
Ausgelassen	R H B, Seite 103–108	Matthäus II, 16
5	{ H M, Seite 156; R B, { Seite 83; rGya, XII { Fo, Vers 152–156	Lukas II, 46–47
5, 9	Fo, Vers 164	Matthäus III, 16
6	Fo, Vers 191 322	
6, 19–20	{ B St, Seite 78–80 .... { R B, Seite 23 .... }	Lukas XI, 27–28
7	Fo, Vers 335–417	
7, 7	B St, Seite 5–6	
7, 18–19	B St, Seite 18 ....'.	{ Matthäus XXIV, 35 { Lukas XXI, 33 { Lukas XVI, 17
8	Fo, Vers 778–918	
8, 15	D P, Vers 178	
9	Fo, Vers 919–1035	
9, 6	M V, I, 6. §§ 36–38 (S B, XIII, Seite 100)	

Das Evangelium Buddhas Kapitel und Vers	Quellen	Parallelen
9, 14	Q K M, Seite 83-86.....	Entwicklungstheorie
9, 15	Q K M, Seite 133	
9, 16	Q K M, Seite 111	
10	Fo, Vers 1000-1023	
10, 11	{ Fo, Vers 1024.......... { Fo, Vers 1222-1224...... }	{ Lukas VII, 19 { Matthäus II, 3
11 (Siehe 89, 1-6.)	Fo, Vers 1026-1110......	{ Lukas IV, 2 { Matthäus IV, 1-7 { Markus I, 13
12	Fo, Vers 1111-1199	
12, 8	{ Q K M, Seite 79 { S D P, VII (S B, XXI, { Seite 172)	
12, 11-15	{ S D P, III (S B, XXI, { Seite 90) { M V, I, 6, §§ 19-28, vergl. { Old, b, Seite 227-228, { Old, e, Seite 211 { Rh D B, Seite 106-107	
12, 16	{ B St, Seite 103-104 { Vergl. D P, Seite 153-154	
12, 20	rGya, 355.............	Matthäus V, 3-11
13	M V, I, 4	
14	M V, I, 5	
14, 2	M V, I, 3, § 4	
15	{ Fo, Vers 1200-1217 { M V, I, 6, §§ 1-9	
16	{ Fo, 1217-1279 { M V, I, 6, §§ 10-47	
16, 5	S N, Vers 248	
16, 6	Rh D B, Seite 131	
16, 7	S N, Vers 241.........	Matthäus XV, 10
17	M V, I, 6, §§ 10-47	
17, 10-12	Samyuttaka Nikâya, Bd. III, fol. sâ, citirt von Old, b, 364; Old, e, Seite 339.	

Das Evangelium Buddhas Kapitel und Vers	Quellen	Parallelen
18	M V, I, 7, 8, 9 .... Fo, Vers 1280-1296	Evang. Joh. III, 2
18, 8	Fo, Vers 1289-1290	
18, 10	Fo, Vers 1292	
19	M V, I, 11 Fo, Vers 1297-1300	Lukas IX, 1-6 Lukas X, 1-24
19	Q K M, Seite 264 .... Q K M, Seite 266	Matthäus V, 16 Matthäus VII, 6
20	Fo, 1300-1334 M V, I, 20-21	
21	Fo, 1335-1379 M V, I, 22	
21, 19-20	S N, Vers 148 Metta Sutra. (Eine oft citirte Stelle. Rh D B, Seite 109, Hardy, "Legends and Theories of the Buddhas," Seite 212.)	
21, 23	Rh D B, Seite 62	
21, 28	Fo, Vers 1733	
22	Fo, 1380-1381 M V, I, 22, §§ 15-18	
23	Fo, Vers 1382-1431 M V, I, 23-24	
23, 3-5	M V, I, 23, §§ 13-14	Matthäus XXI, 9 Markus XI, 9 Evang. Joh. XII, 13
24	M V, I, 23, §§ 5-7	
25	Fo, 1432-1495	
25, 10-20	E A	
26	Fo, Vers 1496-1521	
26, 4	Fo, 1516-1517	Apostelgeschichte XX, 35
27	Fo, Vers 1534-1610 H M, Seite 204	

Das Evangelium Buddhas Kapitel und Vers	Quellen	Parallelen
28	H M, Seite 203, ff. B St, Seite 125–126	
29	M V, I, 54 H M, 208–209	
30	Fo, Vers 1522–1533 Fo, Vers 1611–1671	
31	M V, VIII, 23–36 (S B, XVII, Seite 193–194)	
32	Fo, Vers 1672–1673	
33	H M, Seite 353–354	
34	S 42 S.............. Fo, Vers 1757–1766...... B P, Seite 153..........	Matthäus V, 28
34, 19–11	Fo, Vers 1762–1763...... Fo, Vers 1763.	Eph. VI, 13–17 Markus IX, 47 Matthäus V, 29 Matthäus XVIII, 9
35	MV, VIII, 15 (SB, XVII, Seite 219–225)	
35, 24 (Letzter Theil d. Verses)	Bgt, Seite 211..........	Lukas VIII, 2 Matthäus VIII, 24–27
36	M V, II	
37	M V, X, 1, 2, §§ 1–2 und Ende von 2, § 20	
38	M V, X, 5–6; X, 2, §§ 3–20	
39	M V, V, 4	
39, 3	B St, Seite 311	
39, 5	M V, V, 4, 2 (S B, XVII, Seite 18).............	Matthäus V, 46–47
40	Fo, Vers 1713–1734 H M, Seite 337–340	
40, 4	B St, Seite 200	
40, 7	D P, Vers 227; S B, X, Seite 58 (vergl. Ch D. Seite 122)..............	Matthäus XI, 16, 19
41	M V, VI, 29 (S B, XVII, Seite 104–105)	

Das Evangelium Buddhas Kapitel und Vers	Quellen	Parallelen
41, 12–13	Metta Sutta S N, Vers 148 (vergl. Rh D B, Seite 109)	
42	R B, Seite 68–69 (vergl. Rh D B, Seite 71 und Old, d, 376–378)	Markus, III, 14 Lukas, IX, 2
	Bgt, 212 ....,..........	Matthäus, XIII, 3 ff. Markus, IV, 3–20
44	T P N, Seite 129	
45	T P N, Seite 22–23 und 25	
46	S 42 S, 4	
47	S D P, X, XIII, XXVII	
47, 23	S D P, XXIV, 22 (S B XXI, Seite 416)	
48	D P in S B, X	
48, 36, 37	D P, Vers 5............	Matthäus, V, 44
48, 46	S N, Vers 784–785, 885–888, 834. (S B E, X, Seite 149, 169, 159)	Matthäus, XI, 29–30
48, 47	D P, Vers 275.	2. Corinther, XII, 7
48, 55	D P, Vers 387	Kirchenlied, „Schönster Herr Jesu"
49	Tevijja Sutta in S B, XI, Seite 157–203	
49, 17	Tevijja S, I, 15..	Matthäus, XV, 14
50	Sigâlovada Sutta in S S P, Seite 297–320 (vergl. Rh D B, 143)	
51, 1–14 51, 31–35 51, 15–30	M V, VI, 31 (S B XVII, Seite 108–113) E A (vergl. Q K M, Seite 254–257)	
52	E A (vergl. C B S, Seite 15, sowie M Y, V)	
53	Zusammengestellt von H M, 280 ff., Fo, Vers 1682–1683, und Q K M	

Das Evangelium Buddhas Kapitel und Vers	Quellen	Parallelen
53, 18–23a	Q K M, Seite 120	
53, 23b	Q K M, Seite 148........	Ev. Joh. III, 8
53, 26–27	Q K M, Seite 67	
53, 29–32	Q K M, Seite 73–74	
53, 47	Q K M, Seite 63	
53, 59	Q K M, Seite 83–86	
54, 1–2	Fo, Vers 1228, 1208.....	Matthäus, V, 3–11
54, 3	Brahmajâla Sutta, citirt von Rh D, Seite 99....	{ Ev. Joh. XVI, 16 Matthäus XXIV, 23
54, 4	Q K M, Seite 114	
54, 5	Fo, Vers 1231	
54, 6–8	rGya, Seite 372..........	Matthäus XI, 28
54 9	S 42 S, 16	
54, 10	Q K M, Seite 110........	{ Ev. Joh. XIV, 6 Ev. Joh. XVIII, 37
55	S D P, V	
56	Mahâ Râhula Sutta	
57	S 42 S	
58	Buddhist Catena	
59	S N, Seite 58–62; Seite 25; Seite 147; Seite 54 M V, I, 3, § 4, (vergl. Old, e, Seite 118) Nidhikanda Sutta, citirt von Rh D B, Seite 127	Matthäus VI, 20
60, 7–8	Rh D B, Seite 156	
60, 12	Beal, Buddhism of China, Kapitel XII	
60, 18–23	Rh D B, Seite 170	
60, 27–28	E H	
60, 29	Q K M, Seite 127	
60, 31	Rh D B, Seite 175–176	
60, 33	Rh D B, Seite 173	
61	M P N, III, 22 (S B, XX, Seite 48–49)	
61, 3–5	Chullavagga IX, 1–4 (S B XX, 301–305)... ...	Matthäus, V, 13

Das Evangelium Buddhas Kapitel und Vers	Quellen	Parallelen
61, 6–9	Sutra Dsanglun (vergl. R. Seydel, „Das Ev. von Jesu in seinem Verhältniß zur Buddha-Sage", Seite 184–185...	Matthäus, V, 1–2
62	E A	
63	S D P, III	
64	D D P, V	
65	S D P, IV..............	Lukas XV, 11 ff.
66	B St, Seite 211, 299 (siehe P T, II, 58)	
67	B St, Seite 315 ff.	
68	Ch D, Seite 88–89	
68, 6	Ch D.	Markus XII, 42–44
69	Ch D, Seite 46.	Die Erzählung von Diogenes und seiner Laterne
70	Ch D, Seite 134	
71	Bg P, Seite 107 ff.	
72	Ch D, Seite 77..........	Lukas XII, 20
73	B St, Seite 147	
73, 15	B St.......	2. Moses XVII, 6
74	S N, Seite 11–15........	Matthäus XIII, 3 ff. Markus IV, 14
75	S N, Seite 20 ff.	
76	Bf, Seite 205............	Ev. Joh. V, 5 ff.
77	H M, Seite 317–319	
78 79	Jataka Tales	
80	Bf, Seite 146 ff.	
81	Fu-Pen-Hing-Tsi-King, übersetzt von S. Beal	
81, 7–10	E A	Ev. Joh. II, 1 ff.
82	M V, I, 14	
83	Ch D, Seite 130 ff.	
83, 5	B P, Seite 16	

Das Evangelium Buddhas Kapitel und Vers	Quellen	Parallelen
83, 5. 6, 9	Ch D und S S	Matthäus XXII, 30
84, 1-14	B P, Seite 98 ff..	Griechische Legenden, citirt von Jacob H. Thiesen, L K G
84, 15-28	S B, X, Seite 106	
85	Ch D, Seite 50-51	Matthäus V, 25, 29
85, 6	Ch D.........	Römer III, 28
86	Ch D, Seite 94-98	
87	M P N, I (S B, XI, Seite 1, ff.	
88	M P N, II, 4 und anderwärts	
89	{ M P N, I, 19, 22 { M V, VI, 28	
90	M P N, I, 16	
91	M P N, II, 9	
91, 6	M P N................	1. Corinther, 15, 55
92	{ M P N, II, 12-24 { Fo, Vers 1749-1753, 1768-1782	
93	M P N, II, 27-35	
94, 1-3	B St, Seite 84....	Lukas IV, 5-8. (Siehe ebenfalls Matthäus IV, 1-7, und Markus I, 13.)
94, 4-7	S N, Vers 425, 439	Lukas IV, 2-4
94, 8	S N, Vers 445..........	Ev. Joh. III, 46
94, 9-22	M P N, III, 43-63	
95	M P N, IV, 14-57	
95, 6	M P N. IV, 25..........	Ev. Joh. XIX, 28
95, 14-22	M P N, IV, 47-52.......	{ Matthäus XVII, 2 { Markus IX, 2
96	M P N, V, 1-14, betreffs des Wortes Maitrêya siehe E H ; Rh D B, Seite 180, 200; Old, b, Seite 153 ff..........	Ev. Joh. XIV, 26

Das Evangelium Buddhas Kapitel und Vers	Quellen	Parallelen
97	M P N, V, 52–69, und VI; Fo, Vers 2303–2310	
97, 19–20 97, 23–24 }	Mahatanhásakhamya-Sutta, Majjhima Nikāya, Bd. I, Seite 263, citirt von Old, b, Seite 349, Old, e, Seite 325	
97, 22	Suttavibhanga, Párájika I, Seite 1, 4, citirt von Old, b, Seite 349, Old, e, Seite 325	1. Corinther XV, 20
98	E A, enthaltend spätere Ueberlieferungen.(Siehe E H und beinahe jedes andere Werk über Buddhismus).............	Das christliche Dreifaltigkeits-Dogma.
99	E A	
100	E A, in Nachahmung einer Formel, die gegenwärtig unter den nördlichen Buddhisten in Gebrauch ist.	

Abkürzungen in Quellen und Parallelen.

Bf.—Burnouf, Introduction à l'histoire du Bouddhisme Indien, Paris, 1844.

Bgt.—The Life or Legend of Gautama, von Bischof P. Bigandet, zweite Auflage, Rangoon, 1886.

B P.—Buddhaghosha's Parables. Uebersetzt von T. Rogers, London, 1870.

B St.—Buddhist Birth Stories or Jataka Tales. Uebersetzt von Rhys Davids, London, 1880.

C B S.—A Catena of Buddhist Scriptures from the Chinese, von Samuel Beal, London, 1871.

Ch D.—(Chinese Dhammapada.) Texts from the Buddhist Canon, commonly known as Dhammapada. Uebersetzt von S. Beal, London und Boston, 1878.

D P.—The Dhammapada. Aus dem Pali übersetzt von J. Max Müller, Bd. X, 1. Theil, der Sacred Books of the East. Oxford, 1881.

E A.—Explanatory Addition.

E H.—Handbook of Chinese Buddhism, von Ernest J. Eitel. London, 1888.

Fo.—The Fo-Sho-Hing-Tsan-King. A Life of Buddha by Asvaghosha, aus dem Sanskrit ins Chinesische übersetzt von Dharmaraksha, 420 n. Chr., und aus dem Chinesischen ins Englische von Samuel Beal. Bd. XIX der Sacred Books of East. Oxford, 1883.

H M.—A Manual of Buddhism, von R. Spence Hardy. Zweite Auflage. London, 1880.

L K G.—Die Legende von Kisagôtami, von Jacob H. Thiessen. Breslau, 1880.

L V.—Lalita Vistara, ins Deutsche übersetzt von Dr. S. Lefmann. Berlin, 1874.

M P N.—The Mahâparinibbâna Suttanta. The Book of the Great Decease. Bd. XI der Sacred Books of the East. Oxford, 1881.

M V.—The Mahâvagga. 1–4 in Bd. XIII; 5–10 in Bd. XVII der Sacred Books of the East. Oxford, 1881–1882.

M Y.—Outlines of the Mahâyâna as Taught by Buddha, von S. Kuroda. Tokio, Japan, 1893.

Old, d.—Deutsche Ausgabe, Buddha, sein Leben, seine Lehre und seine Gemeinde, von H. Oldenberg. Zweite Auflage. Berlin, 1890.

Old, e.—Englische Uebersetzung, Buddha, His Life, His Doctrine, and His Order, von H. Oldenberg. London, 1882.

P T.—Pantschatantra, ins Deutsche übersetzt von Theodor Benfey. Zwei Bände. Leipzig, 1859.

Q K M.—The Questions of King Milinda, aus dem Pali übersetzt von T. W. Rhys Davids, Bd. XXXV der Sacred Books of the East. Oxford, 1890.

R B.—The Life of Buddha from Tibetan Works, übersetzt von W. W. Rockhill. London, 1884.

rGya.—rGya Tchee Roll Pa, Histoire du Buddha Sakya Mouni, von Foucaux. Paris, 1868.

R H B.—The Romantic History of Buddha from the Chinese Sanskrit, von S. Beal. London, 1875.

Rh D B.—Buddhism, von T. W. Rhys Davids in den Series of Non-Christian Religious Systems. London, 1890.

S 42 S.—Sutra of Forty-two Sections. Kyoto, Japan.

S B.—Sacred Books of the East.

S N.—Sutta Nipata, aus dem Pali übersetzt von V. Fausböll. 2. Theil, Bd. X, von The Sacred Books of the East. Oxford, 1881.

S S.—A Brief Account of Shin-Shiu, von R. Akamatsu. Kyoto, Japan, 1893.

S S P.—Sept Suttas Pâlis, von M. P. Grimblot. Paris, 1876.

T P N.—Buddhistische Anthologie. Texte aus dem Pâli-Canon. Von Dr. Karl Eugen Neumann. Leyden, 1892.

Die Original-Pali-Texte werden in dem Journal of the Pâli Text Society (London, Henry Frowde) veröffentlicht.

Glossar.

(In dem Text des vorliegenden Buches sind fremdländische Ausdrücke thunlichst vermieden und nur da in ihrer ursprünglichen Form beibehalten worden, wo sie im Interesse der Klarheit unentbehrlich sind.

Die Hindus während des goldenen Zeitalters des Buddhismus in Indien hatten die Gewohnheit, auch Namen zu übersetzen. Ein Deutscher Namens Schmied wird im Englischen nicht Smith genannt, aber die Buddhisten verändern Siddhattha in Siddhartha, wenn sie vom Pali ins Sanskrit übersetzen. Ursprünglich bedienten sie sich der volksthümlichen Sprache und nahmen das Sanskrit erst fünfhundert Jahre nach Buddha an. Da uns nun die wichtigsten Namen und Ausdrücke, wie Siddhartha, Nirwana und Dharma, in ihrer Sanskritform geläufig geworden sind, während deren gleichbedeutende Bezeichnungen im Pali: Siddhattha, Nibbana und Dhamma nur wenig gebraucht werden, und da obendrein alle nördlichen Buddhisten in Thibet, China und Japan sich der Sanskritformen bedienen, schien es rathsam, auch hier die Sanskritform vorzuziehen, und diese Regel ist im „Evangelium Buddhas" streng durchgeführt. Da es aber Fälle giebt, in denen die Paliform aus irgend einem Grunde von westlichen Schriftstellern vorgezogen wurde (z. B. Krischa Gautami wird immer Kisa Gotami genannt), geben wir hier im Glossar sowohl die Sanskrit= wie die Paliform (bezeichnet durch Skt. und P.).

Die Namen, welche modernisirt worden sind, wie „Brahma, Brahmane, Benares, Jain und Karma", sind in ihrer angenommenen Form beibehalten worden. Leider hat sich diese Modernisirung ohne System vollzogen. Wenn wir die Regel beobachten, Sanskrit= und Paliwörter in ihrer Stammform zu übertragen, wie es in den meisten Fällen geschieht (z. B. Nirwana, Atman), so sollte Brahma „Brahman" und Karma „Karman" genannt werden. Aber usus est tyrannus. In einem volksthümlichen Buche ist es nicht weise, gegen den Strom zu schwimmen.

Dem Gebrauche folgend, nach welchem man nicht „der Christus," sondern Christus sagt, schreiben auch wir gewöhnlich „Buddha", „Boddhisattwa", nicht aber „der Buddha", „der Boddhisattwa".)

Abhi'jñâ, Skt., Abhi'ññâ, P., übernatürliche Gabe. Es giebt sechs Abhijnyas, welche Buddha erwarb, als er vollkommene Er= leuchtung erlangte: 1. Das himmlische Auge, oder eine in= tuitive Erkenntniß der Natur irgend eines Gegenstandes im Universum; 2. das himmlische Ohr, oder die Fähigkeit, irgend

einen Laut zu verstehen, der im Universum hervorgebracht
wird; 3. die Gabe, irgend eine Gestalt oder Form anzu=
nehmen; 4. Kenntniß aller Formen früherer Existenz seiner
selbst oder Anderer; 5. intuitive Erkenntniß der Gedanken
aller Geschöpfe, und 6. Kenntniß vom Ende des Lebens=
stromes. — 207–208.

Achira'watî, Skt., und P., Fluß. — 109.

Ajâtascha'tru, Skt., Ajâtasa'ttu, P., der Sohn des Königs Bim=
bisara und sein Nachfolger auf dem Thron von Magadha. —
127, 129.

Âjñyâ'ta, Skt., Aññâ'ta, P., wörtlich „wissend", Beiname von
Kaundinya, dem ersten Jünger Buddhas. — 58.

Ambapâ'lî, die Courtisane, in Legges englischer Uebersetzung des
Fo=Scho=Hing=Tsan=King „Lady Amra" genannt. Es ist
schwierig, sich eine richtige Vorstellung von der gesellschaft=
lichen Stellung der Courtisanen zur Zeit Buddhas in Indien
zu machen. So viel ist gewiß, daß sie nicht Prostituirte waren,
sondern Damen von Wohlstand und Einfluß. In ihrer Er=
ziehung waren sie den Hetären Griechenlands ähnlich, unter
denen Aspasia eine so hervorragende Rolle spielte. Ihr Rang
muß etwa dem der Marquise Pompadour in Frankreich am
Hofe Ludwig XIV. ähnlich gewesen sein. Sie stiegen nicht
durch ihre Geburt, sondern durch Schönheit, Bildung, Talent,
und andere rein persönliche Eigenschaften zu hervorragender
Stellung empor, und viele von ihnen wurden durch königliche
Gunst in ihre Stellung eingesetzt. Die ersten Paragraphen
des Khandhaka VIII des Mahawagga (S. B., Bd. XVII, Seite
171–172), geben uns einigermaßen eine Vorstellung von der
wichtigen Rolle, welche die Courtisanen in jenen Tagen spiel=
ten. Sie waren zwar weltlich, aber dabei oft Frauen von
Bedeutung und Ansehen. — 269–273.

Amitâ'bha, Skt. und P., begabt mit grenzenlosem Licht, von amita,
unendlich, ohne Maß, und âbhâ, Lichtstrahl, Glanz, die Se=
ligkeit der Erleuchtung. Das Wort findet sich erst im späte=

ren Buddhismus und wurde als Amitabha Buddha, oder
Amita, perfonifizirt. Das Anrufen des all-erlöfenden Namens
Amitabha Buddhas ift ein beliebter Gebrauch der £otos-Sefte,
auch Sefte des reinen £andes genannt, welche in China und
Japan fo beliebt ift. Ihre poetifche Auffaffung eines Para=
diefes im Weften wird in Kapitel 60 berührt. Der füdliche
Buddhismus fennt feinen perfonifizirten Amitabha, und die
chinefifchen Reifenden Fa=Hien und Hiuen=Tfang erwähnen
desselben nicht. Die ältefte Erwähnung Amitas findet fich
in dem „Amitayus Sutra", überfetzt 148-170 n. Chr. (Siehe
Eitel, Handbuch, Seite 7-9.) — 202-208.

Âna'nda, Sft. und P., Buddhas Detter und £ieblingsjünger. Der
buddhiftifche St. Johannes. — 91-93, 101, 134, 227, 234 235,
258, 259, 266-268, 274-280, 283-296.

Anâthapi'ndika, Sft. und P. (in Sft. auch Anâthapindada genannt),
wörtlich „Einer, der den Schutzlofen und Bedürftigen (anâtha)
Almofen (pinda) giebt. Eitels Etymologie „Einer, der giebt,
ohne einen Mund voll (pinda) für fich felbft zu behalten
(anâtha)", ift nicht ftichhaltig. Ein reicher, weltlicher Jünger
Buddhas, befannt durch feine Freigebigfeit und Stiftung des
Jetawana Wihara. — 79-85, 94, 95, 197.

Annabhâ'ra, Sft. und P., wörtlich „der, welcher Nahrung bringt";
Name des Sflaven Sumanas. — 225-226.

Anuru'ddha, ein hervorragender Jünger Buddhas. Befannt als
der große Meifter der buddhiftifchen Metaphyfif. Als zweiter
Sohn Amritodanas, eines Bruders Schuddhodanas, war er
ein Detter Buddhas. — 91, 295-296.

Ârâ'da, Sft., Alâ'ra, P., ein hervorragender brahmanifcher Phi=
lofoph. Sein vollftändiger Name ift Arada Kalama. — 29,
30, 284.

Ar'hant, Sft., A'rahat, P., ein Heiliger. — 109.

A'schwajit, Sft., A'ssaji, P., ein Jünger Buddhas, durch deffen
ehrfurchtgebietendes Betragen Schariputra befehrt wurde.— 77.

A'sita, Sft. und P., ein Prophet. — 11, 12.

A'tman, Skt. und P., Athem als das Lebensprinzip, die Seele, das
Selbst, das Ich. Nach einigen alten brahmanischen Schulen
ist der Atman ein metaphysisches Wesen im Menschen: der
Denker seiner Gedanken, der Empfinder seiner Gefühle und
der Thäter seiner Thaten. Buddha leugnet die Existenz eines
Atmans in diesem Sinne. — 29, 31, 32, 34, 180.

Balâ'ni, oder Pancha-Balâni, Skt. und P., (die Einzahl ist Bala,
Macht), die fünf moralischen Kräfte (auch Pancha-Indriyâni
genannt), nämlich: Vertrauen, Thatkraft, Gedächtniß oder
Erinnerung, Versenkung oder Betrachtung, und Weisheit oder
Verständniß.

Bena'res, die wohlbekannte Stadt in Indien; moderne Form von
Wârâ'nasî, Skt., und Bârâ'nasî, P. (Siehe ebenfalls Kaschi.)—
49, 59, 64, 120, 121, 122.

Bha'gawant, Skt., Bha'gawat, P., der Würdige, der Gebenedeite,
Ehrentitel Buddhas. — 22, 233.

Bha'llika, Skt. und P., ein Kaufmann. — 45—46.

Bhâradwâ'ja, Skt. und P., Name eines Brahmanen. — 159, 161, 232.

Bhâ'wanâ, P., Betrachtung. Es giebt fünf Betrachtungen: Metta-
Bhâwanâ, die Betrachtung der Liebe; Karunâ-Bhâwanâ, die
Betrachtung des Mitleids; Mudîtâ-Bhâwanâ, die Betrachtung
der Freude; Asubha-Bhâwanâ, die Betrachtung der Unrein=
heit; und Upekschâ-Bhâwanâ, die Betrachtung der Gemüths=
ruhe. (Siehe Rhys Davids Buddhism, Seite 170—171.) — 206.

Bhi'kschu, Skt., Bhi'kkhu, P., Mönch, Mitglied eines religiösen
Ordens. Die fünf Bhikschus, 36—38, 49—58; Bhikschus legen
ihre Kleider ab, 107; Zurechtweisung der Bhikschus, 125—126;
Bhikschus gediehen, 134; der kranke Bhikschu, 255—257.

Bhi'kschunî, Skt., Bhi'kkhunî, P., Nonne. — 104, 108, 109.

Bimbisâ'ra, Skt. und P., der König von Magadha, öfters mit dem
Beinamen Sai'nya, Skt., oder Sê'niya, P., „der Kriegerische",
geehrt. — 24—29, 70—76, 101, 129.

Bô'dhi, Skt. und P., Wissen, Weisheit, Erleuchtung.

Bôdhi-a'nga, oder Bôjjha'nga, oder Sa'tta Bojjha'ngâ, P., Betrach=

tung der sieben Arten der Weisheit, nämlich: Thatkraft, Er=
innerung, Nachdenken, Forschen in den Schriften, Freude,
Gelassenheit und Gemüthsruhe. — 110, 263.

Bôdhi-Baum, ein Baum der Gattung ficus religiosa. — 38.

Bôdhisa'ttwa, Skt., Bôdhisa'tta, P., der, dessen Wesen (Sattwa) Er=
leuchtung (Bôdhi) wird. Der Ausdruck bezeichnet 1) einen,
der im Begriff ist, ein Buddha zu werden, aber noch nicht
das Nirwana erreicht hat; 2) eine Klasse von Heiligen, die
nur noch einmal wiedergeboren werden müssen, um ins Nir=
wana einzugehen; 3) im späteren Buddhismus jeden Predi=
ger und Religionslehrer. — 22, 24, 27, 29, 35-41, 91. Erschei=
nung Bodhisattwas, 24-25; Bodhisattwas der Zukunft, 148.

Bra'hma, der höchste Gott des Brahmanenthums, die Welt=Seele.
Modernisirt von der Stammform des Sanskrit Brahman
(Nominativ Singular Brahmâ). Siehe Sahampati. — 46-48,
92, 159-163.

Brahmada'tta, Skt. und P., (etymol. „von Brahma gegeben"),
Name eines sagenhaften Königs von Kaschi. — 120-125, 229,
239.

Brahmanen, die Priesterkaste der Indier. Die Priester wurden
aus der Brahmanenkaste gewählt, doch waren nicht alle
Brahmanen Priester; manche betrieben Landbau, andere
waren Kaufleute und viele standen als Beamte im Dienste
der Könige. Die beiden Brahmanen. — 159-165.

Buddha, Skt. und P., der Erweckte, der Erleuchtete. — Andere
Namen Buddhas sind: Schakyamuni (der Schakya=Weise),
Schakyasimha (der Schakya=Löwe), Sugata (der Glückliche),
Schastar (der Lehrer), Jaina (der Eroberer), Bhagawant (der
Gebenedeite), Loka=Natha (der Herr der Welt), Sarwajnya
(der Allwissende), Dharma=Raja (der König der Wahrheit),
Tathagata (der Vollkommene) u. s. w. [Siehe Rhys Davids
Buddhism, Seite 28.] Buddha bleibt, 293; Buddha, der Leh=
rer, 150; Buddha, der Säemann, 252; Buddha, die Wahrheit,
4, 290, 301; Buddha, du bist, 167, 173; Buddha, ein anderer,

Dharmakâ'ya, Skt., der Körper des Gesetzes. — 301.

Dharmapa'da, Skt., Dhammapa'da, P. — 150.

Dharmarâ'ja, Skt., Dhammarâ'ja, P., der König der Wahrheit. — 96, 148.

Dhyâ'na, Skt., Jhâ'na, P., Einsicht (Betrachtung), beseligende Vision, Verzückung, Wonne, die Folge von Samadhi. Buddha war nicht zu Gunsten von Verzückungen als Andachtsmittel, indem er lehrte, daß Erlösung nur durch die Erkenntniß der vier erhabenen Wahrheiten und durch Wandeln auf dem achtfachen edlen Pfad erlangt werden könne, aber er störte diejenigen nicht, welche ihre Lust an Verzückungen und Visionen hatten. Buddhas Erklärung des Dhyana ist nicht ein Verlieren des Bewußtseins, sondern eine zielbewußte Aus= rottung der Selbstsucht. Es giebt vier Dhyanas; das erste ist ein Zustand der Freude und Fröhlichkeit, welche der Ein= samkeit entspringt, die voll des Forschens und Nachdenkens ist; das zweite entspringt einer tiefen Ruhe ohne Nachdenken oder Forschen; das dritte giebt die völlige Zerstörung der Lei= denschaft, während das vierte in reinem Gleichmuth besteht, der allem Leid ein Ende macht. (Nach Rhys Davids Buddhism, Seite 175-176.) Im Fo-Sho-hing-tsan-king wird das Dhyana nur zweimal genannt: erstens III, 12, Vers 960-978, wo Arada die Lehre von den vier Dhyanas auseinandersetzt, die von Buddha nicht gutgeheißen wird, und zweitens bei Bud= dhas Tod; als derselbe das Bewußtsein verliert, wird von seinem Geiste gesagt, daß derselbe durch alle Dhyanas ge= gangen sei. — 208.

Dîrghâ'yu, Skt., Dhîghâ'wu, P., etymol. „Lebelang". Name eines sagenhaften Prinzen, Sohn des Königs Dirgheti. — 120, 123.

Dîrghê'ti, Skt., Dîghî'ti, P., etymol. „Leidelang". Name eines sagenhaften Königs, Vater des Prinzen Dirghayu. — 120-124.

Ganges, der wohlbekannte Fluß in Indien. — 14, 266.

Gau'tama, Skt., Go'tama, P., Buddhas Familienname, 9, 51, 302; Gautama leugnet die Existenz der Seele, 175; Gautama weilt

nicht mehr unter euch, aber Buddha bleibt, 293; Buddha,
nicht Gautama, 188; Gautama, der Schramana, 191–192;
Gautama Siddhartha, 127, 290, 300.

Gau'tamî, Name jeder der Familie Gautama angehörigen Frau.
Krischa Gautami, 18, 249–251.

Gawâ'mpati, Skt., Gawa'mpati, P., etymol. „Herr der Kühe", ein
Freund des Nafchas. — 64.

Ga'yâ Kâschyapa, Bruder des berühmten Kaschyapa von Uru=
wilwa. — 69.

Hînayâ'na, das kleine Fahrzeug, (d. h. der Erlösung). Der Name
wird, im Gegensatz zu Mahayana, von nördlichen Buddhisten
gebraucht, um den Geist des südlichen Buddhismus zu be=
zeichnen. (Siehe Mahasetu.)

Hir'anyawatî, Skt., Hira'ññawatî, P., ein Fluß. — 287.

Ikschwâ'ku, Skt., Okkâ'ka, P., Name einer sagenhaften Familie,
von welcher die Häuptlinge der Schakyas abzustammen be=
haupten. — 9.

Indra, einer der höchsten Götter der Bramanen. — 162, 237.

Indriyâ'ni oder Pancha-Indriyâ'ni, die fünf Organe des Geistes.
(Siehe Balani.)

Î'schwara, Skt., î'ssara, P., (wörtlich unabhängige Existenz), Herr,
Schöpfer, persönlicher Gott, ein Titel Schiwas und anderer
hoher Gottheiten. In buddhistischen Schriften bedeutet Isch=
wara, Skt., (nicht Issara, P.,) immer einen transcendenten
oder außerweltlichen Gott, einen persönlichen, von der Natur
verschiedenen und unabhängigen Gott, von dem man glaubt,
daß er die Welt aus Nichts erschuf. — 80, 81.

Jain, moderne Form von Jaina, Skt.; ein Anhänger der Jain=
Sekte, welche Wardhamana (Jnyataputra) als Buddha ver=
ehrt. (Siehe Jainismus.) — 49.

Jai'na, der Eroberer, ein Ehrentitel Buddhas. Die Jains ge=
brauchen den Ausdruck mit Vorliebe für Wardhamana, den
sie als Buddha verehren. — 50.

Jainismus, eine von Wardhamana gegründete Sekte, die älter ist als der Buddhismus und heute noch in Indien besteht. Der Jainismus ist in Vielem dem Buddhismus ähnlich. Buddha erhob hauptsächlich Einwand gegen die Askese und das Nackt= gehen der Jains. Die Jains legen großes Gewicht auf as= ketische Uebungen und Selbstpeinigung, während die Buddhi= sten dieselben als schädlich bezeichnen.

Ja'mbu, Skt. und P., ein Baum. — 19, 37.

Jâmbû'nada, Skt., Jambû'nada, P., eine Stadt, deren Lage un= bekannt ist. (Ebenfalls Name eines Berges, sowie eines Sees.) — 242.

Ja'tila, P., etymol. „geflochtenes Haar tragend". Die Jatilas waren brahmanische Asketen. Buddha bekehrte einen Jatila= Stamm, dessen Häuptling, Kaschyapa, einer der bedeutendsten Jünger Buddhas wurde. — 66–70.

Jê'ta, der Thronfolger des Königs von Schrawasti. — 94, 95.

Jê'tawana, ein Wihara. — 94, 95, 96, 197, 228, 233, 248.

Ji'waka, Skt. und P., Leibarzt des Königs Bimbisara. Nach der Tradition war er der Sohn des Königs Bimbisara und der Buhlerin Salawati. Wir lesen in Mahawagga VIII, daß er gleich nach seiner Geburt ausgesetzt, aber gerettet wurde. Später wurde er ein berühmter Arzt und heilte Buddha von einer lästigen Krankheit, die dieser sich durch das Tragen abgelegter Lumpen zugezogen hatte. Jiwaka war ein eifriger Anhänger Buddhas und bewog denselben, den Bhikschus das Tragen weltlicher Kleidung zu gestatten. — 100–103.

Jñâtapu'tra, Skt., Nâtapu'tta, Jain Prakrit, der Sohn Jnyatas. Familienname Wardhamanas, des Gründers des Jainismus. — 167, 168.

Jyô'tischka, Skt., Name eines Hausvaters, des Sohnes Subhadras. — 132, 133.

Kâlâ'ma, Skt. und P., (siehe Arada).

Ka'nthaka, Prinz Siddharthas Pferd. — 24.

Kapilawa'stu, Skt., Kapilawa'tthu, P., die Hauptstadt der Schakyas, Geburtsort Buddhas. — 9, 14, 85, 91, 92, 95.

Karma, Skt., **Kamma,** P., (die Stammform in Skt. ist Karman; (Nominativ Singular ist Karma). Thätigkeit, Arbeit, das Gesetz der Bewegung, Vergeltung, die Folgen früher begangener Thaten und das daraus folgende Schicksal. Ernest F. Eitel sagt: „Karma ist der moralische Kern (irgend eines Wesens), der allein den Tod überdauert und in der Seelenwanderung weiterbesteht." Karma ist ein wohldefinirter und wissenschaftlich genauer Ausdruck. Professor Huxley sagt: „Nach der Evolutionstheorie besitzt ein Keim die Tendenz, sich einem spezifisch bestimmten Typus gemäß zu entfalten; so z. B. entwickelt sich die Bohne zu einer Pflanze, welche alle charakteristischen Merkmale der Phaseolus vulgaris besitzt. Diese Tendenz des Keimes ist sein Karma. Der Keim ist der letzte Erbe und das Endresultat aller Eigenschaften, welche eine Reihe von Vorfahren besaßen, und welche Millionen von Jahren zurückgehen bis auf die Zeit, da das Leben auf Erden begann." Wir lesen in der Anguttara Nikâya, Pancaka Nipâta: „Mein Thun (Karma) ist mein Besitz, mein Thun ist mein Erbe, mein Thun ist der Mutterschooß, der mich gebärt, mein Thun ist die Sippe, der ich angehöre (wie die Bohne ihrer Art), mein Thun ist meine Zuflucht." (Sieh den Aufsatz „Karma und Nirwana" in The Monist, Bd. IV, No. 3, Seite 417–439.) — 29, 33, 34, 91, 96, 127, 131, 178, 185, 203, 267, 286.

Kâ'schî, Skt., **Kâ'sî,** P., der alte und heilige Name von Benares. — 120, 229.

Kâ'schyapa, Skt., **Ka'ssapa,** P. (die gewöhnliche Etymologie „der, welcher Feuer verschluckt hat", ist jetzt verworfen), der Name von drei Brüdern, Häuptlingen der Jatilas, welche nach ihren Wohnsitzen Uruwilwa, Nadi und Gaya genannt wurden. Der Name Kaschyapa wird hauptsächlich nur auf Kaschyapa von Uruwilwa angewandt, welcher auch Maha-Kaschyapa genannt wird, weil er eine der Hauptstützen der buddhistischen Brüderschaft war. Er nahm sofort nach seiner Bekehrung einen fehr hohen Rang unter den Jüngern Buddhas ein. Der Sage nach berief er nach Buddhas Tod die erste Versamm= lung und fungirte als deren Vorsitzer. Er wird als der Sammler des Canons bezeichnet und ist der erste Patriarch. — 66–70, 133, 190, 191, 192, 301.

Kaundi'nya, Sft., Kônd'añña, P., Name des ersten Jüngers Bud= dhas, später Ajnyata Kaundinya in Sft. und Annyata Kon= dannya in P. genannt. — 56, 58.

Kauschâ'mbî, Sft., Kôsa'mbî, P., eine Stadt. — 114, 117, 118, 222.

Klê'scha, Sft., Kilê'sa, P., Irrthum.

Kô'lî, ein kleines Königreich in der Nähe von Kapilawaftu, die die Heimath Nafchobharas. — 14.

Kô'sala, Sft. und P., Name eines Landes. — 83, 85, 120, 121, 159.

Kri'schâ Gau'tamî, Sft., Ki'sâ Gô'tamî, P., die schwächliche oder hagere Gautami. Name 1) einer Base Buddhas, genannt in Kapitel 6, Seite 18; 2) die Heldin einer der Parabeln Bud= dhas, 249–251.

Krischna, einer der höchsten brahmanischen Götter. — 66.

Kuschina'gara, Sft., Kusinâ'ra, P., Name einer Stadt. — 283, 284, 287, 296, 297.

Kûtada'nta, ein brahmanischer Häuptling in dem Dorf Danamati, genannt in Spence Hardys Manual of Buddhism, Seite 289, und in Sacred Books of the East, Band XIX, Seite 242, auch Khânumat genannt. — 176–188.

Li'cchawi, Sft. und P., Name einer fürstlichen Familie. — 270, 271, 272.

Lu'mbinî, Sft., ein Hain, benannt nach seiner Eigenthümerin, einer Prinzessin. — 9.

Ma'gadha, Sft. und P., Name eines Landes. — 70, 76, 78, 101, 129, 258, 263.

Mahârâ'ja, der große König. — 97.

Mahâsê'tu, die große Brücke. Ein von dem Verfasser dieses Buches erfundener Ausdruck, um das Christenthum im Vergleich zu dem Hinayana und Mahayana des Buddhismus zu charakte=

riſiren. Das Hinayana iſt abſtract philoſophiſch und erſcheint
deshalb negativ, während das Mahajana in der ausgeſproche=
nen Abſicht, religiöſe Wahrheiten populär darzuſtellen und
dadurch den großen Maſſen zugänglich zu machen, den Bud=
dhismus mythologiſch geſtaltet. Das Chriſtenthum geht in
dieſer Hinſicht noch einen Schritt weiter als das Mahayana.
Das Chriſtenthum lehrt die Ethik der Nächſtenliebe ſelbſt
denen, die noch ganz in dem Dünkel der Selbſtſucht befangen
ſind, ſo daß ſie den Strom der Selbſtſucht überſchreiten, ohne
es zu merken oder ſich über den Grund klar zu werden. Es
gleicht in dieſer Hinſicht einer großen Brücke und iſt die Re=
ligion der Liebe, wie ſie ſich den thatkräftigen Nationen des
Nordens angepaßt hat.

Mahâyâ'na, das große Fahrzeug (d. h. der Erlöſung). Ein Name
für die nördliche Auffaſſung des Buddhismus, welche die Re=
ligion mit einem großen Schiff vergleicht, mit welchem die
Menſchen über den Strom Samſara überſetzen, um das Ufer
des Nirwana zu erreichen. (Siehe Mahaſetu.)

Maitrê'ya, Skt., Mêttê'ya, P., etymol. „voller Milde"; Name des
zukünftigen Buddha. — 287, 290.

Ma'lla, Skt. und P., Name eines Volksſtammes. — 284, 285, 287,
290, 291, 296, 298.

Manasâ'krita, Skt., Manasâ'kata, P., ein Dorf in Koſala.— 159, 163.

Mandâ'ra, Skt. und P., eine Blume von großer Schönheit. — 10.

Mâ'ra, Skt. und P., der Böſe, der Verſucher, der Zerſtörer, der
Gott der Luſt, der Sünde und des Todes. — 10, 38-40, 46, 98,
148, 150, 157, 205, 244, 277, 278, 279.

Mâ'rga, Skt., Ma'gga, P., Pfad; beſonders gebraucht in der Phraſe
des Pali: Ariyo atthangiko maggo, der edle achtfache Pfad.
Derſelbe beſteht in: rechter Erkenntniß, rechtem Entſchluß,
rechter Rede, rechtem Thun, rechtem Leben, rechtem Kämpfen,
rechtem Denken, rechtem Sichverſenken. (Siehe Sacred Books
of the East, Band XI, Seite 63 und 147.)

Gloffar. 357

Mâ'talî, Skt. und P., Name eines zum Gefolge Namas gehörenden Dämons. — 237.

Mâta'nga, Skt. und P., wörtlich „von niedriger Geburt"; die Matanga=Kaste besteht aus Mischlingen der niedrigsten mit höheren Kasten. — 234, 235.

Ma'thurâ, Skt. und P., Name einer Stadt. — 240.

Maudgalyâ'yana, Skt., Môgallâ'na, P., einer der hervorragendsten Jünger Buddhas und Freund Schariputras. — 77, 89.

Mâ'yâ, Skt. und P., Täuschung, Zauber, Berückung. Der Schleier der Maya ist die Täuschung des Selbst, welche den weltlich Gesinnten unfähig macht, sein Verhältniß zu seinen Mit= geschöpfen zu verstehen und die Dinge zu sehen, wie sie wirk= lich sind. — 7, 240.

Mâyâ-Dê'wî, auch Mahâ-Mâyâ, oder einfach Mâyâ (Zauberreiz) genannt, Skt. und P., Gemahlin Schuddhodanas und Mutter Buddhas. Sie starb bei der Geburt Buddhas. Buddha steigt zum Himmel auf, um ihr das gute Gesetz und das Evange= lium der Erlösung zu verkünden. — 9, 105.

Mu'ni, Skt. und P., ein Denker, ein Weiser; besonders ein religiö= ser Denker. Schakyamuni, der Weise der Schakyas, ist Bud= dha. — 199, 201.

Nadî' Kâ'schyapa, Skt., Nadî' Ka'ssapa, P., Bruder des berühm= ten Kaschyapa von Uruwilwa. — 69.

Nâ'dika, Skt. und P., Name eines Dorfes. — 266.

Nâ'ga, Skt. und P., wörtlich „Schlange". Da die Schlange als ein höheres Wesen betrachtet wurde, bezeichnet das Wort eine Art Wesen von besonders tiefer geistiger Einsicht; einen Weisen; irgend eine höhere Persönlichkeit. Naga=Könige.—10.

Naira'ñjanâ, Skt., Nera'ñjarâ, P., Name eines Flusses, entweder der jetzige Nilajan oder der Phalgu. — 277, 278.

Nâla'ndâ, Skt. und P., ein Dorf in der Nähe von Rajagriha. — 261, 263.

Na'ndâ, die Tochter eines Schäferhäuptlings. — 37, 38.

Nidâ'na, Skt. und P., Ursache. Die zwölf Nidanas bilden die

Kette der Verursachung, welche das Elend der Welt erzeugt. (Siehe Oldenbergs „Buddha", englische Uebersetzung, Seite 224–252.) — 41.

Nirgra'ntha, Skt., Nigga'ntha, P., wörtlich „von Banden befreit"; ein von den Anhängern der Jaina=Sekte angenommener Name. — 167, 168, 174. Gieb auch den Nirgranthas. — 174.

Nirmâ'na Kâ'ya, Skt., der Körper der Verwandlung. — 301.

Nirwâ'na, Skt., Nibbâ'na, P., Verlöschen, d. h. das Verlöschen des Selbst. Nach dem Hinayana wird es als „Verlöschen der Täuschung", nach dem Mahayana als „Erlangen der Wahrheit" erklärt. Nirwana bedeutet nach dem letzteren „Erleuchtung". Es ist der Zustand des Geistes, in welchem Upadana, Klescha und Trischna erloschen sind, der selige Zustand des Erleuchtetseins; Frieden der Seele, Seligkeit, die Herrlichkeit der Rechtschaffenheit in diesem Leben und dem Jenseits, die ewige Ruhe des Buddha nach dem Tode. Buddha selbst weigerte sich zu entscheiden, ob Nirwana eine endgültige Auslöschung der Persönlichkeit ist. Als er befragt wurde, deutete er durch sein Schweigen an, daß die Lösung nicht einer der Gegenstände ist, deren Kenntniß zur Erlösung unerläßlich ist. — 2, 8, 18, 21, 42, 44, 47, 50, 54, 70, 71, 74, 77, 82, 85, 87, 103, 109, 131, 136, 138, 164, 178, 179, 180, 191, 192, 223, 233, 266, 267, 282, 287, 298. Das eine Ziel, Nirwana, 191. Die Ernte, Nirwana, 233. Die Stadt Nirwana, 149. Nirwana ist kein Ort, 179. Samsara und Nirwana, 2, 7–8, 266. Wo ist Nirwana? 179.

Nyagrô'dha, Skt., Nigrô'dha, P., ein Baum, ficus indica, bekannt durch seine Luftwurzeln. — 278.

Pâramitâ', Skt. und P., Vollkommenheit oder Tugend. Die sechs Paramitas sind: Wohlthätigkeit, Sittlichkeit, Geduld, Eifer oder Thatkraft, Betrachtung und Weisheit.

Pariwrâ'jaka, Skt., Paribbâ'jaka, P., eine zur Tirthika=Schule gehörige Sekte. — 111.

Pâtalipu'tra, Skt., Pâtalipu'tta, P., auch Pâtaligâma genannt. Eine

Stadt am Ganges, nördlich von Rajagriha und zu dem König=
reich Magadha gehörig, der Außenposten gegen Wriji (Wajji),
das gegenwärtige Patna. Es wird von Buddha gesagt, daß
er die Größe des Ortes vorhergesagt habe. Dies ist wichtig
zur Bestimmung der Zeit, in der die betreffende Erzählung
geschrieben ist. Es ist jedoch noch immer ungewiß, wann
Patna das wichtige Centrum geworden ist, das es heute ist.
Jedenfalls war es schon die Hauptstadt des Landes, als Me=
gasthenes, der Gesandte des Seleucus Nicator, zu Ende des
dritten Jahrhunderts v. Ch. Indien besuchte. Derselbe gab in
seinem Buche eine ins Einzelne gehende Beschreibung der
Stadt. — 263–266. Pataliputra, drei Gefahren bedrohen das=
selbe, 263.

Pauschkarasâ'di, Skt., Pôkkharasâ'di, P., ein brahmanischer Phi=
losoph. — 159.

Pâ'wâ, Skt. und P., ein Dorf, in welchem Buddha sein letztes
Mahl, bestehend aus Eberfleisch und Reis, zu sich nahm.— 282.

Pradyô'ta, Skt., Pajjô'ta, P., Name eines Königs von Ujjayini.
— 101.

Prajâ'patî oder Mahâ-Prajâ'patî, Skt., Pajâ'patî, P., die Schwester
Mayadewis, zweite Gemahlin Schuddhodanas, Tante und
Pflegemutter Buddhas. Sie wird auch nach ihres Gemahls
Familiennamen Gautami (Femininum von Gautama) ge=
nannt. — 12, 13, 91, 103, 104, 119.

Pra'kriti, Skt., Name eines Mädchens von niedriger Kaste. — 234-
236.

Prasê'najit, Skt., Pasê'nadi, P., (auch Pasenit genannt), König
von Kosala, dessen Residenz Schrawasti war. — 96.

Pratimô'kscha, Skt., Pâ'timôkkha, P., (wird im buddhistischen
Sanskrit gewöhnlich Prâ'timôkscha geschrieben), wörtlich
„Entlastung". Es ist das buddhistische Bekenntniß. Rhys
Davids sagt: „Es datirt mit ziemlicher Gewißheit ins fünfte
Jahrhundert v. Chr. zurück. Seit der Zeit — einem Zeit=
raum von fast zweitausend dreihundert Jahren — wird es

zweimal monatlich in den regelmäßigen Versammlungen der strengeren Mitglieder des Ordens recitirt. Es nimmt deshalb in der literarischen Geschichte der Welt eine eigene Stellung ein, und keine Regeln für sittliches Verhalten sind so lange im Gebrauch wie diese, mit Ausnahme derer, welche im Alten Testament und in den Werken des Confucius niedergelegt sind." — 111-114.

Prawra'jyâ, Skt., Pabha'jjâ, P., das Verlassen der Welt, um in Orden einzutreten. Der erste Schritt zur buddhistischen Ordination. (Siehe Upasampada.)

Pu'kkascha oder Pu'kkasa, Skt., Pu'kkusa, P., Name einer niedrigen Kaste. — 284, 285.

Pu'nyajit, Skt., Pu'nnaji, P., ein Freund des Yaschas. — 64.

Pûrwârâ'ma, Skt., Pubbârâ'ma, P., der östliche Garten. — 106.

Râhula, Skt. und P., der Sohn Buddhas. Er wurde in die Brüderschaft aufgenommen, als er noch ein Knabe war. (Kapitel 29.) Buddha ermahnt ihn zur Wahrheitsliebe. (Kapitel 56.) Er wird unter den hervorragendsten Jüngern Buddhas genannt und ist der Schutzpatron der Novizen. — 14, 89, 91-93, 192-195.

Râ'jâ, Skt. und P., Nominativ der Stammform râjan, König (in Zusammensetzungen râja).

Râjagri'ha, Skt., Râjaga'ha, P., die Hauptstadt von Magadha und Residenz des Königs Bimbisara. — 25, 70, 75, 78, 79, 85, 102, 103, 111, 127, 132, 165, 258.

Ra'tna, Skt., Ra'tana, P., Edelstein, Kleinod.

R'iddhi, Skt., I'ddhi, P., nach Ernest J. Eitel „die Herrschaft des Geistes über den Stoff". Es ist die Fähigkeit eines Menschen, ein Ziel zu erstreben und sich den Verhältnissen anzupassen. Nach dem Volksglauben verleiht die Riddhi Unabhängigkeit vom Gesetz der Schwere und die Zauberkraft, jede beliebige Gestalt anzunehmen. (Siehe Riddhipada.)

Riddhipâ'da, Skt., Iddhipâ'da, P., der Weg zur Riddhi, oder die Art und Weise, wie der Geist die Herrschaft über den Stoff

erlangt. Es sind vier Schritte dazu nöthig: 1) der Wille, sie
zu erlangen; 2) die dabei nöthige Anstrengung aller Kräfte;
3) die unumgängliche Vorbereitung des Herzens, und 4) ein
eifriges Streben nach der Wahrheit. — 207, 209.

Ri'schi, Skt., I'si, P., ein Prophet oder Seher, ein infpirirter
Dichter, ein Eremit, welcher in heiliger Zurückgezogenheit
Weisheit erlangt hat, ein Klausner, ein Einsiedler.

Saha'mpati, kommt nur in der Phrafe „Brahma Sahampati"
vor, ein Name, der häufig in buddhistischen Schriften ange=
wandt ist, und deffen Bedeutung nicht klar ist. Burnouf über=
fetzt es mit Seigneur des êtres patients, Eitel mit „Herr der
bewohnbaren Theile aller Welten". Kern (in Sacred Books
of the East, XXI., Seite 5,) behauptet, daß es ein Synonym
von Sikhin, einer gewöhnlichen Bezeichnung von Agni, sei.

Sai'nya, Skt., Sê'niya, P., der Kriegerifche, Ehrentitel Bimbifaras,
des Königs von Magadha. — 70, 75, 111.

Samâ'dhi, Skt. und P., Verzückung, Geistesverfenkung, Selbst=
beherrfchung. Rhys Davids fagt (Buddhism, Seite 177): „Der
Buddhismus vermochte den natürlichen Folgen des Wunders
nicht zu entgehen, als welches abnorme Nervenzuftände wäh=
rend der Kindheit der Wiffenschaft stets betrachtet wurden ...
Es muß aber zu feinem Lobe hinzugefügt werden, daß der
allerälteste Buddhismus Träume und Visionen verachtete, und
daß die Lehre des Samadhi von geringer praktifcher Wichtig=
keit ist im Vergleich zu der Lehre von dem erhabenen acht=
fachen Pfad." Eitel fagt (Handbuch, Seite 140): „Der Aus=
druck Samadhi wird zuweilen im ethifchen Sinne gebraucht,
wenn man damit die moralifche Selbstbefreiung von Leiden=
fchaft und Lafter ausdrücken will.

Sambhô'ga Kâ'ya, Skt., der Körper der Glückfeligkeit. — 301.

Samsâ'ra, Skt. und P., das Meer der Geburt und des Todes.
Vergänglichkeit, Weltlichkeit, die Raftlofigkeit des weltlichen
Lebens, die Wogen der Selbstfucht, die Sorglofigkeit des Le=
bens. — 3, 7, 44, 266.

Samskâ'ra, Skt., Sankhâ'ra, P., Gestaltung, Anlage, Neigung. Es
ist das schaffende Element im Karma, wie es in der körper=
lichen Existenz Gestalt angenommen hat. — 181, 184, 186.

Samyakpradhâ'na, Skt., Sammappadhâ'na, P., rechte Bemühung,
Anstrengung, Kampf. Es giebt vier große Anstrengungen,
die Sünde zu überwinden : 1) Beherrschung der Leidenschaften,
so daß böse Neigungen nicht aufkommen können ; 2) Unter=
drückung sündiger Gedanken, um die bösen Neigungen, welche
entstanden sind, zu beseitigen ; 3) Betrachtung der sieben Ar=
ten von Weisheit (Bôdhi-anga), um gute Eigenschaften, welche
vorher nicht vorhanden waren, ins Leben zu rufen, und 4)
Sammlung der Seele mit Vermeidung aller Zerstreuung, um
die vorhandenen guten Eigenschaften zu vermehren. (Siehe
den Mahâ-padhâna Sutta in dem Dîgha Nikâya. Vergleiche
Buddhist Birth Stories, Seite 89, und Rhys Davids Buddhism,
Seite 172-173.)

Sa'ngha, Skt. und P., (Samgha in Sacred Books of the East), die
Brüderschaft der Jünger Buddhas, die buddhistische Kirche.
Eine Versammlung von wenigstens vier Brüdern hat das
Recht, Beichte zu hören, Absolution zu ertheilen und Priester
zu weihen. Der Sangha ist das dritte Kleinod des Triratna,
zu welchem Zuflucht genommen wird. — 57, 58, 64, 70, 75,
91, 103, 108, 112-119, 196 ; der Sangha wird gedeihen, 260.

San'jaya, Skt. und P., ein wandernder Asketiker und Oberhaupt
der Sekte, zu welcher Schariputra und Maudgalyayana vor
ihrer Bekehrung gehörten. — 77.

Scha'kra, Skt., Sa'kka, P., Herr, Beiname Indras. — 75.

Schâ'kya, Skt., Sâ'kya, P., Name eines kleinen Volksstammes an
der nördlichen Grenze von Magadha. — 9, 14, 26.

Schâkyamu'ni, Skt., Sâkyamu'ni, P., der Weise der Schakyas, ein
Beiname Buddhas. — 26, 29, 35, 36, 39, 67, 68, 70, 77, 78,
105, 134, 135, 163.

Schâ'la, Skt., Sâ'la, P., ein Baum, vatica robusta ; Schala=Hain,
287, 291 ; Schala=Bäume, 287.

Schâripu'tra, Sft., Sâripu'tta, P., einer der hervorragendſten Jün=
ger Buddhas, der buddhiſtiſche St. Petrus. — 77, 85, 89, 93,
95, 118, 134, 254, 261-263; Schariputras Glaube, 261.

Schra'mana, Sft., Sa'mana, P., ein Asketifer, Einer, der ein Ge=
lübde abgelegt hat, 39, 45, 67, 92, 104; der Schramana Gau=
tama, 191-192; die Erſcheinung des Schramana, 19-23.

Schrâ'waka, Sft., Sâ'waka, P., ein Schüler, ein Anfänger, etymol.
„der, welcher die Stimme Buddhas vernommen hat". Die
Bezeichnung wird gebraucht 1) für alle perſönlichen Jünger
Buddhas, von denen die hervorragendſten Maha=Schrawaka
genannt werden, und 2) für einen niederen Grad der Heilig=
feit. Schrawaka heißt, wer im Verſtändniß und in der Aus=
übung der Lehre oberflächlich iſt; er wird mit einem Haſen
verglichen, der über den Strom Samſara ſetzt, indem er auf
der Oberfläche ſchwimmt. (Siehe Eitel, Handbuch, Seite 137.)
— 202, 204.

Schrâwa'stî, Sft., Sâwa'tthi, P., Hauptſtadt des nördlichen Koſala.
General Cunningham ſagt, daß es identiſch iſt mit den Ruinen
von Sahet=Mahet in Oudh und daß es am Rapti=Fluſſe, nord=
weſtlich von Magadha lag. — 83, 95, 106, 109, 117, 118, 223,
233, 253.

Schuddhô'dana, Sft., Suddhô'dana, P., wörtlich „reinen Reis be=
ſitzend", Buddhas Vater. Die Ueberlieferung nennt Schud=
dhodana den „König der Schafyas", doch müſſen wir hier
zufügen, daß die älteſten Berichte nichts davon erwähnen.
Oldenberg ſpricht auf Seite 109 ſeines „Buddha" (2. Aufl.)
von ihm als „einem großen und reichen adligen Grund=
beſitzer" und giebt im Anhang ſpäterer Ausgaben (ſiehe
engl. Ausgabe, Seite 416-417) Gründe dafür an. — 9, 14, 15,
24, 85, 86, 87, 90, 103.

Siddhâ'rtha, Sft., Siddha'ttha, P., etymol. „der, welcher ſein Ziel
erreicht hat", Buddhas Vorname. — 9-22, 38, 85-93, 188, 189.

Si'mha, Sft., Si'ha, P., wörtlich „Löwe". Name eines Generals,
der vor ſeiner Befehrung durch Buddha ein Anhänger der

344   Das Evangelium Buddhas.

Nirgrantha=Sekte war, 167-175; Simha ein Krieger, 170; Simhas Frage, 167.

Ska'ndha, Skt., Kha'nda, P., Urbestandtheil; die Skandhas sind die Grundeigenschaften des Seins, nämlich: Form, Empfin= dung, Wahrnehmung, Unterscheidung und Bewußtsein.— 31.

Smrityupasthâ'na, Skt., Sati-patthâ'na, P., Betrachtung im Sinne von Gedankenconcentration. Die vier Gegenstände ernster Betrachtung sind: 1) die Unreinheit des Körpers; 2) die durch Sinnesempfindung bedingten Uebel; 3) Flüchtigkeit der Ge= danken und Unbeständigkeit des Daseins; 4) die Beständigkeit des Dharma und die Gesetzmäßigkeit des Daseins, deren Er= kenntniß die Bedingung der Vernunft und des moralischen Charakters ist. (Rhys Davids Buddhism, Seite 172.) Der Ausdruck ist verschieden von bhâwana, obgleich er gewöhnlich mit demselben Wort übersetzt wird. (Sacred Books of the East, XI., Seite 62.)

Sô'ma, Skt. und P., abgeleitet von der Wurzel su, keltern; nicht wie (nach Eitel) chinesische Gelehrte behaupten, von su (er= heitern) und mana (Geist). Name einer Pflanze und ihres Saftes, der berauschend wirkt und bei brahmanischen Fest= lichkeiten gebraucht wird. Der Somatrank wird mit dem Mond verglichen und als Gottheit personifizirt. — 162.

Srigâ'la, Skt., Sigâ'la, P., wörtlich „Schakal", Name eines von Buddha bekehrten Brahmanen. — 165, 166.

Subâ'hu, Skt. und P., ein Freund des Yaschas. — 64.

Subha'dra, Skt., Subha'dda, P., Name eines Schramanas. Sub= hadra, der Letzte, den Buddha bekehrte, darf nicht mit einem Anderen gleichen Namens verwechselt werden, der bald nach Buddhas Tod Uneinigkeit verursachte. — 132, 291-293.

Su'mana, Skt. und P., Name eines Hausvaters. — 225, 226.

Sû'tra, Skt., Su'tta, P., wörtlich „Faden", jeder Aufsatz oder Leit= faden religiösen Charakters.

Tapu'ssa, Skt. und P., ein Kaufmann. — 45, 46.

Târu'kschya, Skt., Târu'ccha, P., Name eines brahmanischen Philosophen.

Tathâ'gata, Skt. und P., gewöhnlich erklärt als der „Vollkom=
mene". Der höchste Ehrenname Buddhas, 22, 51, 57, 58,
67, 71, 74, 75, 77, 78, 82, 83, 85, 90, 91, 92, 99, 103, 104, 106,
109, 110, 128, 129, 133, 135, 144, 145, 147, 148, 150, 157, 214;
das Gewand des Tathagata, 144; die Krieger des Tathagata,
148; die Lehre ist der Leib des Tathagata, 300; die Tatha=
gatas sind blos Prediger, 150.

Ti'rthika, Skt., Ti'tthiya, P., eine zur Zeit Buddhas in Indien
bestehende religiöse Sekte. — 111.

Trikâ'ya, die dreifache Persönlichkeit Buddhas, der Dharma Kaya,
der Sambhoga Kaya und der Nirmana Kaya. — 227.

Trira'tna, die drei Kleinode oder die heilige Dreifaltigkeit des
Buddha, des Dharma und des Sangha, eine Doktrin des
nördlichen Buddhismus. (Siehe Trikaya.)

Tri'schnâ, Skt., Ta'nhâ, P., Durst, das egoistische Verlangen des
Seins, Selbstsucht. — 40, 158.

U'draka, Skt., ein brahmanischer Philosoph. — 29, 33.

Ujja'yinî, Skt., Ujjê'nî, P., Name einer Stadt. — 101.

Upâdâ'na, Skt. und P., Verlangen, Begierde. Eines der zwölf
Nidanas.

Upagu'pta, Skt., Name eines buddhistischen Mönchs. — 240.

U'paka, Skt. und P., Name eines Anhängers der Jain=Sekte.
Seine Begegnung mit Buddha. — 49, 50.

Upâ'li, ein hervorragender Jünger Buddhas. Der Tradition zu=
folge war er vor seiner Bekehrung Hofbarbier des Königs
der Schakyas. — 91, 119, 299.

Upasa'mpadâ, Skt. und P., die Aufnahme in die buddhistische
Brüderschaft, Ordination. (Siehe Prawrajya.)

Upawa'rtana, Skt., Upawa'ttana, P., ein Hain in Kuschinagara.
Das Wort bedeutet Tummelplatz, Turnplatz. — 287, 291.

Upawa'satha, Skt., Upô'satha, P., der buddhistische Sabbath oder
Sonntag. Rhys Davids sagt (Seite 140–141): „Die Uposatha=

Tage sind die vier Tage des Monats, in denen der Mond voll,
oder neu, oder viertel ist. Es ist der vierzehnte Tag nach
dem Neumond (in kurzen Monaten), der fünfzehnte Tag nach
dem Vollmond (in langen Monaten) und der achte Tag nach
jedem von beiden. Die entsprechende Bezeichnung in Sans=
krit ist Upawasatha, d. h. der Fasttag, welcher dem Opfer des
berauschenden Soma und der damit verbundenen Anbetung
des Mondes vorhergeht. Statt den Mond anzubeten, sollten
die Buddhisten fasten und den Tag durch besondere Beachtung
der Sittenvorschriften auszeichnen. Dies ist eines der vielen
Beispiele, in denen Gautama die bestehenden Gebräuche ver=
geistigt hat." — 111, 112, 116.

Uruwi'lwa, Skt., Uruwê'lâ, P.; eine südlich von Patna an den
Ufern des Nairanyjana=Flusses gelegene Stadt, das heutige
Buddha Gaya. Die Residenz Kaschyapas, des Häuptlings
der Jatitas. — 36, 66, 69, 244.

Waischâ'li, Skt., Wêsâ'lî, P., eine große, nördlich von Patna in
Indien gelegene Stadt. — 259, 269–273, 280.

Wa'rana, Skt. und P., ein Baum; Crataeva Roxburghii.— 219, 220.

Wardhamâ'na, Skt. (in Jaina Prakrit Waddhamâ'na), Name des
Gründers des Jainismus, auch Jnyataputra in Skt. und
Nataputta in Jaina Prakrit genannt.

Wa'rscha, Skt., Wa'ssa, P., Regen, die Regenzeit. Während der
Regenzeit im nördlichen Indien, welche in die Monate Juni
bis October fällt, sollten die Schramanas nicht umherwandern,
sondern an einem Orte bleiben. Dies war die Zeit, in der
sich die Jünger um ihren Meister schaarten und seinen Be=
lehrungen lauschten. So wurde die Regenzeit zu Festtagen.
Auf Ceylon, wo die Monate Juli bis October die schönsten
des Jahres sind, kommen die Buddhisten der alten Tradition
gemäß zusammen, um in Zelten und Laubhütten zu wohnen.
Sie halten Versammlungen im Freien, lesen die Pitakas und
erfreuen sich an den buddhistischen Jataka=Legenden und Pa=
rabeln. (Siehe Rhys Davids Buddhism, Seite 57.)

Warschakâ'ra, Sft., Wassakâ'ra, P., wörtlich „Regenmacher".
Name eines Brahmanen, des erften Minifters des Königs
von Magadha. — 258, 259.

Wa'runa, Sft., und P., brahmanifche Gottheit, der Gott des Him=
mels und der Herr des Meeres, einer der Wächter der Welt.
— 162.

Wâsawada'ttâ, Sft. und P., eine Buhlerin von Mathura. — 240,
241, 242.

Wâsi'schtha, Sft., Wâse'ttha, P., Name eines Brahmanen. —
159, 162.

Wê'das, die heiligen Schriften des Brahmanenthums, 52, 160, 161;
ich kenne alle Wedas, 188.

Wênuwa'na, Sft., Wêluwa'na, P., ein Bambushain zu Rajagriha,
76; Wenuwana=Wihara, 127.

Wihâ'ra, Sft. und P., Wohnung buddhiftifcher Mönche und Prie=
fter, ein buddhiftifches Klofter, ein buddhiftifcher Tempel. —
84, 85, 107, 127, 133, 136, 255, 256, 288.

Wi'mala, Sft. und P., etymol. „der Fleckenlofe", Name eines
Freundes des Nafchas. — 64.

Wi'naya, 65.

Wischâ'khâ, Sft., Wisâ'khâ, P., eine wohlhabende Matrone in
Schrawafti und eine der hervorragendften weltlichen Jünge=
rinnen Buddhas. Oldenberg fagt in feinem „Buddha" (Seite
179): „Alle Welt ladet bei Opfern und Schmäufen die Wi=
fchakha ein und läßt ihr zuerft von den Speifen reichen; ein
Gaft wie fie bringt Glück ins Haus." — 106, 111; die acht
Bitten Wifchakhas, 106; Wifchakhas Freude, 110.

Wri'ji, Sft., Wa'jji, P., Name eines in der Nähe von Magadha
wohnenden Volkes. — 133, 258, 259; die Verfammlungen der
Wriji, 259.

Ya'ma, Sft. und P., auch Yamarâja genannt, Tod, der Gott des
Todes. — 245, 246, 247.

Ya'schas, Sft., Ya'sa, P., ein edler Jüngling von Benares, Sohn

348   Das Evangelium Buddhas.

eines wohlhabenden Mannes und einer der Ersten, die Buddha bekehrte. — 59–64.

Yaschô'dharâ, Skt., Yasô'dharâ, P., Gemahlin des Prinzen Gautama Siddhartha ehe er Buddha wurde. Sie wurde eine der ersten buddhistischen Ordensschwestern. (Siehe Jâtaka, 87–90, Commentary on Dhammapada, Vers 168–169 ; Bigandet, 156–168 ; Spence Hardys Manual, 198–204 ; Beal, Seite 360–364 ; Buddhist Birth Stories, 127.) — 14, 88–92, 103, 127.

Aussprache.

Die Aussprache der hier angewandten Transscription von Fremdwörtern und Namen ist im Allgemeinen dieselbe wie im Deutschen. Nur

j ist wie das englische j in *j*udge auszusprechen, nicht scharf wie „dsch", sondern weich, das heißt, wie dj im Französischen, z. B. in ad*j*ective.

y ist wie das deutsche „j" in jung zu sprechen.

ñ im Glossar ist im Texte „ny" geschrieben und ist wie deutsches „nj" in hera-nj-agen zu sprechen.

Doppelconsonanten werden als zwei einzelne Consonanten gesprochen. Sprich „Tat-hagata", nicht „Ta-thagata".

Die Unterscheidung von d, t, m, n, s, r und ḍ, ṭ, ṃ, ṇ, ṣ, ṛ ist hier fallen gelassen.

Für die Leser, welche die englischen Quellen benutzen wollen, sei bemerkt, daß „j" (d. h. d*j*) und „tsch" (gewöhnlich im Englischen ch) in den Sacred Books of the East durch *g* und *k* (in Kursivschrift) transscribirt sind. Die Worte Raja (sprich rad*j*a) und Tschunda werden in den Sacred Books of the East ra*g*a und *K*unda geschrieben. Ferner ist durchweg „sch" durch sh und „w" durch v zu ersetzen.

Sachregister.

THE OPEN COURT

A WEEKLY MAGAZINE

DEVOTED TO THE RELIGION OF SCIENCE

THE OPEN COURT does not understand by religion any creed or dogmatic belief; but man's world-conception in so far as it regulates his conduct.

The old dogmatic conception of religion is based upon the science of past ages; to base religion upon the maturest and truest thought of the present time is the object of *The Open Court*. Thus, the religion of *The Open Court* is the Religion of Science, that is, the religion of verified and verifiable truth.

Although opposed to irrational orthodoxy and narrow bigotry, *The Open Court* does not attack the properly religious element of the various religions. It criticises their errors unflinchingly but without animosity, and endeavors to preserve of them all that is true and good.

The current numbers of *The Open Court* contain valuable original articles from the pens of distinguished thinkers. Accurate and authorised translations are made in Philosophy, Science, and Criticism from the periodical literature of Continental Europe, and reviews of noteworthy recent investigations are presented.

Terms: One dollar a year throughout the Postal Union. Single Copies 5 cents.

THE MONIST

A QUARTERLY MAGAZINE OF

PHILOSOPHY AND SCIENCE.

THE MONIST discusses the fundamental problems of Philosophy in their practical relations to the religious, ethical, and sociological questions of the day. The following have contributed to its columns:

Prof. Joseph Le Conte,	Prof. G. J. Romanes,	Prof. C. Lombroso,
Dr. W. T. Harris,	Prof. C. Lloyd Morgan,	Prof. E. Haeckel.
M. D. Conway,	James Sully,	Prof. H. Höffding,
Charles S. Peirce,	B. Bosanquet,	Dr. F. Oswald,
Prof. F. Max Müller,	Dr. A. Binet,	Prof. J. Delbœuf,
Prof. E. D. Cope,	Prof. Ernst Mach,	Prof. F. Jodl,
Carus Sterne,	Rabbi Emil Hirsch,	Prof. H. M. Stanley,
Mrs C. Ladd Franklin,	Lester F. Ward.	G. Ferrero,
Prof. Max Verworn,	Prof. H. Schubert,	J. Venn,
Prof. Felix Klein,	Dr. Edm. Montgomery,	Prof. H. von Holst.

Per Copy, 50 cents; Yearly, $2.00. In England and all countries in U P.U per Copy, 2s 6d; Yearly, 9s 6d.

CHICAGO:

THE OPEN COURT PUBLISHING CO.,

Monon Building, 324 Dearborn Street.

London: WATTS & CO., 17 Johnson's Court, Fleet St., E. C.

CATALOGUE OF PUBLICATIONS

OF THE

OPEN COURT PUBLISHING CO.

MÜLLER, F. MAX.

THREE INTRODUCTORY LECTURES ON THE SCIENCE OF THOUGHT.
With a correspondence on "Thought Without Words," between F. Max Müller and Francis Galton, the Duke of Argyll, George J. Romanes and others. 128 pages. Cloth, 75 cents. Paper, 25 cents.

THREE LECTURES ON THE SCIENCE OF LANGUAGE.
The Oxford University Extension Lectures, with a Supplement, "My Predecessors," an essay on the genesis of "The Science of Thought." 112 pages. Second Edition. Cloth, 75 cents. Paper, 25 cents.

ROMANES, GEORGE JOHN.

DARWIN AND AFTER DARWIN.
An Exposition of the Darwinian Theory and a Discussion of Post-Darwinian Questions.

1. THE DARWINIAN THEORY.
   460 pages. 125 illustrations. Cloth, $2.00.

2. POST-DARWINIAN QUESTIONS.
   Edited by Prof. C. Lloyd Morgan. Pages, 338. Cloth, $1.50. Both volumes, on one order, for $3.00 net.

AN EXAMINATION OF WEISMANNISM.
236 pages. Cloth, $1.00.

THOUGHTS ON RELIGION.
Edited by Charles Gore, M. A., Canon of Westminster. Second Edition. Pages, 184. Cloth, gilt top, $1.25.

COPE, E. D.

THE PRIMARY FACTORS OF ORGANIC EVOLUTION.
121 cuts. *Circa* 550 pages. Cloth, $2.00.

RIBOT, TH.

THE PSYCHOLOGY OF ATTENTION.
Authorised translation, 121 pages. Cloth, 75 cents. Paper, 25 cents.

THE DISEASES OF PERSONALITY.
Authorised translation, 157 pages. Cloth, 75 cents. Paper, 25 cents.

THE DISEASES OF THE WILL.
Authorised translation, 134 pages. Cloth, 75 cents. Paper, 25 cents.
N. B. Full set, cloth, net, $1.75.

MACH, ERNST.

THE SCIENCE OF MECHANICS.
A CRITICAL AND HISTORICAL EXPOSITION OF ITS PRINCIPLES. Translated from the second German edition by THOMAS J. McCORMACK, with 250 cuts and illustrations, marginal analysis, and a complete index. 518 pages. Half morocco, gilt top. Price, $2.50.

POPULAR SCIENTIFIC LECTURES.
313 pages. Cloth, gilt top. Net, $1.00.

THE ANALYSIS OF THE SENSATIONS.
(In preparation.)

FREYTAG, GUSTAV.

THE LOST MANUSCRIPT.
A Novel. Authorised translation from the Sixteenth German Edition. Two volumes. 953 pages. Extra cloth, gilt top, $4.00; the same in one volume, cloth, $1.00; paper, 75 cents.

CORNILL, CARL HEINRICH.

THE PROPHETS OF ISRAEL.
Popular Sketches from Old Testament History. Frontispiece, Michael Angelo's Moses. Pages, 210. Cloth, $1.00.

THE RISE OF THE PEOPLE OF ISRAEL.
See *Epitomes of Three Sciences*, below.

BINET, ALFRED.

THE PSYCHIC LIFE OF MICRO-ORGANISMS.
Authorised translation. 135 pages. Cloth, 75 cents ; Paper, 25 cents.

ON DOUBLE CONSCIOUSNESS.
New Studies in Experimental Psychology. 93 pages. Paper, 15 cents

TRUMBULL, M. M.

THE FREE TRADE STRUGGLE IN ENGLAND.
Second Edition, revised and enlarged. 296 pages. Cloth, 75 cents; paper, 25 cents.

WHEELBARROW: ARTICLES AND DISCUSSIONS ON THE LABOR QUESTION
With portrait of the author. 303 pages. Cloth, $1.00 ; paper, 35 cents.

EARL GREY ON RECIPROCITY AND CIVIL SERVICE REFORM.
With Comments by Gen. M. M. Trumbull. Price, 10 cents.

CARUS, PAUL.

THE ETHICAL PROBLEM.
90 pages. Cloth, 50 cents ; Paper, 30 cents.

FUNDAMENTAL PROBLEMS.
The Method of Philosophy as a Systematic Arrangement of Knowledge. Second edition, enlarged and revised. 372 pages. Cloth, $1.50.

HOMILIES OF SCIENCE.
310 pages. Cloth, Gilt Top, $1.50.

THE IDEA OF GOD.
32 pages. Paper, 15 cents.

THE SOUL OF MAN.
An Investigation of the Facts of Physiological and Experimental Psychology. With 152 cuts and diagrams. 458 pages. Cloth, $3.00.

TRUTH IN FICTION. TWELVE TALES WITH A MORAL.
Printed on fine laid paper, white and gold binding, gilt edges, 128 pages. Price, $1.00.

THE RELIGION OF SCIENCE.
Extra edition. Price, 50 cents.

PRIMER OF PHILOSOPHY.
A popular exposition of the fundamental notions of philosophy. 240 pages. Cloth, $1.00.

THE GOSPEL OF BUDDHA. According to Old Records.
Third Revised Edition. 275 pages. Cloth, Gilt Top, $1.00. Paper 35 cents.

GARBE, RICHARD.

THE REDEMPTION OF THE BRAHMAN. A TALE OF HINDU LIFE.
Laid paper. Veg. parch. binding. Gilt top. 96 pages. Price, 75 cents.

EPITOMES OF THREE SCIENCES.

1. COMPARATIVE PHILOLOGY; THE STUDY OF SANSKRIT. By *Prof. H. Oldenberg.*

2. EXPERIMENTAL PSYCHOLOGY. By *Prof. Joseph Jastrow.*

3. OLD TESTAMENT HISTORY; OR, THE RISE OF THE PEOPLE OF ISRAEL. By *Prof. C. H. Cornill.*
140 pages. Cloth, 75 cents.

The Religion of Science Library.

A collection of bi-monthly publications, most of which are re-prints of books published by The Open Court Publishing Company. Yearly, $1.50. Separate copies according to prices quoted. The books are printed upon good paper, from large type.

The Religion of Science Library, by its extraordinarily reasonable price, will bring a large number of valuable books within the reach of all readers.

The following have already appeared in the series:

The following are in preparation:

THE OPEN COURT PUBLISHING CO.,

324 DEARBORN STREET, CHICAGO, ILL